조선 초기 사대부정치와 광주이씨

조선 초기 사대부 정치와 광주이씨

초판 1쇄 인쇄 2011. 9. 21.
초판 1쇄 발행 2011. 9. 28.

지은이   고혜령·이영춘 외
펴낸이   김경희

경 영   강숙자
편 집   장수영
영 업   문영준
경 리   김양헌
펴낸곳   ㈜지식산업사
        본사 • 경기도 파주시 교하읍 문발리 520-12
          전화 (031)955-4226~7 팩스 (031)955-4228
        서울사무소 • 서울시 종로구 통의동 35-18
          전화 (02)734-1978   팩스 (02)720-7900
        한글문패   지식산업사
        영문문패   www.jisik.co.kr
        전자우편   jsp@jisik.co.kr
        등록번호   1-363
        등록날짜   1969. 5. 8.

책값은 뒤표지에 있습니다.

ISBN   978-89-423-1146-0   (94910)
        978-89-423-0062-4   (세트)

이 책을 읽고 지은이에게 문의하고자 하는 이는
지식산업사 전자우편으로 연락 바랍니다.

서 문

 한국역사문화연구원에서는 그동안 수행해 온 문중연구를 한국역
사문화연구총서로 간행하기로 했다. 총서 4는《아계 이산해의 학문
과 사상》이라는 제목으로 이미 출간되었다. 이번에는 조선시대 광주
廣州이씨 둔촌공파遁村公派 인물들에 관한 연구들을 모아 세 권의 책
으로 발간하고자 한다. 총서 1권에는 광주이씨 대종회에서 2006년에
위촉한 둔촌遁村 이집李集을 비롯한 둔촌계 초기 인물들에 대한 논문
8편을, 총서 2권에는 2007년에 위촉한 조선 중기 광주이씨 인물에 관
한 논문 11편을, 총서 3권에는 조선 후기 광주이씨 인물에 관한 논문
12편을 수록하기로 했다. 책 제목은 각각《조선 초기 사대부정치와
광주이씨》,《조선 중기 훈구·사림정치와 광주이씨》,《조선 후기 당
쟁과 광주이씨》로 정했다.

 1권에는 8편 가운데 4편이 중시조 둔촌遁村 이집李集에 관한 글들
이고, 나머지는 그의 아들 지직之直·지강之剛, 손자 인손仁孫에 관한
논고가 실려 있다. 2권에는 이지직의 손자뻘인 극규克圭·극배克培·극

4

감克堪·극증克增·극돈克敦·극균克均·극기克基·극견克堅 등과 그의 증손 자인 세우世佑에 관한 논고가 수록되었다. 시대가 시대이니만치 여기 에는 사화와의 관계가 다루어질 수밖에 없었다. 그리고 3권에는 조 선 중기 이세좌李世佐의 손자인 연경延慶·윤경潤慶을 비롯해 그 뒤의 수경·중경·광악光岳·윤우潤雨·우항宇恒·원정元禎·도장道長·담명聃命·한 명漢命·만운萬運·기양基穰 등 다양한 광주이씨 인물들에 대한 논고를 실었다.

　대체로 학계에서는 인물연구라면, 더욱이 문중과 연계된 경우에는 문중사학이라고 매도하는 경우가 있다. 물론 문중에 유리하게 편향 적으로 서술하면 그런 비난을 받아도 좋다. 그러나 이것은 생각하기 나름이다. 연구를 시작할 때부터 인물에 대한 객관적인 서술을 전제 로 임하면 문제가 없을 것으로 생각한다. 오히려 인물사, 사상사 연 구에서 문중에만 있는 자료를 협조받을 수 있어 심도 있는 연구에 도움이 될 수도 있다. 한국역사문화연구원에서는 이러한 사항을 반 드시 계약서에 넣어 객관적인 연구를 해 오고 있다.

　광주이씨는 현달한 인물이 많아서 한꺼번에 수십 편의 논문을 발 표했다. 앞으로도 동고東皐 이준경李浚慶, 한음漢陰 이덕형李德馨에 관 한 연구를 계속할 것이다. 관심 있는 많은 분들이 읽어 주시기를 바 란다.

2011년 8월

한국역사문화연구원장 이 성 무

차 례

6

둔촌 이집의 학문 사상 연구 • 류주희

둔촌 이집의 교유와 시 세계 • 양수지

《둔촌유고》와 이집의 생애·교유

고 혜 령

백석대학교 인문학부

1. 머리말

둔촌동은 서울 강동구에 있다. 그런데 둔촌동이 둔촌遁村 이집李集과 관련 있다는 사실을 아는 이는 그렇게 많지 않다. 더욱이 강동구 둔촌동에 사는 이들 가운데 이 사실을 알고 있는 사람이 얼마나 있을까?

둔촌 이집은 고려 후·말기 인물로서, 사실 역사를 연구하는 학자들에게도 그의 존재가 잘 알려져 있다고는 할 수 없다. 필자도 둔촌 이집과 둔촌동의 연관성에 대해서는 혹시나 하는 정도의 생각이 스치고 지나갔을 뿐, 이에 대해 구체적으로 관심을 갖지 않았었다.

이번에 송파구와 광주이씨 문중에서 둔촌 이집을 집중적으로 연구하여 그의 존재에 대한 역사적 의의를 밝히고자 하는 것은 비록 늦었지만 매우 의의 있는 일이라고 생각한다. 이집이 말년에 은거하였던 광주 지역이 바로 오늘날 둔촌동의 연원이 되었기 때문이다.

둔촌 이집(1327~1387)은 고려 말 공민왕 시절에 활동하다가 고려 가 멸망하기 직전, 특히 이성계가 위화도회군으로 정권을 잡게 되는 1388년 직전에 별세하였다. 따라서 왕조 교체에 따른 정치적 입지의 변화나, 인식의 갈등 등을 겪지 않아도 되었을 것이다.

이집에 대해서는 역사학 관련 논문과 국문학 입장의 연구가 몇 건 이루어진 바가 있다. 그가 살았던 때가 지금으로부터 600여 년 전이 니 만큼 남은 자료의 영성零星함은 이루 말할 수 없다. 그에 대한 연 구가 활발하게 이루어지지 못했던 것도 기본 사료의 빈약함에 말미 암는다고 할 수 있다.

이 글에서는 먼저 이집이 남긴 글을 모은 《둔촌유고遁村遺稿》의 간 행 경위와 수록 내용을 살펴본 다음 이를 바탕으로 둔촌 이집의 생 애와 교유관계를 다루고자 한다. 개관적인 생애는 대개 앞선 연구자 들이 다루었던 부분이므로 비슷한 내용의 글을 되풀이하는 것은 가 능하면 지양하고 싶지만, 전혀 생략할 수는 없기 때문에 가능한 새 로운 시각에서 그를 조명해 보려고 노력하였다. 그러나 같은 사료를 가지고 연구한다는 제한된 조건에서 특이한 성과를 얻어내기는 어 려울 것이다. 더욱이 당대 최고의 유학자인 목은牧隱 이색李穡을 비롯 한 유학자들, 관료들과의 깊은 관련은 그의 존재를 그만큼 더 높이 평가해주는 요소가 되므로 이들과의 관계를 통해서 이집을 재조명 해 보고자 한다.

이 글을 작성하는 데는 《둔촌선생유고遁村先生遺稿》, 《둔촌선생자 료집遁村先生資料集》을 주 자료로 하고, 이색, 정몽주鄭夢周 등 고려 말 관련 인물의 문집과 기타 사료를 활용하여 이집의 역사적 위상을 재 조명하고자 한다.

2. 《둔촌유고》의 간행과 판본

《둔촌유고遁村遺稿》는 이집이 돌아간 뒤 20여 년이 지난 조선 태종 10년(1410)에 처음 간행되었다. 이집의 장자長子로 형조참의를 지낸 지직至直이 호서관찰사로 있을 때 공주에서 간행하였으며, 서문은 하륜이 썼다. 당시 "삼은三隱의 시문은 다 세상에 간행되었는데 둔촌선생 시문만 홀로 없으니……"라는 구절대로 이집은 목은 이색, 포은 정몽주, 도은 이숭인李崇仁과 견줄 정도의 인물이었다고 여겨진다.

이집에 관한 기록은 매우 영세하여 그의 구체적인 관직활동에 관해서는 거의 없다. 《고려사》나 《고려사절요》에도 그에 관한 기록은 남아 있지 않다. 그러나 이색, 정몽주, 이숭인 등과의 교유 사실이 풍부하게 시로 남아 있어서, 이로써 그의 사상의 편린들을 추적해 볼 수 있다. 이를 보여주는 대표적인 자료가 《둔촌유고》이다. 《연려실기술》에서 고려시대 문집을 열거하였는데, 여기에 이집의 둔촌집 한 질이 포함되어 있다.1)

둔촌의 유고에 서문을 쓴 하륜은 둔촌보다 꼭 20년 뒤에 태어난 인물로, 공민왕 14년(1365)에 문과에 급제하였고 감찰규정으로 재임하다가 신돈의 미움을 사서 지영주사로 좌천되었다. 그가 둔촌을 포은의 집에서 처음 만났다고 하였는데, 이때는 이집이 신돈에게 쫓기어 은신하다가 개경으로 막 올라온 직후였다고 하니 1371년 이후라고 보아야겠다. 그 뒤 이색의 집에서 다시 만나기도 하였고, 이숭인·정몽주와 함께 초대되어 분매盆梅를 놓고 이를 주제로 연구聯句를 짓는 자리에 참석하기도 하였다. 뒷날 이런 인연으로 이집이 하륜에게

---

1) 《연려실기술》에 열거된 문집들은 《용재총화》에 기재된 것을 인용한 것이다(《연려실기술》 별집 14, 〈문예전고〉, 문집).

국화시 한 수를 지어 주고 하룻도 화답하여 시문을 교환하는 사이가
되었다.

《둔촌유고》에 실린 시구는 몇백 편에 가까웠다고 하였다. 이후
《둔촌유고》는 1916년까지 여섯 차례 간행되었다. 마지막 6회의 범례
에는 그동안 간행되었던 사실들이 나열되어 있다. 1410년 초간 이후
문종 원년(1451)에 손자인 인손仁孫이 경상관찰사 겸 상주목사로 있
을 때 2차 간행하였고 3차 간행은 선조 22년(1589) 둔촌의 8세손 사
온士溫과 8대 외손 윤두수尹斗壽가 평양에서 활자로 간출하였다. 4차
는 인조 10년(1632)에 9세손 여규如圭가 상주목사로 있을 때 간행하
였고, 5차는 숙종 12년(병인, 1686)2) 여름에 둔촌의 후손으로 낙남落
南한 사람들이 함께 간행한 것인데, 실제 주관한 것은 10세손3) 후원
厚遠이다. 이번에는 산양 봉갑사鳳岬寺에서 간행하였는데 5차 간본의
발문에 따르면, 이 간본은 전에 일정한 순서 없이 묶여 있던 것을 문
체별로 유형에 따라 편차하고, 유시와 교유인의 문집에서 증화한 시
를 찾아 관계 작품 뒤에 붙였다.

　이번의 3간은 낙남落南하여 여러 종인宗人들이 함께 간행한 것으로 산양
　군(보성)의 봉갑사에서 출간했는데, 날짜는 숭정 기원후 병인년(숙종 12,
　1686) 4월이다. 이번의 출간에서는 공역을 사사로 설치하자니 모든 기구가

---

2) 《고려명현집》 3, 영인본, 426쪽 〈遁村先生遺稿重刊凡例〉에 한문원문은 숭정 '庚寅'이라고 되이
　있는데 이는 '丙寅'의 잘못으로 보인다. 민족문화추진회의 《한국문집총간》 〈遁村雜詠 凡例〉
　에는 인조 10년(1632)에 9세손 如圭가 상주목사로 있을 때 제4차로 간행한 뒤 10세손 厚遠
　등이 문체별로 類編하고 관계 시문을 수집하여 숙종 12년(1686) 山陽郡 鳳岬寺에서 간행하
　였다고 하였다.

3) 8세손 사온 및 9세손 여규를 9세손 및 10세손으로 바로 잡아야 한다. 시조를 1세로 하여
　차례대로 따지는 것이 세世이며 자기를 뺀 나머지를 차례로 따지는 것이 대代이다. 즉 부
　자의 사이는 세로는 2세이지만 대로는 1대라, 시조로부터 21세손이 되는 사람은 시조가
　20대조이며 시조에게는 20대손에 해당하는 것이기 때문이다.

갖춰지지 못하여 간신히 일은 끝을 맺었으나 인각이 선명치 못함이 결연하고 한스럽다. 그러나……전간의 2본에는 절구, 장편, 율시, 오·칠언을 뒤섞어 기록하였는데, 이번에 그 제사나 편의를 살펴보니 반드시 술작의 선후의 구분이 있어서 그러한 것은 아니었기에 감히 전례를 고쳐 유형에 따라 편차하여 보기에 간편케 하였다. 또 당시에 명인으로 일컬어지던 분들과 더불어 수창한 바가……유달리 목은·포은·도은·척약재 등 네 분 선생과는 교유한 친밀함이 비록 금리와 난취로도 그 지극함을 비유하기에 부족하니……이에 네 선생의 전고를 고열하여 서로 증화한 시를 간추려 곳에 따라 본권의 각 편 아래에 실었고, 본권에 원시가 유실된 것은 따로 권을 만들어 말미에 붙이고 애사와 기記·설說·서書·서序를 병록하였다. 최원도崔元道·한수韓修 양현兩賢의 시 몇 수를 부록에 실은 것은 이를 알리고자 함이다. 10대손 후원厚遠은 삼가 발문을 쓰다.

이후원李厚遠, 〈둔촌유고중간발遁村遺稿重刊拔〉

위에서는 3간본이라 하였지만, 사실은 5간본이다.4) 1686년 산양군 봉갑사에서 간행한 이 판본은《둔촌유고》의 체제를 개편하여 문체별로 유편類編하고 관계 시문 및 기록을 수집하여 편차하였다. 이 목판본에 후손 진한鎭翰 등이 관계 기록 및 아들 지직, 지강의 시를 수집·편차한 보편補編을 활자로 인행印行하여 추가한 때가 헌종 2년(1846)으로서 분량은 잡영, 부록, 보편 합 1책으로 총 84판이다.

그런데 1916년 봄, 17대손 태회泰會가 용성의 중현中峴에서 6차 간행을 진행했다. 이번의 편집은 구본의 편차가 규례가 일정하지 않고 오래되고 판각도 완결이 많았으므로 혹 민멸할까 두려워 보집을 더

---

4)《標點韓國文集叢刊》3, 민족문화추진회. 이후원은 윤두수의 3차 간행, 이여규의 4차 간행을 계산에 넣지 않았다.

하고 분류하여 편차를 만들었는데 연원록淵源錄, 묘갈문墓碣文 및 여지승람의 기록들은 부록으로 싣고, 탄천炭川·풍애楓厓 두 선생의 시문은 많지도 않은데 혹시 없어질까 두려워 후미에 부록하였다고 하였다. 유고 재간 발문은 풍애 상공이 저술한 것으로서 세고에 수록하였다.

이상의 기록이 숭정 기원후 5 병진년(1916) 봄에 이태회의 발문이 붙은 목판본 중간본 권두의 〈둔촌선생유고중간범례遁村先生遺稿重刊凡例〉에 있는 간행 연혁이다.5) 이 책은 《둔촌선생유고》 네 권과 《둔촌세고遁邨世稿》 한 권으로 전질이 구성되어 있는데, 1·2권은 시, 3·4권은 부록이다.

> 序(하륜), 重刊범례, 목록
> 遺稿 권1: 시-簡寄 외 7제
>   권2: 시-四詩 외 11제
>   (詩題 196편, 작품수 298수6))
>   권3 부록: 시- 李浩然見訪 외 38제
>   권4 부록: 師友淵源錄, 墓碣文, 여지승람 등 李集 기사 실려 있는 전적 소개. 村先生遺稿跋(윤두수), 중간발(이여규, 이후원, 이태회)
> 遁村先生世稿 1권: 炭川先生遺稿, 楓厓先生遺稿

한편 《둔촌잡영遁村雜詠》은 규장각 소장(규7131)의 목판본으로 10

---

5) 이를 대본으로 《고려명현집》 3에 수록되어 있다(1973, 성균관대학교 대동문화연구소). 또 1916년본을 저본으로 하여 광주이씨 대종회에서 국역본이 1992년에 간행되었다.
6) 임종욱, 〈둔촌 이집의 시에 관하여〉, 《어문학연구》 59·60 합병호, 1988, 210쪽.

대손 후원 등이 간행한 제5간본이라 하였다. 이 책의 표제는《둔촌
선생유고》이지만, 권두서는《둔촌잡영》으로 되어 있고, 크게 〈둔촌
잡영〉, 〈둔촌잡영 부록〉, 〈둔촌잡영보편〉의 세 부분으로 구성되어
있다.

잡영의 마지막에는 인손의 중간발이 있고, 부록 끝에 후원의 중간
발(둔촌잡영중간발)에는 3간이라고 하고 산양군 봉갑사에서 숙종 12년
(1686)에 간행한 것으로 되어 있다. 보편에는 숭정 기원후 4 병오년
(1846, 헌종 12) 이기백李基白의 지문이 있다.

잡영에는 하륜의 서문 다음에 시가 실려 있는데, 칠언절구 120제
201수, 오언절구 4제 4수, 칠언고시 2제 2수, 오언고시 3제 3수, 칠언
4운율 24제 28수, 오언4운율 40제 57수로서 모두 193제 295수이다.7)
부록은 〈둔촌잡영부록〉이라 되어 있는데 목은·포은·척약재 등 여러
사람이 이집에게 써준 시가 대부분으로 목은의 〈둔촌기遁村記〉, 〈제
호연자설후題浩然字說後〉, 〈이씨삼자명자설李氏三子名字說〉, 도은·포은
의 글들이 실려 있다. 〈둔촌잡영보편〉에는 사우연원록, 묘갈문, 귀암
서원 축문, 제문 등이 실려 있다. 보편의 지문은 후손 기백이 헌종
12년(1846)에 쓴 것이다. 민족문화추진회에서 간행한 《한국문집총
간》 3권에 수록된《둔촌잡영》은 규장각소장본을 저본으로 하였다.8)

---

7) 여운필, 앞의 글, 81쪽. 여운필은 보편에 들어 있는 시를 그의 작품으로 인정하지 않았다.
8) 국사편찬위원회/한국역사정보통합시스템의 검색으로 찾은《遁村遺稿》의 현황은 이후원본
   (1686년본)을 바탕으로 개간한 이진한본(1846년본)과 이태회본(1916년본)이 있다. 소장현
   황은 아래와 같다.
   · 이후원본(1686년본): 산양 봉갑사본 −고려대 도서관(1책), 원광대 도서관(線裝 1권 1
     책), 한국학중앙연구원 장서각(不分권1책), 계명대 동산도서관(東裝 1책).
   · 李鎭翰본(1846년간, 목판본, 보편은 활자본): 1책 84장. 서울대 규장각, 연세대 도서관,
     한국학중앙연구원 장서각.
   · 1906년(광무10년간) 간행본: 성균관대 존경각, 장서각(신연활자본), 연대 미상(국립중
     앙도서관).
   · 이태회본(1916년본): 연세대 도서관, 고려대 도서관.

결국 《둔촌유고》는 시를 주제별로 간행한 《둔촌선생유고》와, 형식별로 분류한 《둔촌잡영》이라는 두 체제로 현전하고 있다.

3. 이집의 생애

둔촌 이집이 태어난 때는 고려 충숙왕 대인 14세기 전반기로서, 정치적으로 고려가 원의 부마국이 되어 심한 간섭을 받던 이른바 '원간섭기'이다. 그리고 사상적으로는 안향安珦·백이정白頤正 등에 의해서 성리학 서적이 수입되고 보급되어 가는 시기라 할 수 있다.

이집은 충숙왕 14년(1327) 6월 2일에 광주에서 태어났다. 그가 과거에 급제하였을 때 그의 인적 사항에 대해서는 "광주인廣州人"이라고 기술하고 있어 광주를 본관으로 하는 광주이씨廣州李氏 가계를 이어온 것으로 보인다.

이집의 아버지 당唐은 향리였다고 하는데, 이집의 묘표에 따르면, 사마시司馬試에 합격하였다고 한다. 고려시대의 사마시란 과거의 예비시험으로서 이를 통해 곧바로 관직에 나아갈 수는 없고, 다음 단계인 예부시를 거쳐야 하는 것이었다.9)

《광주이씨세보》에 따르면, 광주이씨의 시조는 신라 내물왕 때 내사령을 지낸 이자성李自成이라 하였다. 내사령이라는 벼슬은 고려 성종 대의 종1품 관직으로서 신라시대에는 아직 그런 관직이 없었다. 이자성의 후손들은 대대로 칠원漆原(경남 함안)에 살았는데, 고려가 건국되고 신라가 멸망하여 이 지역이 고려 지배하에 들어가게 되자

---

9) 許興植, 《고려과거제도사연구》, 일조각, 1981, 132~134쪽; 朴龍雲, 《고려시대 음서제와 과거제연구》, 일지사, 1990, 154쪽.

이에 불복하고 절의를 지켰다. 고려 태조는 그들을 칠원에서 회안淮
安(경기도 광주)으로 이주시켰다. 이후부터 이집의 선대는 회안을 본
거지로 삼고 살았던 향리 세력이 아니었을까 한다.10)

《여지승람》에 보면, 이당은 광주의 아전으로 근칙하고 행실이 어
질었다고 한다. 그렇다면 이집의 가계는 고려 후기 향리가문으로서
중앙으로 진출한 신흥사대부의 일원이었다고 할 수 있다. 이당의 아
들 다섯이 모두 등제하였는데 이집은 둘째 아들이다. 고려 후기 지
방 출신의 신진 관료가 새로이 중앙으로 진출하여 신진사대부를 이
루는 것이 시대적인 특징이었다고 하지만, 한 가문의 다섯 아들이
전부 등제하였다는 것은 당시 대단히 큰 영예였을 것이다. 이당이
향리라고 하였지만, 다섯 아들이 등제할 정도의 뒷받침을 할 수 있
는 경제력을 가졌다면, 실질적으로 지방의 호족으로서 상당한 경제
적 기반을 갖고 있었을 것으로 보인다. 물론 두말할 나위도 없이 경
제 기반이란 토지로 표현되는 것으로서, 그는 지방의 중소지주였으
리라고 생각된다. 이집의 등제 이후 광주이씨는 그를 중시조로 모시
게 되었다.

이집의 초명은 원령元齡으로, 충목왕 3년(정해, 1347) 21세에 급제하
였다고 하였는데, 이는 예비시험인 국자감시에 합격한 것이고,11) 다
시 공민왕 4년(을미, 1355) 29세에 병과에 제7명으로 합격하였다. 진
사급제 당시 과거를 주관한 시험관인 지공거는 찬성사贊成事 이공수
李公遂였고 동지공거는 밀직제학密直提學 안보安輔였다. 등과록登科錄12)

10) 李楠福, 〈遁村 李集 연구〉, 《한국중세사연구》 4, 1997, 166쪽.
11) 《遁村先生遺稿》에 실려 있는 본인의 묘갈문에는 "충목왕 3년에 등제했다"고 하여 마치 그
    가 이때에 본고시인 동당시(예부시)에 급제한 것처럼 서술되어 있다. 그러나 《야은일고》
    등 여러 사료를 통해 확인되듯이 그것은 국자감 합격이었으며 실제로 그가 본고시에 급제
    한 해는 공민왕 4년이었다(朴龍雲, 앞의 책, 478쪽, 자료: 과시 설행과 제술과 급제자).
12) 許興植, 〈고려예부시등과록〉, 앞의 책, 295쪽; 朴龍雲, 앞의 책, 278~480쪽.

에는 합격자 명단으로 안을기安乙起(또는 器라 쓴다), 한방신韓方信, 이원령李元齡, 정습인鄭習仁, 이인李靭, 이보림李寶林, 염국보廉國寶, 우현보禹賢寶가 기재되어 있다. 공민왕 4년 제술과 급제자로는 이들 외에 오사충吳思忠, 김구용金九容, 양이시楊以時 등이 더 밝혀져 있다.13) 이 밖에 최원도崔元道도 이때의 동년이 아니었나 생각된다.

고려시대에 문과급제자는 과거를 주관한 시관試官과 특별한 인연을 갖게 되는데, 이 관계를 좌주座主·문생門生이라 한다. 지공거인 찬성사 이공수와 동지공거 안보는 좌주가 되고 그때 급제한 33인이 그들의 문생이 된다. 또 같은 시기에 급제한 자들 사이에는 동년同年이 형성되어, 좌주를 모시고 긴밀한 인간관계를 갖게 된다. 목은 이색이 쓴 안보의 묘지명에는 좌주와 문생이 부자관계처럼 밀접한 관련을 갖는다는 사실을 잘 보여준다.

> 선생(안보)은 일찍이 말하기를 "나에게는 이미 아들이 없으니 문생이 바로 나의 아들인 셈이다"라고 하였다. 지금 선생의 문생 가운데 이보림李寶林은 정당문학이고 염국보廉國寶와 이인李靭과 우현보禹賢寶는 모두 추밀의 재상이요 봉익奉翊의 대관이다. 그 밖에 학술에 통달하여 한 시대에 이름을 드러낸 자들이 또 많은데, 불교를 배척하고 오도吾道를 일으켜 세운 이는 초계의 정습인이요, 원수를 피하여 황야에 은둔한 이는 광주의 이원령이다. 이처럼 인재를 얻은 것이 성대하였으므로 당시 세상에서 칭송받았다.14)

이 글을 통해 이집의 좌주가 안보였다는 사실과, 이보림·염국보·이인·우현보·정습인 등 이집의 동년들은 이색이 안보의 묘지명을

---

13) 朴龍雲, 위의 책, 478쪽.
14) 《牧隱文藁》 19, 〈鷄林府尹諡文敬公安先生墓誌〉.

쓸 무렵 이미 재상의 반열에 올라있었음을 확인해 볼 수 있다. 안보
가 별세한 것은 1357년이지만 비문을 지은 것은 1378년 무렵이니,15)
이보림은 이미 정당문학이 되고 염국보·우현보 등도 모두 고관이 되
어 있었고, 이집은 신돈의 화를 피하여 지방에 은거하였다가 돌아온
다음의 일이다.

이집이 등제하여 관직에 나아간 시기는 공민왕 대였다. 고려는 충
렬왕 대 이후 원의 부마국駙馬國이 되었기에 원은 고려왕의 즉위와
폐위를 좌우하고 왕의 이름에 원에 충성한다는 뜻으로 '충忠'자를
넣게 하였고, 조祖 또는 종宗을 쓰는 대신에 한 단계 낮은 왕호를 사
용하게 하였다. 그리하여 충렬왕 이후 충선왕, 충숙왕, 충혜왕, 충목
왕, 충정왕 등으로 이어지는 정치 정세는 고려의 독자성을 펼치지
못하고 원의 온갖 간섭과 공물의 차출에 시달리게 되었다. 원은 고
려의 각종 물산뿐 아니라 인물까지 징발하여 환관, 공녀 등을 바치
게 하니 민생은 처참한 지경에 이르렀다. 이와 함께 정치 기강도 무
너져 권문세가權門勢家는 각종 불법·탈법으로 자신의 토지와 노비를
확대하여 갔다.

충선왕은 즉위와 복위 과정에서 관제개혁으로 권력기반의 강화와
국가 재정의 확보, 민생 안정에 초점을 맞추었다. 재정개혁은 재정기
구의 개편과 조세 확충, 염법개혁을 통해 국가와 왕실의 재정을 확
보하고 지출을 용이하게 하고자 하였다. 뿐만 아니라 과렴과 각종
부세의 징수, 권력층의 토지탈점 등을 막기 위한 개혁을 단행하였다.
이는 현실의 폐단을 시정하면서 왕 자신의 권력기반을 강화하려는
것이기도 했다.

---

15) 《牧隱文藁》19, 〈鷄林府尹諡文敬公安先生墓誌〉, "今二十二年矣 而墓未誌 嗚呼 文敬之無後也 益可悲矣."

충선왕 대 이후 이러한 정치 기강을 바로잡고 국가재정을 튼튼히 하고 민생을 안정시키고자 개혁정치를 여러 차례 시도하였지만, 미 봉책에 그쳐 기대할 만한 성과를 거두지 못한 채, 근본적인 개혁이 요구되는 상황에 이르게 되었다.

이러한 개혁은 뒤를 이은 충숙왕, 충목왕도 추진하였고, 공민왕의 반원개혁정치로 이어졌다. 충선왕 대의 사림원, 충숙왕 대의 찰리변 위도감抄理辨違都監의 설치, 충목왕 대의 정치도감의 설치 등을 통한 개혁정치는, 심화되고 있던 사회모순을 근본적으로 해결하여 새로운 사회체제를 지향하려는 것이기보다는 현실의 폐단을 수습하면서 기 존의 지배체제를 유지 강화하기 위한 것이었다는 한계점을 드러내 고 있었다.16) 고려 후기의 개혁정치는 그 실시 배경이나 추진 과정 에서 왕권강화라는 정치적 성격을 드러내고 있다.

이와 달리 공민왕은 고려의 독자성과 왕권을 강화하려는 의지를 가지고 개혁정치를 시작하였다. 공민왕은 충숙왕이나 충혜왕 시기 왕 측근의 폐행을 반복하지 않고자 과거 출신 관료들을 주변에 배치 하고 유교적 도덕주의에 바탕을 둔 정치를 시도하였다. 원에 대해서 도 황제의 지나친 간섭에서 벗어나고, 원이 차지하고 있던 우리 영 토인 쌍성총관부를 수복하는 등 독자적인 행보를 시도하였다.

그러나 당시 부원세력으로서 원과 긴밀하던 기씨奇氏 세력을 제거 하려는 시도는 오히려 공민왕의 지위를 위협하는 것이었다. 공민왕 의 반원정치反元政治는 초기에 어느 정도 성공하였지만, 공민왕 8년 12월과 10년 10월 두 차례에 걸친 홍건적의 침입과 왜구의 잦은 노 략질 때문에, 공민왕은 반원개혁정치를 계속 추진하기가 어려워졌

---

16) 국사편찬위원회,《한국사》19, 고려후기의 정치와 경제, 1996, 117~157쪽 참조.

고, 흥왕사의 난(공민왕 12년 윤3월)으로 공민왕의 왕위는 위기를 맞기도 하였다.

공민왕은 다시 왕권을 강화하면서 당시 정치세력을 '세신대족世臣大族', '초야신진草野新進', '유생儒生'으로 구분하였다. 그리고는 세신대족은 친당을 형성하고, 초야신진은 다투어 대족과 혼인하려 하며, 유생은 좌주문생 관계로 공고한 인맥을 구성하여 왕 주위에 포진해 있다 하여 이들 모두에 부정적인 입장을 취했다. 이 문제를 해결하려한 공민왕은 신돈을 등용하여 그에게 정치를 맡겼다.

그러나 신돈 등용 이후인 공민왕 14년(1365) 말부터 신돈에게 정치권력을 맡겨 또 다시 파행의·정치행태를 낳게 되었다. 신돈은 공민왕 14년(1365) 5월 왕에게 무고하여 최영崔瑩을 계림윤으로 좌천시켰고, 얼마 뒤 사부師傅에 임명되고 나서 자기의 비위에 맞지 않는 관리들을 모두 몰아냈다. 즉 6월에는 영도첨의 이공수, 시중 경천흥慶天興, 판삼사사 이수산李遂山 등 많은 중신들을 참소하여 파직시키고, 양천군 허유許猷, 전공판서 변광수邊光秀 등을 무고하여 귀양보냈다. 또 7월에는 최영, 이구수, 양백익 등을 체포하고 그들의 작위와 가산을 몰수하였다.[17]

신돈은 전민변정도감田民辨正都監이라는 임시 기구를 설치하고, 도감의 책임자가 되어 개혁에 착수하였다. 그는 당시 권세가들이 종묘·학교·사사·녹전·군수·세업전 등의 탈점과, 피역하는 유망민의 은닉에 따른 폐단을 지적한 뒤 기한을 정하여 권세가 스스로 이를 바로잡도록 강력히 요구하였다. 아울러 천인 가운데 양인이었음을 호소하는 자가 있으면 모두 속량한다는 방침도 내렸다. 이리하여 개

17)《高麗史》41, 공민왕 14년 5월 경진, 6월 경인, 6월 갑오, 6월 경술 참조.

혁사업은 백성의 지지를 받으면서 어느 정도 성과를 거둘 수 있었다. 교육면에서도 홍건적의 난으로 불타버린 성균관을 중건한 것은 국학의 중흥을 위한 강한 의지를 보여준다. 공민왕 16년에는 판개성부사 이색을 성균관의 대사성으로 삼고 그를 중심으로 하여 경학에 뛰어난 김구용金九容·정몽주鄭夢周·박상충朴尙衷·박의중朴宜中·이숭인李崇仁 등을 학관으로 삼아 유학 중흥에 매진하게 하였다.18) 이는 신진세력을 끌어들여 공민왕 지지세력의 확대 효과를 가져오기도 하였다.

이처럼 신돈 집권기의 개혁정치는 민생문제의 해결과 국가재정난의 타개, 정치질서의 회복이라는 명분 아래 추진되었지만, 개혁정치의 추진으로 신돈에게 권력이 집중되면서 이에 대한 반대세력의 저항이 나타났다. 공민왕 15년(1366) 4월, 정추鄭樞·이존오李存吾의 신돈 비판에서 시작되어 신돈을 제거하려는 모의가 발각될 정도로 확산되어 갔다. 공민왕 17년 10월에는 김정金精·김흥조金興祖·조사공趙思恭·김제안金齊顔 등이 신돈을 제거하려는 모의를 일으켰다가 사전에 발각되어 신돈에게 살해되었다.19)

이 무렵 지영주사 정습인鄭習仁이 영주에 무신無信이란 불탑을 헐어 그 벽돌로 빈관을 수리한 바 있었는데, 신돈이 이를 듣고 노하여 정습인을 계림옥에 가뒀다가 다시 개성의 전법옥으로 옮겨 죽음에 이르게 되니, 주위에서 구원하여 서인을 삼았다.20) 이공수는 이집의 좌주이고 정습인은 이집의 동년이었다. 당시 이집의 직책은 분명히 밝혀지지 않으나 중앙 관계에서 활동하고 있었던 것은 분명하다.

---

18) 《高麗史節要》 28, 공민왕 16년 5월조.
19) 국사편찬위원회, 《한국사》 19, 고려후기의 정치와 경제, 1996, 137~145쪽 참조.
20) 《高麗史》 112, 鄭習仁傳.

이런 상황에서 공민왕 17년(1368) 이집이 신돈을 비난하는 말을 들은 채판서蔡判書라는 자가, 이 사실을 고자질하여 신돈의 귀에 들어가게 되자, 화를 입을 위기에 처하게 되었다. 이에 이집은 가족과 함께 피신하여 위기를 면하려 하였다. 그가 늙은 아버지를 등에 업고 여러 날 걸려 피신한 곳은 경상도 영천에 있는 동년인 사간 최원도崔元道의 집이었다. 최원도는 이집을 매우 후하게 대접하고 은신처를 마련해 주었다. 은신하고 있는 동안 이집의 아버지가 세상을 떠나자 빈렴殯殮의 일을 최원도가 주선해 주었다. 그때 사람들이 최원도의 신의를 칭송하였다 한다.21) 이집은 이곳에서 4년 동안 은거생활을 하면서 지내다가 신돈이 주살된 뒤에야 다시 개경에 돌아왔다. 그는 개경에 돌아온 뒤 판전교시사判典校寺事의 관직을 받았으나 곧 사직하고 여주 천녕현(경기도 여주군 금사면 이포)으로 물러나 독서로 세월을 보내면서 정몽주 등과 교유하였다고 한다.

이집의 관직생활이나 업적에 관한 자료는 거의 남아 있지 않다. 그러나 그의 시문에 나오는 자료들로 생의 단면을 추적해 그의 이력을 보완할 수 있다. 곧 그는 1355년에 급제한 뒤 여러 관직을 거쳐 30대에 천안수天安守를 지냈으며,22) 한때는 철령 동쪽 지방에 종군한 적이 있다.23) 42세부터는 신돈에게 화를 입어 영천에서 도피생활을 하다가 45세에 개경으로 돌아왔다. 그는 48세(공민왕 23, 1374)에 합포合浦에 출진出陣하였으며,24) 이때 경상도도순문사 전록생田祿生의 막하에 있게 되었다. 당시 관직은 병마부사일 가능성이 크다.25)

21) 《慵齋叢話》 9; 《東史綱目》 제16 下 丁卯年 全廢王 禑 13년 9월.

22) 《遁村遺稿》 2, 〈山寺送竹林住持 守寧州時作〉; 〈寄寧州琴李兩先生〉. "昔守天安日 高風見兩生."

23) 《遁村遺稿》 1, 〈寄圃隱2首〉. "憶昔從軍鐵嶺東蕭蕭萬馬好秋風 當時主將今安在 我獨無功白髮翁."

24) 《東文選》 88, 李崇仁, 〈送李浩然 赴合浦幕序〉; 田祿生, 《埜隱逸稿》 6, 〈埜隱先生歷官略〉. "(공민왕)二十三年甲寅四月丁未 以判開城府事再爲慶尙道巡問使 出鎭合浦 辟李集爲幕府."; 〈尊慕錄〉, 李集. "先生(田祿生)再爲慶尙道巡問使時辟爲幕府."

이집은 합포에서 돌아온 뒤 병으로 상당 기간 천녕의 도미사道美寺
에서 은거했고, 1381년에 삼사의 관직을 지낸 뒤[26) 55세이던 1381년
판전교시사에 올랐다. 이듬해 3월까지 판사로 있던[27) 그는 6, 7월경
관직을 떠났고 그 뒤로 주로 천녕에서 살았지만, 개경에 우거하기도
하다가 광주에서 생을 마쳤을 것이다.[28) 졸년은 우왕 13년(1387)으
로, 나이 61세였다.

4년의 은신생활은 그로 하여금 많은 것을 깨닫고 생각하게 해주었
을 것이다. 개경 용수산 밑 현화리 옛집으로 돌아온 그는 과거의 자
신을 쇄신하고 새 출발을 다짐하는 뜻에서 이름을 바꾸기로 하였다.
이숭인은 이집이 이름을 고치고 새로운 다짐을 하게 된 사연을 다음
과 같이 적었다.

　　무신년 가을에 세도를 부리는 역적 신돈의 문객에게 미움을 받아서·그가
군을 불측한 화에 빠뜨리고자 하자, 군은 의복을 변장하고 노친을 업고 처
자를 이끌고 남쪽 경상도로 달려가 숲이 우거진 계곡의 궁벽하고 험악한
지대에 숨어 사슴과 떼를 지어 살았다. 오래지 않아서 세도부리던 자는 죽
고, 또 4년 뒤 신해년에 신돈마저 처형되었는데, 그해 겨울에 이군은 경상
도로부터 현화리 내 집을 찾아왔다.

　　나는 그 노고를 위로하고 또 묻기를, "유리流離되어 헤매는 때는 하루를
지내기도 견디기 어려운데, 하물며 4년이란 오랜 세월이랴. 그런데 그대의

25) 呂運弼은 종4품인 병마부사의 직이었을 것으로 추측하고 있다(呂運弼, 〈遁村李集硏究〉,《東
　　洋漢文學硏究》 10, 1996, 73쪽).
26) 《牧隱詩藁》 20, 〈昨鄭判書達可……李三司浩然……吟成一首〉.
27) 《牧隱詩藁》 21, 〈三月十二日 六友金敬之……李判事浩然……〉.
28) 여운필은 천녕에서 마쳤을 것이라고 추측하였으나(여운필, 앞의 글, 73쪽), 1386년에 겨
　　울에도 서울의 집에 있었고(《遁村遺稿》 2, 冬日卽事 丙寅在京居作) 광주 촌사에도 있었다(《遁
　　村遺稿》 1, 〈贈鄭三峰2首〉).

얼굴이나 말 기운은 어찌 조금도 쇠하지 아니하였는가" 하였다. 이군은 한 번 웃더니 말하기를, "내가 오늘 서울에 들어와서 친구들과 모이니, 어렴풋이 꿈꾸다 깨어난 것 같고 죽었다 살아난 것 같다. 실로 내 몸이 재생한 것이다. 몸이란 이름이 붙어 있기 마련인데 지금 재생된 마당에 이름만 어찌 옛 이름 그대로 할 수 있겠는가. 내 이름이 원령元齡이었는데, 지금은 집集으로 고치고 자는 호연浩然이라 하였으니, 그대는 이 이름과 자에 대한 서문을 지어 달라" 하므로, 나는 허락만 하고 곧 짓지는 못하였다.29)

이것이 이름을 고치게 된 전말이다. 비록 이숭인은 4년 동안 이집이 고초를 견뎌내면서 조금도 쇠하지 않았다고 표현하였지만, 자신이 '죽었다가 살아난 것 같다'고 할 정도로 고통을 겪으면서 지난 날 자신의 행동에 대한 회한을 뼈저리게 느꼈을 것은 능히 짐작되는 바이다. 이제 이름을 바꾸어 재생의 의미를 강조하는 것은 바로 그런 전날의 실수를 다시는 하지 않겠다는 결심을 내포하고 있는 것이다. 이리하여 이름을 원령 대신에 집을 쓰고 자는 호연으로 하였다. 이숭인은 '집'과 '호연'의 뜻을 아래와 같이 풀었다.

맹자가 호연지기浩然之氣를 논하면서, '이는 의義가 모여서 그 속에서 생겨나는 것이다'라고 하였다. 군은 이것을 평상시 일 없을 때부터 길렀고, 험난하여 변을 만난 날에 시험하였고, 또 일찍이 문충공文忠公(이공수)과 문경공文景公(안보)의 강론을 들었으니, 그 기운을 기름에 깊이 체득한 바가 있을 것이어늘 내가 무슨 말을 하리오. 비록 그러나 시험 삼아 군을 위하여 들은 바를 외운다.

29)《東文選》88, 李崇仁,〈送李浩然赴合浦幕序〉.

무릇 대화大化가 유행하여 이오二五의 정精이 쌓이고 얽히어 사람이 생기 나니, 생기게 되는 것은 곧 천지의 기氣다. 그러므로 그 기된 것이 지극히 크고 지극히 굳세다. 오직 지극히 크기 때문에 천지에 퍼져서 법칙을 같이 하고, 지극히 굳세기 때문에 금석에 부딪쳐도 뚫리게 되며, 그 체는 본래 스스로 호연浩然한 것이니, 다만 잘 기르는 데 있을 뿐이다. 기르는 것이 제 대로 되면 나의 기가 곧 천지일 따름이다. 저 풀이 죽어서 충만하지 못한 것은, 기르는 것이 제대로 되지 못한 탓이다. 여기서 제대로 되는 길이란 오직 의를 모으는 일이니, 의를 모은다는 것은 하는 일마다 의에 합치됨을 이름이다. 의란 것은 나의 고유물이니, 잠시라도 떠나서는 아니 된다. 그런 데 나의 행위가 이와 반대된다면 내가 어찌 쾌족할 수 있겠는가. 털끝만큼 도 마음에 쾌족하지 못한 점이 있다면 기는 여기서 죽어지는 것이니, 비록 한 번 움직이고 한 번 말하는 사이라도 조금도 부끄러움이 없어 마음이 활 발하고, 신체가 윤택하면 이른바 호연이라는 것이 유동하고 충만하여 어디 에서나 드러나서 장차 이루 다 쓰지 못할 것이다. 그러므로 이르기를, '이는 의가 모여서 그 속에서 생기는 것이다' 한 것이다.[30]

이숭인에 따르면, 이집이 4년의 고난을 견디어 낼 수 있었던 것은 그가 호연의 기를 기른 인물이기 때문이다. 호연의 기는 지극히 크 기 때문에 천지에 퍼지고, 지극히 굳세기 때문에 금석에 부딪쳐도 뚫리게 되며 기르는 것이 제대로 되면 호연하게 되는 것이다. 이집 은 호를 스스로 둔촌遁村이라 하였는데, 그 이유를 다음과 같이 말하 였다.

---

30) 《東文選》 88, 李崇仁, 〈送李浩然赴合浦幕序〉.

내 이름과 내 자에 대해서는 이미 가르침을 받았으나, 내가 황야에 도망하여 취성鷲城의 당화(신돈 정권)를 피하였으니, 그 고생스러운 형상은 미련한 사람이라도 듣고 실색하지 않을 수 없을 것이다. 비록 그러하나 내가 오늘까지 살아온 것은 둔遯의 힘이다.……지금 이미 이름과 자를 다 고쳤으니 내가 다시 처음이 된 것이다. 둔이 나에게 덕된 것을 장차 내 몸을 마치도록 잊을 수 없는 까닭으로, 나의 있는 곳을 둔촌遯村이라 하였으니, 그 둔의 덕이라 생각하는 까닭이다. 또한 그 위험에서 나와서 위험을 잊지 않는다는 뜻을 붙여서 스스로 힘쓰고자 함이다. 둔은 《맹자》의 지언知言(도리에 밝은 말) 가운데 하나이다. 그러나 뜻은 그윽히 이와 같이 취하였다.[31]

라고 하면서 이색에게 〈둔촌기遯村記〉를 써주기를 부탁하였다. 둔촌에 대해 이색은 다음과 같이 말하였다.

맹자가 이르기를, '하늘이 장차 그 사람에게 큰 임무를 내릴 적에 반드시 그 몸을 굶주리게 하고 그 하는 바를 어그러지게 하며 어지럽게 하여 그 능하지 못한 바를 더 능하게 한다' 하였으니, 호연은 참으로 그 몸이 굶주렸고 하는 바도 어그러졌으니, 실지로 큰 임무가 그에게 내릴 것을 기필할 수 있었을 것이다. 나는 호연이 둔촌에서 몸을 마치지 못할까 두려워한다.[32]

이숭인은 이집에 대한 평가에서 "외모는 충만하여 풀죽은 빛이 없고 말 기운이 격동하다"고 표현하였으며 "둘이서 서로 떨어지지 않고 날마다 강습과 토론을 일삼았고, 우뚝이 절의로 자처하는 모양이

31) 《牧隱文藁》 1, 〈遯村記〉.
32) 《牧隱文藁》 1, 〈遯村記〉.

었다"[33]고 하였다.

하륜河崙은 처음 이집을 보았을 때의 느낌을 다음과 같이 평했다.

　　선생의 용모는 장중하고 의지가 강하고 굳세 보였으며, 기품은 꽉 짜이면서 준수하였고, 음성은 옥이 구르는 듯하면서 명확하고 유창하여 나는 내심 몹시 기이하게 느꼈다.[34]

또 《동사강목》에는 "성품은 강직하고, 문장을 잘하였으며, 충효의 대절이 있었다. 이색·이숭인·정몽주 등과 더불어 좋은 벗이었다"[35]고 평하였다. 이집이 신돈 집정기에 그의 전횡을 비판하는 발언을 했다는 사실에서, 그의 성정이 강직하고 관직 수행에 지절이 있었음을 미루어 짐작할 수 있다.

대체로 이런 평가를 종합하면 이집의 외모와 인간됨을 여실히 알 수 있다. 이러한 평가 위에 이집의 묘표에는 아래와 같이 적혀 있다.

　　고려 말기에 태어나셔서 사도斯道를 지키는 일을 자기의 임무로 삼으셨고, 문장과 지절志節이 한 세대에 으뜸을 차지하셨으니, 이것은 전해지는 여러 기록을 상고하면 환하게 볼 수 있다.……선생께서는 충성과 효도가 극진하셨고, 의리에 불타는 마음이 안색에 드러나셨고, 꾹 참는 인내심을 기르셨고, 인정과 사리를 세밀하게 아셨고, 의지는 족히 쇠와 돌을 뚫을 듯하셨고, 기백은 족히 하늘을 찌를 듯하셨던 것이다.[36]

---

33) 《東門選》88, 李崇仁, 〈送李浩然赴合浦幕序〉.
34) 《遁村遺稿》1, 河崙, 〈遁村先生遺稿序〉.
35) 《東史綱目》16 하, 정묘년 전폐왕 우 13년(1387) 9월.
36) 《遁村遺稿》4, 附錄, 〈李集墓表〉. 1652년 11대손 禮曹正郎 李休徵이 李集의 묘표를 짓고, 승문원 정자 李象震이 글씨를 써서 광주 이집 묘역(현재 경기도 성남시 중원구 하대원동)에 세웠다.

이집의 아들 지직之直, 지강之剛, 지유之柔 삼형제가 모두 등과하였다. 지직은 조선의 청백리에 올랐다.

광주이씨는 이집 이후 번영을 계속하여 조선시대에는 최고의 양반가문으로 위세를 떨치게 된다. 이집의 세 아들이 등과한 뒤 다시 지직의 세 아들이 모두 등과하였고, 그 후손들도 대대로 등과하여 영의정을 비롯한 고위 관직을 휩쓸었고, 그들 가운데 역사에 이름을 드러낸 이가 많다. 성종 대에서 연산군 대까지 활약한 훈구파의 거두 이극돈, 선조의 묘정에 배향된 이준경李浚慶, 영의정을 지낸 이덕형李德馨 등 일일이 거명하기 어렵다. 또 현종 10년(1669)에는 광주 지방 유림들이 광주 암사강변(지금의 서울시 강동구 암사동)에 구암서원龜巖書院을 세우고 이집을 필두로 조선시대 몇몇 유림을 향사享祀하였다. 구암서원은 숙종 23년에 사액되어 승격되었으나 흥선대원군의 서원 철폐령으로 훼철되었다.37)

4. 사대부와의 교유관계

《둔촌선생유고》 서문에서 하륜은 다음과 같이 기록하고 있다.

나는 둔촌선생을 포은선생의 소헌에서 처음 뵈었고……두 번째는 목은선생의 초막에서 뵈었는데 목은선생께서는 경의를 갖고 대하면서 다음날까지 함께 지내시기에 나는 곁에서 그 여론을 들을 수 있었다. 그 뒤에 또 도은

---

37) 1667년(현종 8)에 광주 지방 유림의 공의로 李集·李養中·鄭誠謹·鄭曄·吳允謙·任叔英 등의 학문과 덕행을 추모하고자 원우를 창건하고 위패를 모셨다. 1697년(숙종 23)에 '龜巖'이라 사액되어 사액서원으로 승격되었으며, 선현배향과 지방교육의 일익을 담당하였다(한국민족문화대백과사전).

께서 목은·포은·둔촌을 초대하여 간략한 술자리를 마련한 일이 있었다. 그 자리에서 분매를 앞에 놓고 매화를 주제로 연구를 지었는데 나도 말석에 참여하여 그분들의 경구를 들었다.[38]

이집·정몽주·이색 등 당대 최고의 석학들과 교유를 가졌던 하륜에 따르면 둔촌 이집은 목은 이색, 포은 정몽주, 도은 이숭인과 어깨를 나란히 하여 시를 창화하고 학문을 토론하는 사이였음을 알 수 있다.

그러면 《둔촌유고》에 나타난, 둔촌과 교유한 당시 사대부들을 살펴보기로 하겠다. 《둔촌유고》는 이집의 시를 모은 것이지만, 이집이 생전에 쓴 시를 모두 모았다고는 할 수 없다.[39] 따라서 《둔촌유고》만을 가지고 그의 교유관계를 분석하는 데는 분명히 한계가 있다. 이 점을 감안하면서 유고를 통해 교유관계를 추정해 보고자 한다. 이집의 시제詩題는 193제로서[40] 이집의 시제에서 가장 많이 언급된 인물은 이숭인, 김구용, 정몽주, 그리고 이색이다. 참고로 시제 대상이 된 주요 인물들을 집계해 보면 〈표 1-1〉과 같다.

〈표 1-1〉을 보면 시문을 가장 많이 주고받은 사람이 이색이고, 김구용, 이숭인, 정몽주, 정도전 순이다. 그러나 실제 가장 많이 시제가 된 대상은 김구용과 이숭인이다. 이 표는 《둔촌유고》만을 대상으로 한 것이므로 다른 문집에 수록된 시문을 더하면 훨씬 더 많은 교유가 있었을 것이다. 그 밖에 성지鄭地, 허금許錦, 민제閔霽(또는 閔仲晦),

---

38) 이 글에 인용한 번역은 《國譯遁村先生遺稿》, 광주이씨대종회, 1992 및 민족문화추진회의 국역 《동문선》 또는 국역 《牧隱集》 등에 의거하였음을 밝혀둔다.

39) 《遁村遺稿》는 대체로 辛旽被禍 이후 개경에 돌아온 1374년 이후의 글을 모은 것으로 보인다(여운필, 앞의 글, 79쪽 참조).

40) 여운필, 앞의 글, 81쪽.

표 1-1. 이집의 시제詩題 대상이 된 주요 인물

인물	詩 작품 수	받은 시 횟수		합계	기타 호칭	과거급제
		附次韻	기타 文集			
李穡	11	8	23	41	牧隱	공민왕 2년
金九容	15	11	11	37	惕若齋, 敬之, 六友堂, 四友堂	공민왕 4년
李崇仁	20	1	8	29	陶隱, 子安	공민왕 11년
鄭夢周	11	2	13	26	圃隱,	공민왕 9년
鄭道傳	9		4	13	三峰, 宗之	공민왕 11년
鄭地	2				指揮使	
宗工鄭相國	6				鄭夢周?	
禹賢寶	6				原功, 養浩堂, 相國, 동년	공민왕 4년
權鑄	5				葵軒	
崔濚	3				정당, 봉익, 동년, 全州	우왕 2년
崔 散騎	2				散騎, 50세 사망	
崔 諫議	2					
崔元道	2				司諫 영천	공민왕 4년
최 사관	1				동년 史官	
林深父	3				동년	공민왕 4년
田 同年	3				영흥(포천)	공민왕 4년
許錦	6				埜堂	공민왕 6년
閔霽	4				閔仲晦	공민왕 6년
蔡 判書	2					
朴宜中	3				중서, 子虛, 實	공민왕 11년
朴古軒	2				장원, 동년, 중추	
박 奉翊	2				光州, 통헌	
박 장군	1					
이 동은	2				東隱	
陽軒	2					
楊以時	1				判事, 동년	공민왕 4년
윤 정당	2					
배 찰방	3				부윤, 영주 배선생	
徐甄	2				紏正, 좌랑, 강릉도안렴사	공민왕 18년
金山 新主老	2				금산사	
龍頭 主老	3					
中菴 上人	3				안화사, 중산사	

권주權鑄, 이동은李東隱, 박의중朴宜中 등과의 교유를 비롯하여, 용두주노龍頭主老, 천태 상인天台上人, 중암 상인中菴上人 등 승려들과의 교유도 볼 수 있다.

시에서는 성리학을 탐구하는 모습이나 왜구의 침탈을 받아 어렵고 힘든 현실, 상대를 생각하는 상념 등이 나타나지만, 고려 후기 사대부들이 성리학자로 자처하면서도 불교에 깊은 관심과 호의적인 정서를 가졌던 것과 달리 이집은 불교에 거의 관심을 보이지 않았던 면도 특이한 점이다. 다만 말년에는 이색이 불교에 빠지는 것을 보고 자신도 불교에 귀의해 보려는 생각을 하는 모습도 보인다.

시제의 대상이 된 사람들은 우현보禹賢寶, 염국보廉國寶, 염흥방廉興邦, 제정霽亭 이달충李達衷, 서견徐甄, 양이시楊以時, 곽 정당郭 政堂, 채 판서蔡 判書, 양헌陽軒(호) 등을 비롯하여 이름을 확인하기 어려운 관리들을 포함하면 약 70여 명이다. 그러면 이집과 교유한 사대부들 가운데 횟수가 가장 많은 사람을 중심으로 그들의 교유에 관해 살펴보기로 하자.41)

이집의 시문에서 가장 많은 분량을 차지하는 것이 목은 이색과의 교유이다. 목은 이색(1328~1396)은 이집보다 1년 뒤에 출생하였으니, 사실상 두 사람은 같은 연배이다. 이색의 부친 이곡이 일찍이 원 제과에 급제하여 원나라에서 관직생활을 하고 있었기 때문에, 이색은 원 국자감에 유학하여 원 사대부들과 교유를 가졌다. 그러나 1351년 정월, 부친의 사망 소식을 듣고 고려에 돌아와 복상을 치르고 공민왕 2년(1353)에 명경과에 수석으로 합격하여 숙옹부승肅擁府丞이 되었다. 이색은 복중에도 상서를 올려 국정의 안정을 도모하는 방안을

---

41) 각 인물에 대한 소개는 李集과 함께 살아있던 기간을 중심으로 간략하게 정리하였다.

제시하기도 하였다. 이때 이색의 지공거는 이제현과 홍언박이었다. 28세인 1355년에 서장관으로 원에 가서 제과에 응시, 합격하고 한림 문자승사랑 동지제고겸국사원편수관이라는 원의 관직을 받아서 돌아왔다.

이색이 일찍부터 고려와 원을 드나들며 활동한 데 견주어 이집은 부친 이당이 지방 향리로서 당대에 처음 중앙으로 진출한 신진사대부였으므로, 두 사람의 입지는 크게 차이가 있었다고 보인다. 이 때문에 이집이 공민왕 4년(1355)에 급제하였으니 두 사람의 관직진출 시기가 비슷함에도 이집은 급제 이후 약 10여 년 동안 관직에 대한 기록을 찾기 어렵다.

신돈 집권기인 공민왕 16년, 성균관을 중수하고 이색을 대사성으로 삼아 신진사대부들을 모아 경사를 연구하여 학문을 일으킬 때, 이집은 신돈의 뜻을 거슬러 영천으로 피해야 하는 처지였다. 그러나 그때까지 이집은 이색이나 김구용 등 사대부들과 학문과 사상경향을 같이하는 위치에 있었을 것이다. 이는 그가 4년의 은둔생활을 마치고 개경에 돌아왔을 때 다시 정몽주 등과 함께 자리할 수 있었음에서 알 수 있다. 하륜의 글에 따르면, 그가 이집을 처음 만난 것은 정몽주의 집에서였고, 이후 이색이나 이숭인의 집에서 그를 만날 수 있었다고 한다.[42] 즉 신돈의 화에서 벗어나 개경으로 온 뒤 이집은 정몽주, 이색, 이숭인 등과 함께 교유하고 있었음을 알 수 있다. 이런 관계는 이미 일찍부터 둔촌 이집과 신진사대부들의 교유가 지속되어 왔었다는 것을 알 수 있다.

이집이 이색에게 보낸 시는 은퇴한 뒤 쓸쓸한 생활을 읊고 있는

---

42)《遁村遺稿》1, 河崙,〈遁村先生遺稿序〉.

내용이 많다. 특히 천녕에 퇴거하면서 이색에게 보낸 시가 여러 수 있다. 이때는 이색도 관직을 사양하고 집에 우거하는 때이기도 하다. 이집은 불교 사상적인 내용의 시를 거의 짓지 않았지만, 이색이 불교에 심취함을 오히려 부러워하면서 자신도 불교에 귀의할 생각이 있음을 보여준다.43) 52세 때인 정묘년(1387)에는 병마에 시달리면서 시를 지어 목은에게 소식을 보냈는데, 이 시에는 자신의 죽음을 예측하고 있음을 드러냈다.44)

이색도 이집에게 여러 편의 시를 지어주었다. 이색이 이집을 보았을 초기에 이색은 병에 시달리는데 이집은 아직 생기가 넘치던 시기이다. 두 사람의 우의는 이집이 천녕에 물러나 있을 때 이색에게 검정콩과 햅쌀을 보낸 데서 드러난다.45) 목은이 이집에게 보낸 글은 대체로 정계에서 물러나 지난날 함께 담론하던 시절을 회상하고 그들의 위로와 방문을 사례하는 글들로 이루어져 있다. 목은의 글에서는 성리학적 사상이 자주 엿보이는데, 이집을 위한 〈둔촌기〉에서 다음과 같이 말하였다.

그대가 《맹자》를 진실로 맛보고 즐거워하니 성인의 도를 찾는 경지에 거의 이르렀도다. 내가 이 까닭으로 다른 글은 상고하지 아니하고 《맹자》에 대한 것으로써 말을 마치겠다. 어떤 사람이 묻기를, '순舜이 천자가 되고 고요皐陶가 법관[士]이 되었을 적에 고수瞽叟(순의 아버지)가 사람을 죽이면 순은 어떻게 하겠습니까' 하니, 맹자는 말하기를, '아버지를 입고 도밍가서 바닷가에 살면서 흔연히 즐거워하며 천하를 잊을 것이다' 하였으니, 이는

---

43) 《遁村遺稿》 2, 〈九日敍懷3首呈牧隱〉.
44) 《遁村遺稿》 2, 〈丁卯歲季夏臥病呈牧隱〉.
45) 《遁村遺稿》 3, 附錄, 李穡, 〈奉謝遁村送黑豆種〉; 〈謝遁村送新米〉.

비록 비유한 말이긴 하나 이와 같이 처리할 수밖에 없을 것이다. 호연의 화가 비록 자신의 소치이나 늙은 어버이와 어린 자식들을 업고 안고 이끌면서, 낮에는 숲속에 숨고 밤에는 비와 이슬을 무릅쓰고 험한 산골 속을 걸으면서 쫓는 이가 뒤에 따라올까 두려워하여, 숨을 죽이고 처자에 경계하여 감히 소리를 내지 못하게 하였으니, 역시 그 도망은 참혹하였다. 이는 마땅히 꿈에도 놀라고 깨어서도 놀랄 것인데 바야흐로 의기가 양양하여, 안으로는 몸이 즐거워하고 밖으로는 남에게 자랑하니 호연은 참으로 비상한 사람이다. 그 속에는 반드시 주심主心이 있고 헛이름을 얻은 것이 아니다. 맹자가 이르기를, '하늘이 장차 그 사람에게 큰 임무를 내릴 적에 반드시 그 몸을 굶주리게 하고 하는 바를 어그러지게 하며 어지럽게 하여 능하지 못한 바를 더 능하게 한다' 하였으니, 호연은 참으로 몸이 굶주렸고 하는 바도 어그러졌으니, 실지로 큰 임무가 그에게 내릴 것을 기필할 수 있었을 것이다. 나는 호연이 둔촌에서 몸을 마치지 못할까 두려워한다.[46]

그리고 이집이 신돈의 화를 당했을 때 아버지를 업고 도망쳐 어려움을 견디어 낸 것을, 맹자의 글을 비유하여 칭송하면서 주심이 있음을 높이 평가하였다. 이색은 당시 성리학이 정착하던 시기에 맹자를 탐구하였고, 더욱이 격물치지를 강조했음을 볼 수 있다.

억지로 병든 눈 닦고 한유韓愈의 문장을 읽으며
남은 생애에 자손을 가르치려 하는데
그 중에 가장 중요한 원도原道 한 편이 있어
우선 격물로부터 다시 연구를 거듭하노라.[47]

---

46) 《牧隱文藁》1, 〈遁村記〉.
47) 《牧隱詩藁》7, 〈贈李浩然〉. "强揩病目讀韓文 擬向殘年敎子孫 最是一篇原道在 且從格物更燀溫."

이집의 자 호연에 대하여는

　호연한 기운은 곧 천지의 시초이니, 천지가 그것으로 제 위치에 놓인다. 그것이 만물의 근원이니 만물이 그것으로 발육된다. 오직 이 기운을 함축하여 몸[體]이 있다. 그러므로 이 기운이 발하여 용用이 되는 것이다. 이 기운은 가장자리도 없고 틈도 없으며, 후박厚薄·청탁淸濁·이적夷狄·중화中華의 구별이 없으니, 호연이라 이름하는 것이 또한 옳지 않은가.……덕이 이것으로 말미암아 높아지고 공이 이것으로 말미암아 드러나서, 당세에 나타나고 후세에 무궁토록 전하는 것이니, 이른바 호연이라는 것이 그 속에 가득찬 것이 아니면 어떻게 이에 이를 수 있겠는가.[48]

하여 호연의 설을 정리하였다. 이색은 이러한 마음을 가진 이집이 뜻도 높고 재능도 뛰어남에도 시세에 용납되지 못함을 아쉬워하는 시를 읊어 그를 위로하였다.

　　포부도 크고 재주도 엄청난 우리 호연
　　시대와 맞지 않음을 늙어서 비로소 알았나니.
　　가족을 껴안고 오랜 세월 고궁固窮하면서
　　거장들을 흘겨보면서 고담준론高談峻論을 폈다오.
　　……
　　늙은 목은은 그동안 해오넌 노력도 흐지부지
　　흑백의 중간에서 옛 자취를 탐색하는 중.
　　지금은 너무도 쇠해져서 병까지 걸린 몸이지만

---

48)《東文選》97, 李穡,〈浩然說贈鄭甫州別〉.

원래는 호걸의 기상으로 유종을 옆에서 도왔다오.

바람은 범을 따르는 듯 구름이 용을 따르는 듯.

벽옹을 활짝 열자 물고기 뛰고 소리개 날고

사문이 이에 만세토록 동방을 비추게 되었는데

내 몸의 거취는 이제와선 터럭처럼 가볍다 할까.49)

다음으로 가장 많은 교유를 가진 김구용에 대하여 살펴보자.

김구용(1338~1384)의 자는 경지敬之, 호는 척약재惕若齋, 또는 육우
당. 본관은 안동으로 몽고 침입 때 활약한 김방경金方慶의 현손이다.
16세(1353)에 진사에 합격하고 18세에 과거에 급제하였다. 공민왕 16
년(1367) 성균관 학관이 되어 정몽주, 이숭인 등과 함께 국학의 중흥
에 힘썼고 우왕 초기 이인임이 북원의 사신을 맞아들이려 하자 이를
반대하다가 정몽주 등과 함께 귀양 갔다.

1338년생으로 이집보다 10년 이상 연하이지만, 동년급제자로서 특
별한 친분을 가졌다. 이집은 시를 지을 때 다른 사람들에 대해서는
포은·도은·목은선생 등의 칭호를 썼지만, 김구용에 대하여는 항상
그의 자 '경지'를 일컬어 친밀함을 더하였다. 남아 있는 시들은 대부
분 병들어 외로운 심정과 김구용을 만나지 못해 그리워하는 모습을
드러낸다. 그러다가 정토사에서 3년 만에 함께 자리하고 다시 이별
하는 모습을 그린 다음의 시를 보자.

강해에서 삼년을 떨어져 있다가

---

49)《牧隱詩藁》31,〈李浩然將歸舊居 僕欲從之 發爲長歌〉. "浩然志雄才又雄 老矣始知時不容 携持婦兒長
固窮 高談睥睨諸鉅公……老牧邇來廢前功 黑白中間探奮蹟 甚矣衰也病在躬 自有豪傑扶儒宗 風從虎兮雲
從龍 魚躍鳶飛開辟雍 斯文萬世耀天東 我身去就鴻毛同."

초제에서 하룻밤을 같이했네.

침상을 마주하니 이야기 끝이 없고

손을 맞잡으니 반가운 정 한이 없네.

어지럽게 덮치는 근심은 일천 가닥이요,

쓸쓸히 나부끼는 두 귀밑머리 쑥대 같도다.

전쟁은 언제나 끝이 날 것인가

나그네살이에 가을바람 또 불어온다.50)

이집이 3년 만에 김구용을 만나 회포를 풀며 지난 이야기에 감회가 새로운 모습이다. 그러나 정국은 아직 편안치 않고 다시 이별을 해야만 하는 아쉬움과 불안한 현실을 보여주고 있다. 아마도 이 시는 이집이 천녕 도미사에 우거할 때의 시인 듯하다. 김구용은 이집이 있던 천녕에서 멀지 않은 여강에서 여묘살이하면서 서신을 교환하고,51) 이집의 시에 답하여 한유와 두시를 읽으면서 둔촌과 교유하는 모습을 보여주기도 하였다.52) 그러나 이후 이집은 김구용을 자주 만나지 못하여 칠석날이나 입추, 9월 9일 등에 그에게 시를 보내고, 말년에 병이 깊어지면서 더욱 자주 경지를 그리워하며 시를 지어 보냈다. 그러나 김구용은 우왕 10년(1384) 판전교시사로 명나라에 갔다가 요동에서 체포되어 남경으로 압송되었는데 명 태조의 명령으로

---

50) 《遁村遺稿》 2, 〈淨上寺留別敬之〉. "人生聚散幾時休 落日將歸更上樓 棹進帆張解攜去 江天漠漠使人愁 邂來世故可鳴呼 愛惡君看屋上烏 肥遯江湖眞有味 不須辛苦著潛夫."

51) 《道東淵源錄》 2, 〈與遁村書 若齋廬墓〉. "七月卄一日 忽承佳章 讀之再三 乃知迢然於物外者 其出語亦能灑然 非俗人之所可及也 驪江吾所樂也 亦先生之所知 不聞先生之先吾着鞭也 南望不覺爲之悵然 況世間新事 歲異而月不同矣 近聞 幸今官開 欲與陶隱 匹馬往吊 果得如願 川寧當作一夜話也 歲受新米之惠 敢不銘感 僕自六月患痢疾 將三十日矣 北來少愈 幸竝照及 餘在途歸時 秋凉千萬珍重 只此."

52) 《遁村遺稿》 3, 附錄, 金九容, 〈次李浩然韻 三首〉. "衡門茅屋可棲遲 秋色山光共陸離 終日無人來剝啄 倚牆閑和浩然詩 觸熱常嫌畏日遲 秋來病骨尙支離 睡餘懶向南牕下 讀破韓文與杜詩 隔江秋日憶心知 朝夕無端爲賦詩 短棹何時窮兩岸 翠巖無處不幽奇."

대리大理로 유배되던 길에 병사하였다.

이집보다 훨씬 연하인 이숭인도 이집과 절친한 교유를 맺었던 것
으로 보인다.

나는 이군의 이름을 들은 적이 꽤 오래되었으나 한 번도 대면해서 은근
한 즐거움을 갖지는 못했다. 그러다가 내가 출사하여 서울에 와서 목은
선생의 문하에서 종유하였다. 하루는 선생을 뵈러 온 손이 있었는데, 외모
가 충만하여 풀이 죽은 빛이 없고 말기운이 격동하여 선생이 예로 대접하
므로 나는 기특히 여겨 좌우에 물으니, 그가 바로 광주 이군이었다. 이로부
터 우리 두 사람은 대개 서로 떨어져 있지 않고 날마다 강습과 토론을 일
삼았는데, 혹시 인물을 평론하다가 출중한 선비를 발견하게 되면 이마에
손을 얹고 탄복하기도 하고, 그 옹졸하고 진부한 자에게는 침을 뱉으며 꾸
짖기를 그만두지 아니하였으니, 이는 우뚝이 절의로 자처하는 모양이었
다.53)

이숭인이 이집을 처음 만난 것은 이색의 집에서였다. 이숭인은
1362년 문과에 급제하여 목은 이색의 문하에 종유하면서 이집을 알
게 되었으며, 그의 이름은 이미 들은 바가 있었고, 이후 자주 만나
강습과 토론을 일삼게 되었다고 하였다. 특히 이집의 좌주는 이공수
李公遂와 안보安輔로서 안보의 학문경향을 이어받은 제1의 문생으로
여기고 있다. 즉 이집은 1360년대에 관직에 종사하면서 사대부들과
어울려 시문을 나누고 있었고, 여기에는 당시 뿌리를 내리기 시작한

---

53)《遁村遺稿》3, 附錄, 李崇仁,〈送李浩然赴고浦幕序〉. "及予筮仕來京都 遊牧隱先生之門 一日客有謁先生
   者容貌充充 無歉餒色 出辭氣警策 先生禮貌之 余奇之 訪之左右 則廣李君也 自是予二人者 率不相離 日以
   講習討論爲事 或至可否人物 得偉儻高世士 手加額歎賞其罷駑腐爛者 唾罵不能休 蓋落落以節義自許."

성리학을 중심으로 과거 급제자들이 모이고 있었음을 알 수 있다.

그런데 신돈 집권이 점점 강화되면서 그의 전횡에 대한 불만이 나오기 시작했고, 이집도 신돈 정권에 저항하는 입장을 취하다가 위기를 맞게 된 것이었다. 이는 이숭인이 표현한 바와 같이, 강개한 성격의 결과로 보인다. 이집은 신돈의 화를 피하여 은둔생활을 하다가 1327년 개경에 돌아와 자신의 이름과 호를 바꾸고 사대부들에게 그에 대한 해설을 부탁하였다.

> 무신년 가을에 세도를 부리는 역적 신돈의 문객에게 미움을 받아서 그가 군을 불측한 화에 빠뜨리고자 하자 군은 의복을 변장하고 노친을 업고 처자를 이끌고 남쪽 경상도로 달려가 숲이 우거진 계곡의 궁벽하고 험악한 지대에 숨어 사슴과 떼를 지어 살았다. 오래지 않아서 세도부리던 자는 죽고, 또 4년 뒤 신해년에 신돈마저 처형되었는데, 그해 겨울에 이군은 경상도로부터 현화리 내 집을 찾아왔다.[54]

이집은 1372년 개경에 돌아온 뒤 새 삶을 얻은 것 같은 마음으로 이름과 자를 바꾼 것에 대한 글을 주변인들에게 부탁하였다. 이집은 이때의 기분을 이렇게 표현하였다.

> 내가 오늘 서울에 들어와서 친구들과 모이니, 어렴풋이 꿈꾸다 깨어난 것 같고 죽었다 살아난 것 같다. 실로 내 몸이 새생한 것이다. 몸이런 이름이 붙어 있기 마련인데 지금 재생된 마당에 이름만 어찌 옛 이름 그대로 할 수 있겠는가. 내 이름이 원령이었는데, 지금은 집으로 고치고 자는 호연

---

54) 《遁村遺稿》 3, 附錄, 李崇仁, 〈送李浩然赴合浦幕序〉.

이라 하였으니, 그대는 이 이름과 자에 대한 서문을 지어 달라.55)

이숭인은 이를 허락만 하고 곧 짓지는 못하였다가 1374년 여름에 이집이 재상 전록생의 부름에 따라 합포로 가게 되므로 이제 짓게 되었다고 하였다.

이숭인(1349~1392)의 호는 도은陶隱, 자는 자안子安, 본관은 성주星州이다. 공민왕 11년(1362)에 문과에 급제하였고 명나라에 문사를 뽑아 보낼 때 수석으로 뽑혔으나 아직 25세가 되지 않아 보내지 않았다. 우왕 때 전리총랑이 되어 김구용·정도전 등과 함께 북원의 사신이 오는 것에 반대하다가 귀양을 가기도 하였다. 다시 돌아와서 성균사성이 되고 우사의대부로서 관료들과 함께 상소를 올려 국가의 시급한 대책을 논하였다. 정몽주와 더불어 실록을 편수하고 첨서밀직사사가 되어서 중국에 하정사로 갔다가 돌아와 예문관제학이 되었다. 고려 말 정국에서 이색의 당으로 지목되어 청주옥에 수감되었으나 수재水災로 말미암아 사면되었다. 다시 정몽주의 당으로 몰려 삭직당하고 유배되었다가 살해되었다.

이색은 항상 그를 칭찬하였고 중국의 사대부들도 그의 저술을 보고 탄복하였다고 한다. 목은·포은과 함께 삼은三隱으로 알려져 있다. 이숭인은 이집보다 20세나 연하인데도 두 사람은 망년우忘年友로서 시를 자주 주고받았고, 이숭인과 같이 영은사에 가서 승려 중암의 거처에서 해를 보내기도 하였다.56)

이집은 "자안은 나이 비록 아주 젊지만, 오히려 노성한 어른 같도다"57)라고 하여 도은 이숭인과의 교유가 매우 친밀한 관계임을 알려

---

55) 《遁村遺稿》 3, 附錄, 李崇仁, 〈送李浩然赴合浦幕序〉.
56) 《遁村遺稿》 3, 附錄, 李穡, 〈遁村來過 云將與陶隱守歲靈隱寺 中庵所居也〉.

준다. 이집은 이숭인이 간의가 됨을 축하하였고, 또 병부판서가 되었을 때 이를 축하하는 시를 지었다. 그 밖에 도은의 부친 수연에 참석하기도 하였다. 이집은 늙고 쇠잔하여 병든 자신의 처지와 판서로 활동하고 있는 이숭인을 비교하여 그를 부러워하면서도 그리워하였다. 또 이숭인이 그의 집을 방문해 준 것에 대해 감사하고 세월이 변하여도 그와의 우정은 변치 않았음을 칭하기도 하였다.

한편 이숭인이 이집에게 보낸 시도 여러 수 있다. 이집이 아들을 시켜 이숭인에게 당시唐詩를 보내니 이를 고마워하는 답을 하기도 하였다.58) 이집이 천녕에 머물고 있을 때는 이 지역을 지나면서 이집에 대한 그리움을 읊기도 하였다. 이렇게 이집과 이숭인은 나이를 뛰어넘는 교유를 가졌다. 이숭인은 이집보다 약 20년이나 뒤에 태어났으나 둘의 교유는 특별한 것이었다.

정몽주(1337~1392)의 자는 달가, 호는 포은, 본관은 영일로서, 추밀원지주사 정습명의 후손이다. 1357년(공민왕 6)에 감시監試에 합격하고 1360년 문과에 장원해 1362년 예문관의 검열, 수찬이 되었다. 1363년에 낭장겸합문지후, 위위사승을 거쳐 동북면 도지휘사 한방신의 종사관으로 여진토벌에 참가하였다. 1364년에 예조정랑으로 성균박사를 겸하고 《주자집주》에 대한 강설이 뛰어났다. 이색이 그를 높이 여겨 성균관 학관으로 뽑아 강론케 하였다. 1376년 우왕 때 성균관 대사성으로 이인임의 친원외교를 반대하다가 언양에 유배되었다. 1372년 서장관으로 명나라에 다녀왔고 1384년에는 정당문학에 올라 명나라에 성절사로 다녀왔다. 이때 정도전이 서장관으로 수행하였다. 고려 말에는 이성계와 함께 공양왕을 세워 개혁의 주도세력이

57)《遁村遺稿》1,〈寄陶隱〉.
58)《遁村遺稿》3, 附錄, 李崇仁,〈李浩然送唐詩 李詩答之 二首〉.

되었으나, 왕조 개창에 반대하여 제거되었다는 것은 유명하다.

정몽주는 둔촌의 죽음을 애도하는 시에서 그와 논교한 지 30년이라 하였다.

세어보니 논교論交한 지 삼십 년인데

몇 번을 청담淸談으로 등잔 앞에 마주했던가.

백두白頭에 이 마음 통한 벗을 잃었는데

그 누가 무종의 눈물 흘려댄다 이르리.59)

이집과 정몽주의 교유60)는 30년을 넘을 정도로, 관직 초기부터 둔촌이 정몽주의 집을 찾기도 하는 등 둘은 매우 가까운 사이였다.61) 정몽주가 일본에 통신사로 갈 때는 이집이 근심스럽게 전별하였고62) 함께 시를 읊고 창화하는 모임을 자주 가졌다. 정몽주가 이숭인, 정도전, 이집 세 군자를 생각하며 지은 시에선, "도옹이 홀로 앉아 시 읊음을 상상해 본다. 매양 정생鄭生 만나면 붙들고 강학할 거고 이따금 이노李老(이집) 맞아 함께 논심論心하겠지"63)라 하여 세 사람의 특징을 그리고 있다.

정도전(1342~1398)의 자는 종지宗之, 호는 삼봉三峰, 본관은 봉화奉

---

59) 《遁村遺稿》 3, 附錄, 鄭夢周, 〈哭李浩然〉.

60) 이 밖에 '宗工鄭相國'에게 올리는 시가 여러 편 있다. 이집이 종공이라 칭한 것은 사문의 종장으로서 정몽주를 일컬은 것이 아닌가 추측되기도 하지만, 일반적으로 정몽주에게는 포은이라 칭하였던 것을 감안하면 의구심이 생긴다. 만약 李穡이 정몽주를 '동방이학의 시조'라고 지칭한 것을 인정하여 종공이라는 칭호를 쓰고 정몽주가 문하평리를 거쳐 삼사좌사 문하찬성사에 오른 뒤에 이런 칭호를 썼다고 가정할 수도 있겠다. 《둔촌선생유고》 국역본에서는 종공정상국을 정몽주로 인식하였다.

61) 《遁村遺稿》 1, 鄭夢周, 〈附次韻 癸卯五月二日有雨獨坐遁村適來〉.

62) 《遁村遺稿》 2, 〈送日本通信使二首〉.

63) 《遁村遺稿》 3, 附錄, 鄭夢周, 〈有懷李陶隱鄭三峰李遁村三君子〉.

化이다. 봉화 호장 공미公美의 고손자로 아버지는 형부상서 운경云敬
이다. 정운경은 이색의 아버지 이곡과 교우관계가 있어 이색의 문하
에서 수학하였다. 1360년(공민왕 9) 성균시에 합격하고 2년 뒤인 1362
년에 동진사가 되어 충주사록 통례문지후 등을 역임했다. 1370년에
성균관 박사로 있으면서 정몽주 등 교관과 매일 명륜당에서 성리학
을 수업 강론했다. 우왕 초기(1375)에는 이인임의 친원배명정책에 반
대하여 북원사신을 맞이하는 문제로 논쟁하다가 거평으로 유배당했
다. 1377년에 유배에서 돌아와 4년 동안 고향에 있다가 삼각산 밑에
초려를 짓고 후학을 가르쳤다. 1383년 9년에 걸친 긴 유배와 유랑생
활 끝에 이성계의 막하가 되었다.

1384년에 전교부령으로서 성절사 정몽주의 서장관이 되어 명에
다녀오고, 이후 성균좨주 지제교를 역임하고 이성계의 천거로 성균
관 대사성이 되었다. 1388년 위화도회군 이후 이성계 일파가 정권을
장악하자, 전제개혁 등을 건의하고 조선 건국의 기초를 닦았다. 이집
이 정도전과 교유를 가진 것은 그가 신돈의 화에서 돌아온 뒤로 추
정된다. 이집과 정도전의 교유는 정도전의 곡절 많은 관직생활 내내
꾸준히 이어진 것으로 볼 수 있다. 정도전이 한양 삼각산 밑에 있을
때는 직접 그를 찾아가기도 하였고,64) 자리를 잡지 못하고 떠도는
생활에 대해 자신의 처지와 비슷한 느낌을 갖기도 하였다.65)

천애天涯에 떠도는 두 서생이라

그 신세 마치 부평초 같구려.

이정離亭에서 한잔 술 또 마시게 됐는데

---

64) 《遁村遺稿》 2, 〈訪鄭三峰漢陽村居〉.
65) 《遁村遺稿》 2, 〈廣陵別鄭三峰兼寄中原崔全州二首〉.

그대에게 권하노니 굴원屈原의 성醒일랑 배우지 마오.

정도전이 드디어 전교부령으로 정몽주를 따라 서장관으로 명에 다녀오고, 이성계의 천거로 승진을 하게 되자 이집은 정도전이 유랑 생활 끝에 마침내 권력의 중심부에 올라갔음을 자신의 처지와 비교하면서 권면하고 있다. 정도전은 가난과 빈한으로 고생했으나 이젠 상국이 알아주는 정도가 되었다.

정선비는 꼭 나를 닮았는지
집도 없이 자주자주 옮겨 다니네.
다만 동년들의 보살핌에 의지했지만,
지금은 상국의 주장같이 되었지.

이집은 결국 세상의 관직을 그만두고 전야로 돌아갔으나, 정도전은 이성계의 막하로 들어가 권부의 최고위에까지 오르게 되었다. 이집은 마지막 시기에 광주 촌사에 있으면서 정도전에게 시를 보내어 정치를 잘 해달라는 당부를 하였다.[66]

정도전은 이집에 대해 어떤 생각을 하였는가? 이집이 이름과 자를 바꾸는 데 대하여 다음과 같이 적었다.

이군은 의義가 있는 선비다. 무슨 일이고 밖으로부터 이르는 것 모두가 그 마음을 움직일 수가 없는데, 하물며 그 평소 때를 고치겠는가. 이군의 우환을 내가 안다.……그러므로 우환이 닥쳐왔을 때 그가 의리로 편안히 여

---

66) 《遁村遺稿》 1, 〈贈鄭三峰二首〉 (1386).

기는 것이 태산泰山같이 무거워서 사람들이 그가 움직이고 전전하는 것을 보지 못하고, 용기로 헤쳐 나가는 것이 기러기 털이 요원의 불길에 타듯 전연 자취가 없으며, 곤할수록 그 뜻을 더욱 굳게 하는 것이 마치 정한 금과 훌륭한 옥이 비록 홍로烘爐의 녹임과 사석砂石의 다스림을 당하더라도, 그 정하고 강하고 온화하고 윤택한 바탕은 더욱더 드러나는 것 같으니, 마음에 소양이 있는 자가 아니면 능히 그러하겠는가. 이것을 말한다면 이군이 이름과 자를 고친 것은, 장차 평소부터 길러 온 바를 지키기를 굳게 하여 더욱 힘쓰자는 것을 뜻한 것이다. 이것을 우환에 곤하기 때문에 그 평일을 징험하여 고쳤다고 말하는 것은 이군을 아는 자가 아니다.67)

이처럼 정도전은 이집의 의를 높이 평가하고 그가 이름과 자를 고친 것은 우환에 곤한 때문이 아니요, 평소부터 길러온 바를 더욱 굳게 하자는 뜻이라고 이해하였다. 또 호연에 대하여는,

지금 이군이 이름은 집集이라 하고 자는 호연浩然이라 하였는데, 이것은 맹자의 말씀에 근본한 것이다.……이른바 호연이라는 것은 천지의 바른 기운이다. 물건이 천지 사이에 가득한 것이 모두 이 기운을 얻어서 몸〔體〕을 삼기 때문에, 귀신에게는 유幽와 현顯이 되고, 일월성신에게는 조림照臨하는 것이 되고, 부딪치면 뇌정雷霆이 되고, 적시면 우로雨露가 되고, 선악이 서고 하해河海가 흐르는 것이 되고, 금수와 초목이 번식하는 것이 된다. 그 몸이 된 것이 지극히 크고 지극히 강하여, 우주를 포괄하여 밖이 없고 호리毫釐까지 들어가서 안이 없으며, 그 행하는 것이 쉼이 없고 그 쓰임이 두루 하지 않은 것이 없다. 사람이 또 그 가장 정한 것을 얻어서 태어났기 때문에,

---

67) 《東文選》 97, 鄭道傳, 〈浩然字後說〉.

사람에게서 귀와 눈의 총명과, 입과 코의 호흡과 손으로 잡는 것 발로 달리
는 것이 모두 이 기운이 하는 것인데, 본래 스스로 호연하여 부족하고 이지
러진 것이 없어서 천지와 더불어 서로 유통하니, 이것이 이군의 기르는 것
이다.

라고 하여 호연은 본래 스스로 있는 천지의 바른 기운이라 하였다.
  그리고 정도전은 그와 함께 교유하던 여러 선비들에 대해서 나름
대로 평가하였다.

  포은선생은 도덕의 종이시라.
  비치는 문채 풍류의 으뜸일레 둔옹遁翁의 의기는 군공들을 경도하여 두
귀밑 하얀 머리 찬바람에 날리네.
  규헌葵軒(권주)의 맑은 의표 옥의 깨끗함 빼앗았고, 도재陶齋의 문염文燄은
뜬 구름을 능가하네. 동은이 또 있어 이야말로 장자라. 충주 백성 지금까지
노래 불러 기린다네.68)

  이미 포은은 도덕의 종장으로 일컬어졌고, 이집은 의기가 있는 사
람으로 인정받고 있으며, 권주는 순결한 인물이고 이숭인은 문장으
로 이름을 떨쳤으며 동은東隱은 충주에서 정치를 잘하였다고 평가받
고 있었다.
  이상에서 볼 때 이색, 이숭인, 김구용, 정몽주, 정도전 그리고 이집
은 1370~1380년대에 자주 모여 시회를 하던 한 집단이었음을 알 수
있다. 이들 여럿이 모여 돌아가며 시를 읊는 모습이 여러 문집에 등

---

68)《三峰集》1,〈次諸公韻〉. "圃隱先生道德宗 照人文彩最風流 遁老意氣傾群公 兩鬢華髮吹颼颼 葵軒按蔡
    當作蔡 卽葵軒權鑄也 淸標奪玉潔 陶齋文燄凌雲浮 又有東隱是長者 忠民至今猶歌謳."

장한다. 포은, 도은, 둔촌이 목은의 집을 방문하여 시를 읊거나 여기
에 정도전이나 그 밖의 몇 사람이 때때로 참석하는 경우가 많다. 또
는 둔촌이 이들과 함께 하지 못할 경우 차운하는 시를 지어 남기기
도 하였다. 특히《목은시고》에는 여러 사대부가 함께 모여 창화하는
모습을 언급한 내용이 많은데, 이들 외에도 권주, 민제閔霽, 한청성韓
淸成〔孟雲〕 이사위李土渭, 이사영李土潁, 정원재鄭圓齋, 이택지李釋之 등의
인물을 들 수 있다.69)

이집의 아들 지직之直〔逢〕이 차석으로 급제하여 연회를 베푸는 날
에는 이색을 비롯하여 정도전, 정몽주, 이숭인 등이 모두 모여 이를
축하하였다. 이집이 급제한 지 26년 만에 두 아들이 급제하였는데,
맏아들 지직은 진사과에 제2명으로 합격하고, 둘째 아들 지강은 감
시에 제6명으로 합격하여 경사를 더하였다(1380). 이지직은 한림이
되어 아버지 둔촌과 함께 이색을 방문하는 등 그들의 관계는 각별하
였다. 이색은 이집과의 교분과 그의 문장력을 크게 칭송하였다.

> 호연의 호방한 기운 유림을 뒤덮는 가운데
> 세상길 미끄러지면서도 곧바로 오늘까지
> 단지 하나 사문의 은혜와 의리가 있는지라
> 영일을 말할 때면 눈물이 옷깃을 적시는구나.
> 교분은 내가 또 타인에 비할 바 아닌 터,

---

69)《牧隱詩藁》30,〈與李浩然遊紫霞洞 鄭圃隱密直 李判書士渭 携酒相尋 至晚而歸〉.
   《牧隱詩藁》30,〈浩然 子安 子復 邀僕及韓孟雲先生 登松山左麓 作重九 至則鄭密直圃
   隱與慈恩祐世君 金山長老李判書士渭 已來相候 登其峯四眺 猶不滿意 稍西徙至甘露寺南峯 則飮酚益甚 酬酢吟詠 更約菊花
   會重開 至夜分乃歸 李淸州士潁 鄭副令 又其後至者也 明日追思 已如夢中 情不能已 吟成 一首〉.
   《牧隱詩藁》31,〈三月十二日 六友金敬之 陶隱李子安 邀與韓淸城賞花于鄭圃隱山亭 圃隱以使事出 於是
   至奉先寺松岡 旣而圃隱回 權判事鑄 閔判事霽 李判事浩然 李判事士潁 又至 此皆與敬之 有約者也 僕馳豚
   大種學 邀同年鄭圓齋 而同年朴判書晉祿 李判事釋之 契友崔判書元儒 李右尹舒原 皆以敬之之招而集 松下
   風多帷以避 聯句飛騈日將夕 李判事設晚食 醉飽乘月而歸〉.

멋진 시구로 그대와 함께 읊을 자 누구일까.

술과 고기 들고 온 정 새삼 중하기만 한데

천금 같은 아들을 또 손잡고 데려왔구려.70)

우현보禹賢寶(1333~1400)의 자는 원공原功, 호는 양호당養浩堂이다.
본관은 단양으로, 성리학 수용기에 《주역》에 뛰어났던 우탁의 손자
이다. 공민왕 4년 급제하여 춘추관 검열이 되었다. 우왕이 즉위하자
밀직사 대언이 되었고 다시 제학으로 승진하였다. 그 뒤 대사헌을
거쳐 정당문학을 오래 역임하면서 정사를 주관하고 문하 찬성사에
올랐다. 이집과 동년으로서 출세가 가장 빨랐던 인물이다. 이집은 그
를 원공상국이라 부르면서 동년 가운데 가장 높이 올랐음을 칭송하
였다.71) 1388년 위화도회군 때 우왕의 명에 따라 이성계를 방어하려
다 실패하였다. 1390년(공양왕 2)에 판삼사사가 되었으나 윤이·이초
의 옥사에 연루되어 유배되었다. 조선 건국에 참여하지 않고 이색과
행보를 같이 하였으며, 조선이 건국되자 유배되었다가 정도전 세력
이 제거된 뒤에 복관되었다.

우현보는 이색, 이숭인, 정몽주 등과 교분이 두터웠다. 둔촌과 사
상적 경향은 같이하였으나 출셋길은 크게 차이가 났다. 특히 이집은
양호당 우현보와 야당 허금과 함께 하는 자리에서 혼자만 병상에서
쓸쓸한 비감에 사로잡힘을 읊었다. 세 사람은 자주 술친구를 하며
잘 지냈고 지금 혼자만 벼슬길에서 멀어져 있는데도 허금이 방문해
준 데 대해서 사례하였다.72)

---

70) 《牧隱詩藁》 33, 〈李浩然携子翰林以酒食來 入夜而歸 吟成 一首〉.
71) 《遁村遺稿》 1, 〈呈原功相國三首〉.
72) 《遁村遺稿》 2, 〈謝許笭堂見訪兼呈禹養浩堂二首〉.

허금許錦(1340~1388)의 자는 재중在中, 호는 야당埜堂, 본관은 양천으로, 양천군 허백許伯의 손자이다. 공민왕 6년(1357)에 문과급제하였다.73) 예의정랑, 전리판서를 역임하였으며 시호는 문정이며 은퇴한 뒤에는 백성들을 위하여 사재를 털어 약재를 비축하여 병자에게 구호하였다. 윤소종, 조준 등과 망년우忘年友였으나 조선 건국에는 함께하지 않았다. 두문동 72인에 들어간다.

이집이 교유한 인물은 대부분 유학자로서 관료들이었지만, 승려나 기타 인물도 포함된다. 특이한 인물로서 정지鄭地가 있다. 정지(1347~1391)는 무신으로 공민왕 때 활약이 컸던 인물이다. 본관은 나주인으로 1374년(공민왕 23)에 전라도안무사로 발탁되고, 왜인추포만호를 겸하면서 방왜대책防倭對策을 건의하여 백성들의 부담을 완화시키고 전략 효율화에 힘썼다. 우왕 3년에는 예의판서로서 순천도병마사가 되어 순천, 낙안 등지에 침입한 왜구를 격파하고 이듬해에는 전라도순문사가 되었다. 서남해에서 수차례에 걸쳐 왜구를 소탕하고 많은 전공을 세웠으며, 1382년에는 해도도원수 양광 전라 경상 강릉도 도지휘사가 되었다. 왜구의 소굴인 대마도와 일기도의 정벌을 건의하기도 하였다. 요동정벌 때는 이성계 휘하에 예속되어 위화도회군에 동참하였다. 이집은 이러한 정지의 공을 높이 찬양하는 시를 그에게 바쳤다.

권주權鑄(?~1394)의 호는 규헌葵軒, 안동권씨 권렴의 아들이다. 일찍이 등제하여 중수복사, 황주목사를 역임하였고, 1361년 홍건적의 침입으로 공민왕이 남천南遷할 때 전법총랑으로서 왕을 호종하였다. 이색과도 교분이 두터운 인물이다. 이집은 권주의 집에 왕래하면서

---

73) 민족문화추진회, 《한국문집총간》 3, 《遁村雜詠》 346쪽에는 埜堂이 許琮이라 잘못되어 있다.

소나무와 국화를 읊으며 교유하였고, 권주는 옛 우정을 지속하여 자주 방문하여 위로하기도 하였다. 이집과 동년이다.

민제閔霽(1339~1409)의 자는 중회仲晦, 본관은 여흥이다. 공민왕 6년에 문과급제하였고 국자직학, 예조판서를 거쳐 조선에서는 정당문학 문하우정승을 역임하고 태종의 국구가 된 인물이다. 민제는 관직에서 바쁘게 일하는데, 이집은 혼자 두문하며 문병오기를 바라는 글을 지어 보내는 등 옛 교분을 유지하고 있음을 보여준다.

박의중朴宜中(1337~1403)의 초명은 실實, 자는 자허子虛, 호는 정재貞齋이다. 이색의 문인으로 공민왕 11년(1362) 문과에 장원하였고 전의직장, 우헌납, 문하사인 등의 직을 거쳐 대사성, 밀직제학이 되었다.[74] 성리학에 밝았으며 문장이 우아하기로 유명하였다.

앞에서 언급하였지만, 이집과 동년 최원도의 우정은 주목할 만하다. 신돈의 측근인 채판서에게 한 말이 신돈의 귀에 들어가 화를 당할 위기를 맞았을 때, 그는 노부를 등에 업고 몰래 도망쳐 경상도 영천에까지 갔다. 그때 사간의 직에 있던 최원도의 도움으로 4년이나 머물 수 있었고, 그 사이에 부친상을 당하자 최원도는 자기 부친의 상례와 똑같이 정성스럽게 상례를 치르도록 도와주었다. 이때의 우의를 보여주는 최원도의 시가 있다.[75]

이들 외에도 염국보와 염흥방 형제, 동년 양이시楊以時, 계림에 있던 동년 김사경金思敬, 윤 정당尹 政堂, 양헌陽軒, 제정霽亭 이달충李達衷, 동년 임심부林深父, 전 동년田 同年, 최양崔瀁[76], 최 산기崔 散騎, 배 부

---

74) 이집의 시에 나타난 장원한 朴 高軒, 전라도에 간 朴 通憲, 朴 奉翊 등은 인명을 확인하지 못했다.

75) 《遁村遺稿》 3, 附錄 〈贈遁村〉. "天占後先雙馬鬣 誰知君我兩人心 願言世世長如此 須使交情利斷金."

76) 崔瀁은 우왕 2년 6월에 급제한 인물로 崔贇의 아들이다. 본관은 전주최씨이며 대제학에 올랐다(朴龍雲, 앞의 책, 514쪽). '전주 崔 同年' '동년 崔 奉翊'도 최양을 의미하는 것으로 간주하였다. 崔 散騎의 경우는 확인하기 어려워 별도 인물로 두었다.

윤襄 府尹 등 많은 인물이 등장한다. 염흥방, 이달충 등 여말 정국에서 중요한 역할을 한 사람들도 많이 포진되어 있으나, 지면 관계로 이 글에서는 위에서 언급한 중요 인물들을 중심으로 다루었다.

전체적으로 이집의 유고에서는 목은 이색, 도은 이숭인, 포은 정몽주의 이른바 삼은을 비롯하여 김구용, 정도전 등 당대 신진사대부로서 고려 말 정국에서 중요한 위치를 차지하던 과거관료들과 깊은 관계를 맺고 있었음을 알 수 있다. 이집은 정치적으로는 크게 빛을 보지 못했으나 학문적으로나 의리면에서 그들의 존경과 신망을 받는 인물이었으며, 여타의 사대부들이 현직에서 활동하여 이집과 직접 만나기 어려운 상황에 있었어도 시를 통한 교유는 지속되었던 것으로 보인다.

이집이 별세한 것이 1387년이므로, 당시 정국에서 이성계를 중심으로 한 신진세력이 서서히 형성되고 있는 소용돌이에 신진사대부들은 현실 사회의 개혁에 대한 필요성을 인식하고 있었고, 위화도회군 이후 정치적 입지도 달라진다. 이색을 중심으로 우현보, 이숭인, 정몽주 등이 개혁으로 고려왕조를 부지하려는 입장이었다면 이성계를 중심으로 정도전, 조준, 윤소종 등은 고려왕조의 한계점을 인식하고 새 국가 건설을 통해 새로운 시대를 열어가려 하였다.

5. 맺음말

지금까지 이집의 생애와 그가 남긴 《둔촌유고》를 살펴보고, 문집을 중심으로 이집과 교유한 사대부의 시문을 통해서 이들의 관계를 추적해 보았다.

　이집은 향리 출신 가문에서 중앙 관료로 진출하는 고려 말 신진사대부 가문의 전형적인 모습을 보여주는 인물이다. 초기의 관로는 순조로웠고, 이색, 정몽주, 이숭인을 비롯한 관인 유자들과 교유를 하는 가운데 의기가 있는 인물로 인식되고 있었다. 그러나 신돈 집권기에 그의 뜻을 거슬러 위기를 맞게 되자, 가족을 데리고 영천으로까지 피신하여 4년이나 숨어 지내는 생활을 하였다.

　이런 환로 중의 좌절은 그의 앞길에 큰 장애를 가져온 듯하다. 개경으로 돌아와서 지낸 동안의 사대부와의 교유는 전과 같이 활발한 것으로 보이나, 환로는 그리 순조롭지 않았다. 출처를 거듭하던 그의 환로는 판전교시사를 끝으로 말년을 천녕에서 지냈으므로, 그에 대한 일반적인 인식은 은둔생활이 더 강조되었다. 그러나 그의 은둔은 오랜 곤궁한 생활 끝에 온 병마도 원인이 된 듯하다.

　따라서 현재 남아 있는 그의 시문에는 주로 병마와 싸우며, 과거에 함께 즐기던 교우들에 대한 그리움과 현재 자신의 외롭고 쇠락한 모습에 대한 한탄이 가장 많이 그려져 있다. 또 시문에서 성리학적 사색의 모습이나, 특정 종교에 심취하는 모습은 매우 적다. 다만, 전리에 물러나 살면서 자신의 처지에서 바라보는 현실 정세, 농민의 곤궁한 생활에 대한 연민, 왜구의 침략으로 노략질당하는 민생의 어려움과 나라에 대한 걱정 등이 일부 나타날 뿐이다. 이런 점 때문에 이집의 사상이나 학문적 위상을 밝히는 데는 한계가 있다.

　이 글에서는 그의 생애 과정을 돌아보고 그가 교유한 인물들을 대상으로 당시 정세에서 그의 사대부로서의 입지를 추적해 보려고 하였다. 결국 이집은 삼은이나 기타 여말 사대부들의 핵심에 함께 존재하면서 활동하였고 그들의 인정을 받는 존재였음을 확인할 수 있었지만, 사료의 부족으로 그의 학문과 사상을 충분히 밝혀내지 못한 한계점을 가지고 있다. 앞으로 더욱 많은 사료가 확충되어 둔촌 이 집의 연구가 심화되기를 바란다.

■ 참고문헌

《高麗史》《高麗史節要》《道東淵源錄》《東文選》《遁村先生遺稿》《牧隱文藁》 《牧隱詩藁》《慵齋叢話》

國史編纂委員會編, 《한국사》 19, 국사편찬위원회, 1996.
朴龍雲, 《高麗時代 蔭敍制와 科擧制 硏究》, 일지사, 1990.
許興植, 《高麗科擧制度史硏究》, 일조각, 1981.

呂運弼, 〈遁村李集硏究〉, 《東洋漢文學硏究》 10, 1996.
李楠福, 〈遁村李集硏究〉, 《韓國中世史硏究》 4, 1997.
林宗旭, 〈遁村 李集의 詩에 관하여〉, 《語文學硏究》 59·60 합병호, 1988.

둔촌 이집의 출처관과 은둔의 의미

이 영 춘
국사편찬위원회

1. 머리말

둔촌遁村 이집李集(1327~1387, 초명 元齡)은 고려 말의 성리학자이며 한시를 많이 남긴 문인이었다. 그의 집안은 이 시대에 새롭게 중앙 정계에 진출한 신흥사대부가의 하나였다. 현재의 광주이씨廣州李氏는 본래 경상도 칠원의 호족이었으나 고려에 끝까지 귀부하지 않았기 때문에 태조 왕건王建에 의해 회안(후의 광주 경안역)의 역리로 정속되었고, 그 뒤에 광주의 향리로 이속되었다고 한다. 그 일족들 가운데서 고려 말 둔촌과 같은 시대에 활동하였던 참의 이양중李養中의 선조들이 먼저 중앙 관료로 진출하여 사족이 되었다. 그 후 둔촌 일가가 현달하여 광주를 본관으로 삼았지만, 기원으로 따지면 칠원이씨라고 할 수 있다.[1]

---

[1] 《國譯 廣李世蹟》, 廣州李氏大宗會, 2005, 95~96쪽.

둔촌의 부친 이당李唐 때까지는 광주부의 향리역에 종사하던 한미한 가문이었으나, 둔촌 자신을 포함한 형제 다섯 명이 모두 과거에 급제하여 중앙 관직에 나아감으로써 비로소 가문이 떨치게 되었다. 향리 가문에서 중앙 관료로 진출하던 것은 고려 후기의 일반적인 양상이었다. 이것은 새로이 지배층으로 성장하고자 하였던 향리층 공통의 사회적 욕구 때문이기도 하였지만, 고려 후기에 전래한 이념지향적인 성리학을 익힌 이들이 학문과 과거를 통해 관직에 진출하려는 것은 유학자들의 일반적인 삶의 방식이며 목표였다.

어느 학문이나 다 그러하지만, 특히 유학은 학문적 성취와 수양을 통해 사회적 실현을 이루고자 하는 경향이 강하다. 수기修己와 치인治人은 수레의 두 바퀴처럼 유학자들의 중요한 학문적 목표가 되었다. 그리고 젊어서 배우는 것은 장성하여 활용하기 위한 것이라 여겨졌다.2) 그러므로 유학자들이 관직에 나아가 자신의 포부와 신념을 펼치려고 하는 것은 지극히 당연한 일이었다. 그러나 때로는 학자들이 사환을 단념하고 초야에서 묻혀 살아야 하는 때도 있다. 나라에 도가 행해지고 있다면 관직으로 봉사할 수 있지만, 나라에 도가 없다면 출사하여도 자신의 포부를 실현할 수 없기 때문이다.

그래서 《논어》에서는 "천하에 도가 있으면 세상에 나오고, 도가 없으면 은거한다. 나라에 도가 있을 때 벼슬을 하지 않아 빈천하게 되는 것은 수치요, 나라에 도가 없을 때 관직에 나아가 부귀하게 되는 것도 수치이다"라고 하였다.3) 이러한 때 출사하는 것은 무도한 군주의 악을 조장하는 수가 있기 때문에 은둔하는 것이 바람직하게

---

2) 《孟子》권2, 梁惠王下. "幼而學之 壯而欲行之."
3) 《論語》권15, 衛靈公. "危邦不入, 亂邦不居, 天下有道則見, 無道則隱. 邦有道, 貧且賤焉, 恥也; 邦無道, 富且貴焉, 恥也."; 《論語》권8, 泰伯 "君子哉! 蘧伯玉, 邦有道則仕, 邦無道則可卷而懷之."

생각되었다. 심지어 도가 행해지지 않고 포부를 실현할 수 없다면, 공자의 말과 같이 나라를 떠나버릴 수도 있는 것이었다.4) 그리고 공자의 경우와 같이 벼슬을 할 만할 때는 해야 하고, 그만둘 때는 그만두어야 하며, 오래 할 만하면 오래 하고, 그만두어야 하면 속히 그만두어야 하는 것이다.5) 이것이 바로 유학자들의 출처出處에 기본 원리가 되었다고 할 수 있다. 이러한 출처의 문제는 바로 고려 말에 둔촌이 당면한 문제였고, 결국 그는 은둔의 길을 택하였다.

둔촌은 고려 후기 성리학의 중흥조였던 안유安裕의 족질 안보安輔의 문하에서 수학하였다. 당시 그와 동문수학하였던 이보림李輔林, 염국보廉國寶, 이륵李玏, 우현보禹玄寶 등은 뒤에 모두 재상이 되었다. 둔촌은 또 목은牧隱 이색李穡, 포은圃隱 정몽주鄭夢周, 도은陶隱 이숭인李崇仁, 척약재惕若齋 김구용金九容, 삼봉三峰 정도전鄭道傳 등과 도의의 친구가 되었다. 이들은 모두 당시 신흥사대부 계층을 대표하는 인물들이었다. 이들은 새로운 학문으로 사회를 개혁하고자 하는 이상에 불타고 있었다. 그래서 그들의 관직 진출은 왕성하였고 기득권층인 권문세족과 충돌하였다. 그러나 그들에게는 과거를 통해 중앙 관료로 진출하는 통로가 마련되어 있었다.

당시의 신흥사대부들은 정치·경제·사회의 개혁을 통해 새로운 권력을 창출하고자 하는 의욕이 충만하였다. 그들의 진출은 기득권층의 견제로 쉽지 않았지만, 자신들의 학문에서 얻은 이상과 능력을 가지고 집요한 정치적 투쟁을 통해 이를 실현하고자 하였다. 이것이 새로운 지배계층으로 성장하고자 하였던 당시 향리 출신의 신유학

---

4) 《論語》권18, 微子. "齊人歸女樂, 季桓子受之, 三日不朝, 孔子行."; 《論語》권5, 公冶長. "子曰: 道不行, 乘桴浮于海, 從我者, 其由與!"; 《論語》권9, 子罕. "子欲居九夷."
5) 《孟子》권3, 公孫丑 上. "可以仕則仕, 可以止則止, 可以久則久, 可以速則速, 孔子也."

자 사대부 계층에서는 절실한 욕구가 되기도 하였다.

고려 말의 이러한 정치·사회적 경향은 둔촌의 가문에서도 마찬가지였다. 이것이 둔촌의 형제 5인과 그의 아들 삼형제가 모두 과거에 응시하여 사환의 길로 나아갔던 까닭이었다. 그리고 둔촌 당대에는 그것이 쉽지 않았지만, 그의 자손 대에는 이루어질 수 있었다.

둔촌은 젊은 시절 다른 사람들과 같이 중하위직 관직에 종사하였다. 그러나 그의 관직생활은 여러 가지 시대적 환경과 결부되어 여의치 않았던 것 같고, 그 자신도 관료생활에 흥미를 잃게 된 것으로 보인다. 그래서 그는 대략 10여 년의 관직생활을 접고 향리와 주변 지역에서 은거하며 생을 보내게 되었다.

둔촌의 관직생활에 큰 영향을 준 것은 1368년(공민왕 17) 승려로서 왕의 신임을 받아 권력을 농단하였던 신돈을 비판하였다가, 생명의 위협을 받게 되자 부친을 모시고 경상도 영천으로 피신한 일이었다. 1371년 신돈이 패망한 뒤에 개경으로 복귀하였지만 조정은 혼란하였고 벼슬은 여의치 않았다. 그는 1374년에 잠시 합포순문사 전록생田綠生의 막료가 되어 종군하였고, 후에 봉순대부奉順大夫 판전교시사判典校寺事에 올랐지만 오래 있지는 않은 것으로 보인다.

당시에는 전국에 왜구의 노략질이 심하였고, 특히 강화도, 예성강, 한강 일대가 자주 침략 당하였기 때문에 그는 1370년대 말에 가족을 이끌고 천녕현(지금의 여주 북부 지역에 있었던 작은 고을) 도미사道美寺로 피난하였다. 그 뒤에 그는 다시 개경에서 생활을 하기도 하였고, 고향인 광주 둔촌에서 살기도 한 것 같지만, 대체로 천녕 촌사에서 거주한 것으로 보인다. 이때부터 그는 벼슬을 단념하고 향촌에서 음풍영월하는 생활로 젖어들게 되었다.

둔촌의 은거 이유에 대하여, 선행 연구에서는 공민왕 피살 이후 정국의 혼란을 예상하여 관리생활에 혐오감을 느껴서였다거나,6) 또는 그의 중용적 은현관의 영향과 관직에 중용되지 못하고 큰 환난까지 겪은 특수한 처지로 말미암은 것으로 이해하고 있다.7) 그리고 둔촌의 은거도 완전히 세상과 단절한 것이 아니라 은거 동안에도 가끔 관직에 종사한 불완전한 은둔으로 평가되고 있다.8) 그러나 둔촌의 생애는 '은둔隱遁'을 빼고 이야기할 수 없을 것이다. 그는 중년 이후 대부분의 기간을 은둔하여 살았고, '둔'을 생활신조로 삼아 곤궁한 생활 속에서도 지조를 굽히지 않았으며, 그 때문에 칭송을 받았다.

둔촌의 은거는 혼란과 역경의 시대에 명을 보존하고 새로운 때를 기다리는 은인자중의 성격이 있었지만, 당시 그의 동류들이었던 신흥사대부층의 일반적인 경향에 비추어 보면 매우 예외적인 현상이기도 하다. 1370년대 혹은 1380년대는 고려왕조가 내우외환으로 매우 허약한 상태에 있기는 하였지만, 당시 유능한 관료들의 노력에 힘입어 국가는 그런대로 잘 관리되고 있었다.

사실 1388년(우왕 14)의 위화도회군 이전까지는 이성계 일파의 역성혁명 의도가 표출되지 않았다. 그리고 그것을 예측하거나 우려한 사람들도 없었다. 이 때문에 당시에는 고려왕조에 대한 충절이나 절개를 내세울 이유는 없었다. 따라서 벼슬을 포기하고 낙향하여 은거하는 관료들도 없었다. 고려 후기에는 죽림칠현竹林七賢과 같은 현실 도피적인 청담사상淸談思想이나, 도연명 유의 은일사상隱逸思想도 크게 유행하지 않았다. 고려 말의 사대부들이 은둔에 들어가게 된 것은 1392년의 역성혁명으로 말미암은 왕조 교체 이후부터였다. 이른바

---

6) 李楠福, 〈遁村 李集 研究〉, 《한국중세사연구》 4, 1997, 172쪽.
7) 呂運弼, 〈遁村 李集 研究〉, 《東洋漢文學研究》 10, 1996, 80쪽.
8) 呂運弼, 위의 글, 80쪽.

절의파의 등장은 그 뒤에 나타난 현상이라고 할 수 있다.

따라서 고려왕조가 건재하였던 공민왕~우왕 시기 둔촌의 은거는 특별하고 예외적인 사례에 속한다. 물론 그의 출처와 은거에 대하여는 다양한 해석이 있다. 대체로 그것은 완전한 은둔이라기보다 출사와 은둔이 교차되는 복합적 성격을 가지고 있다고 논란이 되어 왔다. 그도 사환에 상당한 미련이 있었고, 만년에 이르기까지 가끔 벼슬에 나아가기도 하였으나, 그의 개결한 성품은 당시의 시속과 맞지 않았다. 그래서 중년 이후에는 대체로 향촌에서 농사를 짓고 시를 지으며 전원생활로 소일했다.

광주이씨가의 역사에서 가장 특이한 점은, 이렇게 은일의 성향을 지녔던 둔촌의 후손들이 여말선초 역성혁명으로 형성된 특수한 정치상황에서, 주저 없이 신왕조의 정권에 참여하여 왕성한 관직생활을 통해 명문 사환가로 발전하게 되었다는 사실이다. 둔촌이 활동하였던 고려 말의 정치상황은 강직한 선비가 출사하기에 맞지 않은 모순들을 가지고 있었다. 그리고 신왕조의 개창 초기에는 고려의 왕족과 구신들을 무리하게 살육하거나 숙청하는 등 의롭지 않은 처사가 많았다. 이러한 모순들은 불사이군不事二君의 유교적 대의와 함께 많은 양심적인 학자들이 은둔생활을 한 요인이 되었다.

그러나 둔촌의 후손들은 여기에 별로 개의치 않고 사환의 길로 나아간 것으로 보인다. 그리고 그들은 곧 관도官途에 큰 성취를 이루게 되었고 불과 1세기만에 많은 훈구대신들을 배출하는 등 진국 제일의 명문 사환가가 되었다. 둔촌의 은일사상은 후손들에게 영향을 미치지 않았는지, 후손들의 출세를 제약하는 요소가 아니었는지 흥미로운 과제가 되고 있다. 둔촌의 불우했던 사환 경험은 후손들에게 오히려 교훈이 될 수도 있었고, 그들의 정치적 진출을 촉진하는 요소로 작용하였을 수도 있었을 것이다. 둔촌의 생애와 사상은 후손들에게 어떠한 영향을 주었을까? 이러한 의문은 하나의 연구 과제가 될 수 있을 것이다.

여기서는 고려 말기라는 어려운 시기에 고난 속에서 살았던 둔촌의 출처 문제와 그의 은거생활이 가지고 있었던 의미를 고찰해보고, 그것이 당대 사회에서 어떻게 받아들여지고 후대에 어떤 영향을 미치게 되었는지 살펴보기로 한다. 본 연구에는 둔촌의 생애와 학문·문학에 관한 선학들의 연구를 많이 참조하였다.9)

2. 시대 배경

둔촌이 관직생활을 시작한 것은 그가 문과에 급제한 1355년(공민왕 4) 이후로 생각된다. 이후 그가 졸서한 1387년(우왕 13)까지가 그의 주요 활동 기간이었다고 할 수 있다. 사람은 누구나 자신이 처한 시대적 환경에 제약을 받게 된다. 따라서 둔촌의 행적이나 사상을 연구할 때 그가 살았던 시대를 이해하는 것이 중요한 관건이 될 것이다. 그가 살았던 시대는 여러 가지 대내외적인 조건 때문에 국가 사회적으로 매우 험난하고 고통스러웠으며, 또한 극심한 변화의 시기이기도 하였다. 이러한 시대적 배경을 살펴본다.

---

9) 이 주제와 관련된 주요 연구는 아래와 같은 것이 있다.
 ① 呂運弼, 《高麗後期 漢詩의 硏究》, 월인, 2004.
 ② 李楠福, 《高麗後期 新興士族의 硏究》, 경인문화사, 2004.
 ③ 閔丙河, 〈遁村 李集〉, 《素軒南都泳博士古希紀念歷史論文集》, 민족문화사, 1993.
 ④ 呂運弼, 〈遁村 李集 硏究〉, 《東洋漢文學硏究》 10, 1996.
 ⑤ 李楠福, 〈遁村 李集 硏究〉, 《한국중세사연구》 4, 1997.
 ⑥ 崔光範, 〈麗末 漢詩 風格의 一局面〉, 《한문학연구》 15, 2001.
 ⑦ 류주희, 〈李克增의 생애와 관직활동〉, 《實學思想硏究》 30, 2006.

둔촌이 살았던 시대적 배경으로는 국제적 요소와 국내 정세의 변화를 들 수 있다. 그 가운데 가장 중요한 것은 14세기 중엽 이후부터 끊임없이 고려사회를 괴롭혔던 왜구의 침입이었다. 이것은 둔촌의 생활에 커다란 변화를 가져왔다. 그는 왜구의 침입을 피하고자 벼슬에서 물러나 가족을 데리고 천녕 도미사로 가 은거하였고, 때로는 관직생활과는 무관하게 왜적을 피할 수 있었던 개경에서 생활하기도 하였다.

공민왕에서 우왕에 이르는 정국에서 또 하나의 중요한 요소는 중국에서 전개된 천하대란이었다. 쇠약한 몽고족의 원을 축출하고 새로이 중원의 지배자가 된 한족의 명明과, 원래의 몽고로 돌아가 겨우 명맥을 유지하고 있었던 북원北元 사이에서 고려는 이중외교를 펴고 있었다. 공민왕은 원의 간섭을 벗어나 고려의 자주를 위한 친명반원 운동을 전개하였고, 여기에는 당시의 신흥사대부 계층도 호응하였다. 그러나 조정에는 북원과의 관계를 중시하는 보수적인 친원파 관료들도 많이 있었다. 두 세력의 대립과 부침은 고려의 외교를 우왕좌왕케 하였고 때로는 이중적인 행동을 보이기도 하였다. 국가의 명분과도 관련된 이러한 조정의 작태는 둔촌에게도 적지 않은 영향을 끼친 것으로 생각된다. 이 과정에서 고려는 1359년(공민왕 8) 12월과 1361년(공민왕 10) 10월 두 차례에 걸쳐 홍건적의 침략이라는 국난을 겪게 되었다.

국내 정치 환경에서 둔촌에게 큰 영향을 준 것은 무엇보다도 공민왕의 과격한 개혁정책으로서, 특히 신돈을 등용하여 추진하였던 기득권 세력의 억제와 양민의 부양을 위한 정책이었다. 처음에는 신흥사대부 계층에서도 이를 지지하였지만, 국왕의 신임을 바탕으로 무소불위의 권세를 부리게 된 신돈 일파의 횡포는 곧 관료사회의 저항을 받게 되었다. 둔촌은 바로 그 절대 권력자였던 신돈을 비판하였다가 생명의 위협을 받고 영천으로 피신하였다. 이는 그가 '둔遁'을 표방하게 된 계기가 되었다. 그는 신돈이 정치적으로 패망한 1371년(공민왕 20) 이후 개경으로 돌아온 뒤에도 관료적 성취를 단념하고 안분자족하는 길을 가게 한 요인이 되었다고 할 수 있다.

당시의 통치자들 즉 공민왕과 우왕이 군주로서 가진 덕이나 인격도 둔촌에게는 사환을 단념케 하는 큰 좌절을 준 것으로 보인다. 공민왕은 초년에 매우 총명하고 의지가 강한 군주였지만, 만년(1365년 2월 노국대장공주가 죽은 이후)에는 덕을 잃고 여러 가지 퇴행적인 모습을 보여주었다. 신돈을 등용하여 과격한 개혁정치를 추구한 것이나, 신돈의 첩과 관계하여 그 사이에 난 모니노牟尼奴(후의 우왕)를 왕자로 지명한다든가, 자제위子弟衛를 설치하여 궁중에서 음란한 행사를 일삼은 따위가 그러하였다. 이 때문에 공민왕은 비명에 죽게 되었지만, 이러한 군주의 작태는 도덕과 윤리를 신조로 하는 양심적 유학자들에게는 견디기 어려운 환경이 되었다.

더욱이 우왕은 출생 성분이 모호하여 많은 의혹을 받고 있었고, 겨우 10세의 나이에 국왕에 추대되어 제왕의 자질을 전혀 함양하지 못한 사람이었다. 그는 온 나라가 국난에 휩싸여 있던 때에도 사치와 방탕, 주색잡기로 날을 보내고 갖은 비행과 기행을 일삼아 완전히 신망을 잃고 있었다. 이러한 군주를 모시고 관료생활을 한다는 것은 참으로 고통스러운 일이었을 것이다.

뿐만 아니라 관료 사회 자체도 내분이 극심하여 대립과 갈등이 많았다. 전통적인 문벌 귀족 출신들과 과거를 통해 새로이 관료로 진출한 신흥 세력들은 서로를 용납하기 어려웠고, 권력을 향한 암투는 그칠 날이 없었다. 이러한 요인들이 둔촌의 출처에 큰 영향을 미친 것으로 보인다.

이제 이러한 시대적 환경들을 조금 더 상세히 살펴보기로 한다.

1) 고려 말의 대외관계

(1) 왜구의 침략으로 말미암은 사회적 혼란

고려 말기인 공민왕–우왕 대에 지속적으로 국가의 우환이 되었고 둔촌의 생애에도 깊은 영향을 준 것은 왜구의 침입과 노략질이었다. 그 피해는 전국에 걸친 것이었고 국가 재정이나 민생에 치명적인 해악을 끼쳤다. 이는 홍건적의 두 차례 걸친 대규모 침입보다 더욱 고려사회를 병들게 하였던 것이다. 왜구의 침략은 처음 삼남지방과 경기도의 연해 지역에만 피해를 주었지만, 공민왕 후기~우왕 대에 이르면 전국 곳곳의 내륙 지방까지 피해가 확산되었다. 전국의 수많은 고을이 노략질을 받아 불타고, 사람들은 병화에 죽거나 포로로 잡혀갔으며, 국가의 전함·세곡과 민산이 약탈되거나 불타버렸다. 그로 말미암은 사회적 손실과 혼란은 이루 말할 수 없었다.[10]

고려 때 왜구가 처음 침입한 것은 1223년(고종 10)이었으나, 본격적인 왜구의 침입은 1350년(충정왕 20)부터였으며, 공민왕 때에는 동해·서해·남해의 연안뿐만 아니라 내륙까지 침범하였다. 또 강화의 교동과 예성강, 한강 지역에까지 출몰해 개경의 치안을 위협하였다. 그러한 경우에는 수도에 큰 소란이 일어나고 계엄이 시행되었다. 이

---

10) 고려 말~조선 초의 왜구에 대하여는 주로 아래와 같은 연구를 참조하였다.
  ① 李鉉淙, 〈朝鮮前期對日交涉史硏究〉, 韓國硏究院, 1964.
  ② 孫弘烈, 〈高麗末期의 倭寇〉, 《史學志》 9, 1975.
  ③ 中村榮孝, 《日鮮關係史의 硏究 上·中·下》, 吉川弘文館, 1965·1970.
  ④ 나종우, 〈홍건적과 왜구〉, 《한국사》 20, 국사편찬위원회, 1994.

표 2-1. 공민왕 대의 왜구 침입 상황

연도	횟수	침입 지역과 피해 내용	비고
1(1352)	8	남해, 풍도·교동·파음도, 서산, 서강·교동·갑산·찬전, 전라 모두량, 강릉, 합포	전라도에서 적선 2척 포획
2(1353)	1	합포	만호가 왜적 포로 8명 잡음
3(1354)	1	전라 조운선 40척 피습	전라 만호 인당 포로 잡음
4(1355)	2	전라 조운선 200척 피습	
5(1356)			
6(1357)	4	교동 2회, 승천 흥천사	개경 계엄
7(1358)	10	각산에서 300척 방화, 한산·진성창, 책량·명주·용성, 급진포, 화지량	전라 왜적 수십 명 살상 나포
8(1359)	4	해남, 예성강·옹진, 사천	개성 소요
9(1360)	8	회미, 옥구, 평택·아산, 강화에서 양곡 4만 석·주민 300명 피해	
10(1361)	10	전라도, 교동, 남해, 고성, 울주, 거제	전라 포로 5명 나포
11(1362)	1	진주 악양현, 흑산도	
12(1363)	2		
13(1364)	11	고성·사천·하동, 김해·밀양·양산, 해풍, 조강	경상도순문사 김속명 적 3천 명 격멸
14(1365)	5	개풍 창릉, 교동·강화	최영 동·서강 방어
15(1366)	3	심악·교동, 양천, 아산	*수도 진동
16(1367)	1	강화	
17(1368)			
18(1369)	2	천안·온양·예산 *조운선 피습	거제 왜구 화약 위배
19(1370)	2	내포 병선 30척 피해, 선주宣州	선주에서 왜구 50여 명 참살
20(1371)	4	해주, 예성강 병선 40척 방화, 봉산	적선 1척 나포
21(1372)	19	배천, 강화·장흥, 탐진·도강, 진명창, 강릉·영덕·덕원·안변(미곡 1만 석), 함주·북청, 양광도 용인	이성계 함흥 진수, 양광도순문사 전사
22(1373)	6	칠원 구산현, 하동, 한강(동·서강), 양천·한양, 경주·울주, 강릉·삼척·양양	경상도순문사 홍사우洪師禹 적 수백 명 살상. *수도 소란
23(1374)	12	안주, 적선 350 합포 병선 40척 방화, 주민 5천여 명 피살, 강릉, 경주·울주, 자연도, 양양	합포 지역 피해 극심

때문에 철원 등지로의 천도설까지 거론되기도 하였다. 둔촌이 중하급 관직생활을 하였던 공민왕 대의 왜구 침입상황을 정리하면 〈표 2-1〉과 같다.11)

이 표를 보면 왜구의 침략 지역은 주로 삼남과 경기도 연해안 지역이거나 낙동강과 한강의 내륙 수로에 잇닿은 지역이었다. 특히 수도 개경의 턱밑이라고 할 수 있는 교동, 예성강, 옹진, 강화, 개풍, 양천, 한양 등지에도 왜구가 자주 출몰하였던 것을 알 수 있다. 왜구가 예성강이나 한강 쪽으로 침략할 경우에는 개경에 계엄이 내려지고 커다란 소요가 일어났다.

둔촌의 경우에도 고향이 광주였으므로 직접적인 피해를 입을 염려가 있었다. 그래서 그는 보다 상류인 천녕으로 피난해 갔던 것으로 생각된다. 고려 조정에서는 한강이 수도를 지키는 요충이라고 인식하여 동·서강에 수비군을 집중 배치하였으므로, 한강에서 한양 이상 유역으로는 왜적이 진출하기 어려웠다. 따라서 광주, 양평, 여주(천녕 포함) 지역은 침략을 면할 수 있었다. 둔촌이 천녕에 피난지를 정한 것은 매우 현명한 선택이었다고 볼 수 있다.

이 표에는 보이지 않지만, 사실 왜구의 활동은 충정왕 2년부터 격화되었는데(2년 동안 총 11회), 그것이 공민왕 원년까지 이어졌다. 그 뒤 한동안 뜸하였다가, 7년(1358)부터 10년까지 4년간 그 활동이 심하였고, 이후 13년(1364)을 제외하면 공민왕 20년(1371)까지는 왜구의 활동이 비교적 적어 소강상태였음을 알 수 있다. 그러다가 1372년(공민왕 21)부터 다시 격화되어 1388년(우왕 14)까지 17년간 최고조에 달

---

11) 본문의 〈표 2-1〉과 〈표 2-2〉는 《高麗史》 恭愍王世家와 叛逆列傳(辛禑)에 수록된 내용을 정리한 것이다. 왜구의 침입 횟수는 대체로 나종우, 〈홍건적과 왜구〉 《한국사》 20, 국사편찬위원회, 1994, 396쪽의 〈표 2〉를 정리 활용하였으나, 조금 다른 부분도 있다.

표 2-2. 우왕 대 왜구의 침입 현황

연도	횟수	침입 지역	비고
1(1375)	10	밀양·경양, 낙안·보성, 덕적도, 자연도, 천안·목천·서산·결성, 양광도 해변	
2(1376)	46	전라원수영, 영산, 부여·공주, 석성·연산(개태사), 낭산·풍제, 서울 침공 소문, 고부, 태산, 흥덕, 보안, 인의, 김제, 장성, 강화, 한산, 진주 함안, 동래, 양산, 언양, 기장, 고성, 영선, 합포, 양산, 울산, 의창, 회원, 함안. 진해, 고성, 반성, 동평東平, 동래, 기장	홍산대첩
3(1377)	52	회원, 신평, 강화, 경주, 울주, 양주, 밀성, 남양, 안성, 종덕宗德, 강화, 안주, 장택, 제주도, 영강永康, 장연, 풍천, 안악, 함종, 삼화, 강서, 신주信州, 문화, 안악, 봉산, 해주, 영광, 장사長沙, 모평牟平, 함풍, 해주, 평주平州, 악양, 동래 부여, 정읍, 홍산, 김해, 의창	화통도감 설치
4(1378)	48	연안, 안산, 인천, 부평, 금천, 강화·태안, 남양·수원·임주, 한주, 덕풍德豊, 합덕合德, 승천부, 서산, 비인, 용구龍駒, 청주, 목천, 천안, 온양, 종덕宗德, 송장松莊, 영신永新, 아산, 조양포, 욕지도, 연안, 해주, 금천, 양천, 철원, 연산, 이산, 공주, 익산, 전주, 진도, 진동, 회덕, 청산靑山, 임주林州, 전주, 익산, 하동·진주	수도 이전 검토 지시
5(1379)	29	강화, 조양兆陽, 진원珍原, 도강, 곡성, 남원, 강화, 안산 풍천, 신주, 울주, 경주, 용주, 낙안, 무릉도, 단계·거창·야로·산음·진주·사천·함양	
6(1380)	40	영선, 보성·부유·강화, 광주·능성·화순, 결성·홍주, 서주·부여·정산·운제·고산·유성, 청양, 신풍, 홍산, 금주 옥주, 함연, 풍제, 공주, 황간, 어모, 중모, 화령, 공성, 청리, 상주, 선주, 경산, 김해	진포대첩 황산대첩
7(1381)	21	영해·송생·울진·삼척·평해·영해·영덕·삼척, 지리산, 무등산, 이산, 영해, 비인, 영주, 김해, 울주, 양산, 언양, 울진, 김해, 고성, 보령, 밀양	
8(1382)	23	임주, 부여, 석성, 평해, 삼척, 울진, 우계, 영월, 예안, 영주, 순흥, 보주, 안동, 강릉, 죽령, 담양, 경산, 대구, 화원, 계림, 통구, 남원	
9(1383)	50	대구, 경산, 선주, 인동, 지례, 금산, 예안, 순흥, 강릉, 거녕居寧, 장수, 전주, 춘양, 영월, 정선, 임실, 옥주, 보령 목주, 흑참黑站, 강릉, 회양·김화·평강·홍천·양구·춘천, 안변, 흡곡, 고성, 청풍	남해대첩

10(1384)	19	진포, 구례, 영동, 주계朱溪, 무풍茂豊, 양산, 은천, 영동, 청산, 안읍, 노도, 장연, 청하, 동복, 수원	
11(1385)	13	여주도, 피곶, 영강, 교주도, 양양, 축산도, 평해, 단주, 함흥, 홍원, 북청, 합란북哈蘭北, 강릉, 충주, 경주	
12(1386)	0		
13(1387)	7	강화, 임천·한산·서산·홍산, 정읍	
14(1388)	20	강화, 초도, 양광도 40군, 전주, 김제, 만경, 인의, 광주, 거제, 연일, 청주, 유성, 진잠, 낙안, 고흥, 풍안, 진도, 황간·영동, 구례, 경기 연해, 함양, 진주	

하였다.

우왕 때의 왜구 침입 횟수와 피해 지역을 대략 정리하면 〈표 2-2〉
와 같다. 우왕 때는 공민왕 때와는 비교할 수 없을 만큼 왜구의 침입
이 극심하여, 그가 재위한 14년 동안에 무려 378회의 왜구 침입이 기
록되어 있다. 그 지역도 삼남의 연안뿐만 아니라 전국의 내륙 고을
에 걸쳐 있어 국토 전체가 초토화되다시피 하였다. 즉 충청도의 청
주·목천·천안·온양과 경북의 예안·영주·순흥·보주·안동·춘양, 강원
도의 영월·회양·김화·평강·홍천·양구·춘천과 같은 내륙 깊숙한 지
역도 여지없이 피해를 입었다. 그리고 개경 근처의 예성강이나 교
동·강화·양천·한양 등지에 대한 침략도 그치지 않았다. 이 때문에
조정에서는 수도 천도론이 일어나기도 하였다.

왜구 무리들은 초기에는 주로 연해와 내륙 수로의 조세를 운반하
는 조선漕船과 이를 보관하던 조창 등을 습격·약탈했다. 그러나 이
때문에 조운망이 무너지고 조창도 비게 되어 연해에서 약탈할 것이
많지 않았으므로 우왕 대에는 내륙 고을까지 노략질하게 되었던 것
이다. 그들은 비단 미곡이나 재물만 약탈한 것이 아니라, 사람들을
죽이고 포로로 잡아 노예로 삼거나 팔기까지 하였다. 이 시기 약 50

여 년 동안 고려사회가 입은 피해는 정확히 계량화할 수 없지만, 훗날 임진왜란 7년간의 참화를 능가하였을 것이다. 둔촌은 황폐화된 한강 지역의 왜구 침략 정황에 대하여 목은에게 보낸 시에서 "왜구가 오래 몰아치니 경기 지역이 황폐화하여, 한강 남쪽에는 머무를 곳이 없다"고 표현하기도 하였다.12)

그러나 당시 고려는 지방의 군사력이 미비하였고, 홍건적의 침입과 원명 교체기의 대외관계가 복잡해 그들의 침입에 효과적으로 대처하지 못하였다. 이 때문에 왜적들은 고려를 업신여기고 무인지경처럼 침입하게 된 것이다.

고려는 평화적인 방법으로 왜구의 침입을 막고자 일본에 사절을 파견하기도 하였으나 별로 효과를 보지 못하였다. 1366년(공민왕 15)에는 검교중낭장 김일金逸을 아시카가 막부足利幕府에 보내어 근절 약속을 받기도 하였고, 1375년(우왕 1)에는 판전객시사 나흥유羅興儒를, 1377년에는 전 대사성 정몽주를 파견하였다. 정몽주는 포로로 잡혀갔던 고려인 수백 명을 데리고 돌아왔으나, 그 뒤에도 왜구의 침입은 줄어들지 않았다.

왜구에 대한 고려의 토벌은 지리멸렬하여 공민왕 대에는 잘 추격하여 섬멸하지 못하였으나, 우왕 대부터는 어느 정도 전투 요령을 알게 되어 최영崔瑩, 최무선崔茂宣, 이성계李成桂, 정지鄭地 등이 곳곳에서 큰 승리를 거두었다. 즉 1376년 최영이 홍산鴻山(지금의 논산)에서 대군을 토벌하였고, 1380년에 왜선 5백여 척이 진포에 침입했을 때는 나세羅世·최무선 등이 이들을 화포로 불살랐다(진포대첩). 이때 상륙한 왜구들은 이성계가 지리산의 황산에서 모두 섬멸하고 말 1천 6

---

12) 《遁村遺稿》권1, 〈奉寄牧隱〉"倭騎長驅耗幾州 漢南無處可淹留 川寧江上僧牕畔 臥病看山又一秋." 이하 《遁村遺稿》는 《遺稿》로 약칭함.

백여 필을 수습하였다(황산대첩). 또 1383년(우왕 9)에는 해도도원수 정지가 남해에서 큰 승리를 거두었다(남해대첩). 왜구의 퇴치 과정에서 최무선이 화통도감을 설치하여, 화약·화포·화전火箭 등 화기를 만들어 사용하게 된 것은 우리 국방사에 획기적인 일이었다고 할 수 있다.

(2) 중국의 원·명 교체와 고려의 이중외교

공민왕 대는 국외적으로나 국내적으로 큰 변화의 시기였고, 많은 고통을 겪은 때이기도 하였다. 그 가운데서 가장 큰 변화는 1350년 대에 중국대륙에서 홍건적의 난이 일어나고, 그 일파였던 주원장朱元 璋이 1368년에 명을 건국하여 북경을 함락함으로써 원이 몰락하게 된 것이다. 이로써 고려에서도 80여 년에 걸친 원의 간섭에서 벗어나 자주국가로 발전할 수 있게 되었다. 이 과정에서 고려는 두 차례에 걸쳐 홍건적의 침입을 받게 되었고, 국왕이 복주(안동)까지 피난하는 국난을 치르게 되었다.

공민왕은 즉위한 이듬해(1352) 원이 쇠약해진 틈을 타고 고려의 자주적인 부흥운동을 일으켰다. 공민왕은 원의 변발과 호복 등 몽고 풍속을 폐지하였고, 1356년에는 몽고의 연호·관제를 폐지해 문종 때의 제도를 복구하였다. 그리고 고려의 내정을 간섭하던 원나라의 정동행중서성이문소征東行中書省理問所를 폐지하고, 원나라 순제의 외척으로 권세를 부리던 기철 일파를 숙청하였다. 또한 이 해에 원과 정면으로 맞서는 반원운동을 전개하여 동북면 지역의 쌍성총관부를 공략하여 수복하였다.

1368년 명나라가 건국되고 원이 북경에서 축출되어 몽고 고지로 물러나게 되자, 공민왕은 명나라와 협력해 요동의 8참을 공격하는

등 원나라의 잔존 세력을 공략하였다. 다음 해 5월에는 원의 지정至
正 연호 사용을 중단하고 명의 홍무洪武 연호를 사용하였다. 1370년
에는 이성계로 하여금 동녕부를 치게 해 국위를 떨쳤다. 이렇게 고
려가 반원정책을 펴자 북원에서는 유화책으로 1369년 2월에 중서성
우승右丞 두리한豆利罕을 보내 왕에게 예물을 보내오고, 3월에는 공민
왕을 우승장으로 진급시키기도 하였다.

　4월에는 명나라 황제가 친서와 사紗, 나羅, 단緞 등의 예물을 보내
오자 왕은 백관을 거느리고 맞이하였다. 그리고 8월에는 명나라 수
도 남경에 사신들을 파견하였다. 홍무제는 다음 해(1370) 4월에 도사
서사호徐師昊를 보내 고려의 산천에 제사하게 하였고, 5월에는 상보
사승 계사契斯를 보내 공민왕을 책봉하자 왕이 백관을 거느리고 성
밖에 나가서 고명을 받았다. 그해 11월에 서원군瑞原君 노은이 원나
라 황제의 조서를 가지고 오자 공민왕은 대장군 송광미宋光美를 파견
하여 그를 죽임으로써 반원 의지를 분명히 하였다.

　공민왕은 1373년(공민왕 22)에 찬성사 강인유姜仁裕, 동지밀직사사
김서, 성원규成元揆, 판도판서 임완林完, 서장관 정몽주 등을 명에 사
신으로 보내었고, 7월에 판선공사사 주영찬周英贊을 보내 천추절을
축하하였다. 그해 가을부터 동북면과 서북면의 요해지에 만호와 천
호를 많이 설치하고 또 원수를 보내 동녕부東寧府를 쳐서 북원과 관
계를 끊으려 하였다. 이렇게 공민왕 말년에는 북원을 멀리하고 신흥
국인 명과 국교를 맺게 되었다.

　그러나 1377년(우왕 3) 2월 북원에서 사신을 파견하여 공민왕(시
호: 경효대왕敬孝大王)의 신위에 제사를 지내고 우왕을 책봉하자, 이때
부터 다시 북원의 연호인 선광宣光을 쓰게 되었다. 그러나 우왕 4년
(1378) 9월부터는 또다시 이를 버리고 명나라 홍무 연호를 사용했다.

이렇게 고려 정부는 명과 북원 사이를 오가면서 이중외교를 펼쳤다. 당시 신흥사대부들 가운데는 이러한 이중적 자세를 비판하고 북원과의 관계를 과감히 단절하기를 주장하는 사람들도 있었다. 1375년(우왕 1) 북원에서 사신을 보내오자 조정에서는 정도전 등에게 맞이하도록 하였으나, 정도전은 김구용·이숭인 등 친명파와 함께 이를 거부하고 맞서다가 전라도 나주목 회진현 관하의 거평부곡에 유배되었다. 이러한 친명반원정책은 정몽주·정도전·김구용 등이 주도하였으므로, 이 그룹에 속하였던 둔촌도 당연히 같은 노선을 걸었을 것으로 생각된다. 당시의 친원배명정책은 주로 권신 이인임李仁任·경복흥慶復興 등이 추진하였다. 이렇게 명과 북원 사이에서 오락가락한 고려의 정책은 둔촌의 사환 의지에도 부정적 영향을 준 것으로 보인다.

(3) 홍건적의 침입

중국에서 원과 명이 교체되는 대란의 여파로 고려는 두 차례에 걸쳐 홍건적의 침입을 받게 되었다. 홍건적은 원말에 억압정책을 견디다 못해 일어난 일종의 종교적 농민반란 무리들이었다. 그 주축이 되었던 세력은 백련교 계통의 미륵교도들로서, 붉은 수건으로 머리를 묶었기 때문에 이들을 홍건적紅巾賊 혹은 홍두적紅頭賊이라고도 하였다.

이들은 처음 중국 남부 지방에서 일어났으나, 곧 화북 시방으로 진출하였고, 원나라 군대에게 쫓겨 만주로 들어와 요양遼陽을 점령하였으나, 퇴로를 찾아 한반도로 들어오게 되었다. 그들은 1359년(공민왕 8) 12월에 모거경毛居敬 지휘 아래 4만의 무리를 이끌고 압록강을 건너 의주·정주·인주·철주 등을 차례로 함락하고 이어 서경(평양)을 함락하였다. 이에 고려에서는 이방실李芳實, 안우安佑 등으로 하여금 대항하게 하여 서경에서 대파하고 다시 추격하여 궤멸시켰다. 그 결과 잔병 3백여 명이 겨우 압록강을 건너 달아났다.

다음 해 홍건적들은 수군을 동원하여 황해도와 평안도의 해안지대를 침범하다가, 1361년(공민왕 10) 10월에 다시 반성潘城·사유沙劉·관선생關先生 등이 10여만 명을 모아 압록강의 결빙을 이용하여 침입하였다. 홍건적이 자비령의 방책을 넘어 개경으로 진군하자, 공민왕은 남쪽으로 피난하여 복주(안동)까지 이르게 되었다. 그 뒤 홍건적은 개경을 함락하여 약탈하고, 인근 주현과 원주·안주 등지를 침탈하였다.

그해 12월, 공민왕은 정세운을 총병관으로 삼아 이방실·안우·김득배金得培 등의 원수들로 구성된 홍건적 토벌군을 일으켰다. 이들은 1362년 1월 홍건적을 크게 무찔러 개경을 수복하고 난을 평정하였다. 이때 동북면 상만호였던 이성계도 휘하 2천 명의 군사를 이끌고 적의 괴수인 사유·관선생 등을 사살하였다. 이로써 요동에 진출한 홍건적은 고려에 대한 2차의 침공으로 전멸상태에 빠지게 되었다. 그러나 고려도 이로 말미암아 막대한 타격을 입어 국력의 쇠퇴를 가져오게 되었다.

2) 국내 정치의 변화

(1) 공민왕의 개혁정치와 신돈의 발호

공민왕은 대외관계에서와 마찬가지로 내정에도 과감한 개혁을 시행하였다. 그는 즉위한 다음 해인 1352년에 최씨무신정권이 설치하였던 정방을 폐지하고, 인사행정을 정상화하였다. 그리고 1356년(공민왕 5)에 전면적인 관제개혁을 단행하였는데, 이는 대체로 원 간섭기 이후에 격하되었거나 변형된 관제를 11세기 중반 문종 때의 고유 체제로 복귀하기 위한 것이었다. 이때 충렬왕 때 폐지되었던 삼사·삼공 등을 복설하였고, 첨의부로 합쳐졌던 중서문하성과 상서성을 독립시켜 구 관제를 회복하였다. 또한 충렬왕 때 밀직사로 개편되었던 중추원을 원상회복하였고, 전리사·군부사 등으로 하향 개편되었던 이부·병부 등 육부를 다시 설치하였다.13) 이후에도 공민왕은 시대 형편과 필요에 따라 일곱 차례나 더 관제개혁을 실시하였다.

이와 같이 공민왕은 개혁을 두려워하지 않고 정치·경제·사회 각 방면에서 개혁을 추진하였다. 그리고 그 개혁을 추진하기 위한 추종 세력을 확보하고자 노력하였다. 그는 세신대족 혹은 권문세족이라고 불린 전통적 기득권층 곧 귀족 관료세력들을 신임하지 않았을 뿐만 아니라 그들을 제압하고 축출하고자 하였다. 그들은 오랜 역사를 통해 친당의 결속력을 가지고 서로 엄호하고 있었으므로 왕권 행사에 방해가 되는 세력으로 인식되고 있었다. 그래서 공민왕은 과거로 등용된 초야신진草野新進 세력에 의지하고자 하였으나, 그들은 도덕적 명분과 가식에 차 있고 명망을 얻은 다음에는 가문이 한미한 것을 부끄럽게 여기고 대족과 혼인하여 기득권층을 추종하는 경향이 있다고 파악하여 멀리하였다. 그리고 재야의 유생들은 과단성이 적고 기백이 없으며 문생·좌주·동년 등으로 엮이어 서로 붕당을 조성하는 경향이 있음을 알았다. 그래서 그는 이 세 부류 모두 쓸 수 없다고 생각하였다. 공민왕은 이러한 세태를 벗어나 독자적인 정책을 추진할 수 있는 사람들을 등용하여 과거의 누적된 폐단을 혁신하고자

---

13) 《高麗史》 권6, 志 30 百官.

하였다.14)

이러한 공민왕의 의도에 적중했던 인물이 승려 출신의 신돈(승명 遍照)이었다. 그의 어머니는 계성현 옥천사의 노비로서 출신 성분이 미천하였지만, 대단히 총명하고 지혜가 있었으며, 말에 논리와 설득력이 있어 매사를 명백하게 논증하였다고 한다. 또한 스스로 불교의 묘리에 도통했다고 하면서 고담준론으로 왕의 마음을 끌었다.15) 이 때문에 공민왕은 신돈에게 매료되었고, 1365년(공민왕 14) 5월에 그에게 청한거사淸閑居士란 호칭을 주고 사부로 삼고 국정을 자문하였다. 그리고 그해 12월에는 그를 수정리순론도섭리보세공신守正履順論道燮理保世功臣으로 책록하고 진평후眞平侯에 봉하였다. 관직도 삼한삼중대광 영도첨의사사사 판중방감찰사사 취성부원군 제조승록사사 겸판서운관사三韓三重大匡領都僉議使司事判重房監察司事鷲城府院君提調僧錄司事兼判書雲觀事란 최고의 직위를 부여하였다.16) 이때 신돈은 자신의 이름을 편조遍照에서 돈旽으로 개명하였고, 일반 관료들은 그를 영공令公이라고 호칭하였다고 한다. 한미한 승려에서 등용 1년 만에 국가 최고의 행정수반이자 국왕의 자문관에 오른 인물은 신돈 외에 그 유례를 찾아보기 어렵다.

그는 초기에 공민왕의 의지에 부응하여 여러 가지 개혁정책을 시행하였다. 1366년(공민왕 15) 5월에는 전민변정도감을 설치하고 스스로 판사가 되어, 권세가들에게 부당하게 빼앗긴 토지와 강압으로 노비가 된 백성들을 원래의 상태로 돌려주는 강력한 개혁을 단행하였다.17) 이 조치는 큰 효력을 발휘하여 많은 세도가들이 강점했던 전

---

14) 《高麗史》 권132, 列傳 45, 叛逆 6 辛旽.
15) 《高麗史》 권132, 列傳 45, 叛逆 6 辛旽.
16) 《高麗史》 권41, 世家 41, 恭愍王 4.
17) 《高麗史》 권132, 列傳 45, 叛逆 6 辛旽. 이때 그가 반포한 포고문은 다음과 같다. "근래에

민을 그 주인에게 반환하였다. 이 때문에 일국이 모두 기뻐했다고 하였고, 신돈을 성인으로 부르는 이도 있었다고 하니, 이 정책이 하층민들로부터 크게 환영을 받았음을 알 수 있다.18)

전민변정도감은 당시 신흥사족들로부터 어느 정도 지지를 받은 것으로 보인다. 신돈이 권력을 잡았던 1365년(공민왕 14)부터 1371년까지 이색·정몽주·정도전·김구용 등은 대체로 성균관의 교관직에 있었는데, 그들이 신돈이 장악하고 있던 조정에서 사환을 계속하고 있었던 것을 보면 커다란 마찰은 없었던 것으로 보인다. 사실 1367년(공민왕 16)에 왕의 명을 받아 숭문관 옛터에 성균관을 원형대로 복원한 사람이 신돈이었다. 여기에는 신흥사족들을 자기의 지지세력으로 끌어들이려는 의도가 있었던 것으로 보인다. 이 때문에 역사학계에서는 신돈과 신흥사족들은 정치적 제휴가 가능하였고 이로써 신흥사족들이 정치적으로 성장할 수 있었다고 보기도 한다.19)

그러나 신돈의 여러 가지 개혁정책들은 지나치게 과격하였고, 특히 전민변정사업은 당시 지배층의 이해와 크게 상충되어 불만을 가져왔다. 또한 갑자기 국가의 전권을 장악하였던 신돈은 차츰 권력에 취하여 전횡을 일삼게 되었고, 여러 가지 비행과 추문을 낳았다. 그의 집에는 공민왕이 자주 행차하였고 마침내 신돈의 첩 반야와 어울

기강이 파괴되고 탐오가 관습이 되어 종묘, 학교, 창고, 사사寺社·녹전군祿轉軍 등의 공수전公須田과 백성들의 세업世業과 전민田民들은 거의 다 호부豪富하고 권세 있는 가문이 강탈 점령하였다. 그들은 반환하리는 판결을 받고도 초지를 변치 않고 양민을 예속된 노예로 삼고 있다. 그리고 각 주현의 역리·관노·백성들 중에서 役을 도피한 자를 은닉하여 크게 농장을 차리고 백성들에게 해독을 끼치고 나라를 궁핍하게 만들고 있다. 이 때문에 하늘이 감응하여 수재·한재·역질이 계속되고 있다. 이제 도감을 설치하고 그 시정 사업을 담당케 하니 서울에서는 15일 이내, 지방에서는 40일 이내에 자기 잘못을 알고 스스로 시정하는 자는 과거를 묻지 않겠다. 그러나 기한이 경과한 뒤에 발각된 자들은 엄히 처벌할 것이며 무고한 자들은 도리어 그에 상응하는 벌을 받을 것이다."

18) 《高麗史》 권132, 列傳 45, 叛逆 6 辛旽.
19) 李楠福, 〈遁村 李集 硏究〉, 《한국중세사연구》 4, 1997, 169쪽.

려 아이(牟尼奴)를 얻어 궁중으로 데려가게 되었다. 신돈은 자신을 비판하는 사람들에게는 수단방법을 가리지 않고 끝까지 복수하는 잔혹함이 있었다. 둔촌이 그를 비판하였다가 영천으로 도망가 숨어 살게 된 것도 바로 이 때문이었다.

둔촌이 신돈을 비판했던 것은 그의 개혁정책이 아니었던 것 같고, 주로 개인적인 인간관계 때문이었던 것으로 알려져 있다. 신돈 집권 후에 둔촌의 좌주였던 이공수李公遂가 파직당하고, 동년 정습인鄭習仁이 지영주사로 있을 때 불탑을 헐어 빈관을 수리한 일로 신돈에 의해 죽음을 당할 뻔했던 일이 있었다. 이 때문에 둔촌은 신돈을 비난하였고 조정의 행태를 한탄하였다고 한다. 이를 신돈의 문객이었던 채판서蔡判事란 자가 신돈에게 밀고하여 그의 표적이 되었다는 것이다. 그래서 둔촌은 가족을 이끌고 온갖 고초를 겪으며 영천으로 피신하였다고 한다.20)

(2) 공민왕과 우왕의 행태

공민왕은 초기에는 영민하고 과단성 있는 군주의 모습을 보여주었다. 그는 왕권을 강화하고 정치를 개혁하고자 권문세가와 신진세력 두 세력을 다 배제하고 자신의 친위세력이 될 수 있는 제3의 인물을 찾고 있었다. 그가 바로 신돈이었고, 그를 통해 이루어진 혁신적이고 강압적인 정책들은 기존의 지배 계층에 커다란 재앙이 되었다. 뿐만 아니라 신돈의 개인적인 비리와 탐욕은 끝이 없었으나 그의 포악한 성격 때문에 당시의 사류들은 제대로 말도 하지 못하고 있었다. 그런데도 공민왕은 전적으로 신돈에게 정사를 위임하고 있

---

20) 李楠福, 위의 글, 170쪽.

었다. 둔촌은 그러한 신돈을 비판하였다가 죽을 고비를 넘기게 되었던 것이다. 공민왕은 말년에 신돈에게 휘둘렸을 뿐만 아니라 국사를 팽개치고 자제위子弟衛를 설치하여 변태적이고 음란한 행각을 벌이는 등 비행으로 점철하였다. 결국 그는 1374년(공민왕 23) 9월 내시 최만생崔萬生과 홍륜洪倫 등에 의해 비명에 시해되고 말았다.21)

우왕 대의 정치는 그야말로 난맥상을 면치 못하였고, 임금의 비정상적인 행태는 이루 다 말할 수 없었다. 그는 10세에 왕좌에 올라 제왕의 수업을 제대로 받지도 못하였는데, 어려서부터 사치와 방종에 빠져들었다. 사실 우왕은 출생에서부터 미심쩍은 혐의가 있었으며, 전적으로 군주의 자질을 결여한 인물이었다.22) 대략 1380년(우왕 6)부터 우왕은 사냥에 빠져들고 여색에 탐닉하게 되었다. 그는 남의 말을 탈취하여 타고 개경 거리를 질주하기도 하였고, 거리에서 보이는 개들을 닥치는 대로 쏘아 죽이기도 하였다. 때로는 말에서 떨어져 부상을 당하기도 하였다. 그는 신하들의 말을 보이는 대로 탈취하였기 때문에 사람들이 그를 피하고 말을 감추기에 바빴다.23) 그는 기녀들을 궁중으로 불러 밤새도록 유희에 빠졌고 이 때문에 낮에는 잠을 자고 날이 저물어야 일어나는 생활을 반복하였다.24) 또한 어린 내시, 내승內乘, 악소년들과 어울려 인가의 닭이나 개를 잡아 죽이고 남의 말과 안장을 강탈하기도 하였다. 그리고 사관들이 그의 비행을 기록하지 못하도록 협박하기도 하였다.25)

---

21)《高麗史》권43, 世家 43, 辛禑 7, 恭愍王 23년 9월 甲申.
22) 우왕은 즉위 후 4개월이 지난 이듬해 1375년부터 서연을 설치하고 전록생과 이무방을 사부로 삼아 제왕학을 수습토록 하였으나, 별로 실효가 없었던 것으로 보인다.
23)《高麗史》권133, 列傳 46, 辛禑 1, 을묘 원년 정월(1375);《高麗史》권134, 列傳 47, 辛禑 2, 7년 6월.
24)《高麗史》권134, 列傳 47, 辛禑 2, 7년 11월.
25)《高麗史》권134, 列傳 47, 辛禑 2, 8년 2월.

그는 민가에 불이 났다는 말을 들으면 말을 타고 가서 끄기도 하
였고,26) 놀러 나가면서 친히 나팔을 부는가 하면27) 절간에서 궁녀들
과 목욕을 하면서 갖은 음탕한 행동을 하기도 하였다.28) 그는 밤에
민가에 나가 자면서 부녀자들을 간음하고 그 가운데 일부는 궁중으
로 데리고 오기도 하였다.29) 그 밖에도 연못에 발가벗고 들어가 고
기잡이를 하고, 개경 저잣거리에서 내시들과 말달리기 내기를 하기
도 하였다.30)

우왕의 이러한 기행은 일일이 들 수 없을 만큼 많았다. 이러한 유
흥이나 행사에 들어가는 경비도 적지 않았다. 해마다 40~50회씩 전
국 각 고을에 왜구가 침략하고 변장과 지방관들이 방어에 급급한 때
에 이러한 국왕의 방탕과 사치는 신민들의 공분을 사기에 충분하였
다. 조정의 기강 해이나 국력의 낭비는 말할 것도 없었다.

이상과 같은 것이 둔촌 당대의 대내외적 정치 환경이었다. 이러한
환경에서 양심적인 학자들이 사환을 계속한다는 것은 쉬운 일이 아
니었을 것이다. 조선 후기와 같이 성리학이 만연한 시대였더라면 상
상도 할 수 없는 일이었다. 둔촌이 사환을 단념한 것은 강직하고 강
개한 성품에 비추어 자연스러운 귀결이었다고 할 수 있다. 특히 1368
년(공민왕 17) 신돈의 당화로 생사의 기로에서 4년 동안이나 피난의
고통을 겪은 뒤에는 은둔의 뜻을 굳혔던 것으로 보인다.

---

26) 《高麗史》 권134, 列傳 47, 辛禑 2, 10년 10월.
27) 《高麗史》 권134, 列傳 47, 辛禑 2, 12년 10월.
28) 《高麗史》 권134, 列傳 47, 辛禑 2, 10년 6월.
29) 《高麗史》 권134, 列傳 47, 辛禑 2, 11년 12월.
30) 《高麗史》 권134, 列傳 47, 辛禑 2, 12년 4월.

3. 둔촌의 출처관

1) 둔촌의 관직생활과 은퇴

(1) 관직생활

둔촌은 1347년(충목왕 3)에 국자감에서 시행하는 감시監試(조선시대의 소과에 해당, 생원·진사시)에 합격하였지만, 하급 관직에 종사하였는지 기록이 보이지 않는다. 그는 공민왕 4년(1355)에 문과에 급제하였다. 문과는 관료 채용시험과 같은 것이었으므로, 이때부터 그는 관료생활을 시작한 것으로 볼 수 있다. 그의 관력은 일찍이 영주부(천안) 지부사를 역임한 것과,31) 1374년(우왕 1)에 합포순문사 전록생田祿生의 부관으로 종군한 일이 잘 알려져 있다. 후자의 경우에는 그해 왜구의 적선 350여 척이 합포 일대를 습격하여 병선 40척이 소실되고, 주민 5천여 명이 피살되는 등 피해가 컸다.32) 이 때문에 조정에서는 전록생을 파견하여 왜구를 축출하고 그 일대의 민심을 수습케 하였다.33) 마지막으로 1375년(우왕 2) 무렵에 봉순대부 판전교시사를 지낸 정도가 기록되어 있고, 다른 것은 잘 나타나 있지 않다.

그러나 그는 대체로 공민왕 4년부터 공민왕 17년까지 10여 년 이상 관직생활을 했을 것으로 생각된다. 둔촌이 최후에 임명되었던 관직이 봉순대부 판전교시사인데, 이는 정3품 관직으로 상당한 요직이었다. 척약재 김구용의 경우 성균관 대사성을 역임한 뒤에 판전교시사를 지낸 것을 보아 어느 정도의 관력과 경력이 있지 않으면 이 자

---

31) 《遺稿》권1, 〈寄寧州琴李兩生〉. "昔守天安日 高風見兩生."
32) 《高麗史》권43, 世家 43, 恭愍王 6, 갑인 23년 4월 壬子.
33) 이때의 감회를 읊은 시가 《遺稿》권1에 수록된 〈固城感懷二首(時從田埜隱幕)〉와 권2에 수록된 〈寄宋大禪師(在合浦營作)〉이다.

리에 임명되기 어려웠을 것이다. 다만 둔촌이 이 자리에 얼마동안 재직하고 있었는지는 알 수가 없다. 《고려사》 등에 아무 기록이 없는 것으로 보아 둔촌이 판전교시사 직을 오래 수행한 것으로 보이지는 않는다.

둔촌은 출세가 여의치 않기도 하였지만 그 자신도 벼슬에 연연해하지 않았던 것 같다. 그는 강개한 기질이 있어 시속과 잘 어울리지 못하였고, 공경대부들도 하찮게 여겼다. 그 때문에 품계는 높지만 이름뿐인 허직에는 마음을 두지 않았고, 또 당시의 사람들이 적은 녹봉에 연연하던 행태도 비웃었다. 이러한 모습은 목은 이색이 지은 시에서 잘 나타난다.[34]

그의 시편들에서 나타난 것을 유추해보면 〈기충주사군이동은寄忠州使君李東隱〉에서 보이는 바와 같이 그는 한때 충주 지역의 참군을 지냈던 것으로 생각된다.[35] 또 〈기포은이수寄圃隱二首〉에는 그가 철령의 동쪽 지역으로 종군하였던 기억이 묘사되어 있기도 하다.[36] 공민왕 대 중기에 고려가 철령 이동의 함주(함흥) 안변 등지에 군대를 파견하였던 것은 1364년(공민왕 13) 정월에 여진 추장 삼선三善과 삼개三介가 함주·화주 등지에 침략했을 때였다. 이때 조정에서는 도지휘사 한방신韓方信의 군대를 파견하였으나 이기지 못하였다. 둔촌이 이 지역에 출정하였던 것도 이 무렵이었고, 그가 당시의 주장이라고

---

34)《遺稿》권3, 附錄, 牧隱 李穡,〈李浩然將歸舊居僕欲從之發爲長歌〉. "浩然志雄才又雄 老矣始知時不容 携持婦兒長固窮 高談睥睨諸鉅公 春風吹來土脈融 又欲歸田尋老農 自幸虛職籍不通 笑彼棧豆縻追風…… 甚矣衰也病在躬 自有豪傑扶儒宗 風從虎兮雲從龍 魚躍鳶飛開壁雍 斯文萬世耀天東 我身去就鴻毛同."

35)《遺稿》권1,〈寄忠州使君李東隱〉. "惠愛皆稱今太守 疎狂應說舊參軍."《國譯遺稿遺稿》의 이 시 주해에서는 "舊參軍"을 중국 육조시대 송의 포조鮑照를 지칭한다고 설명하였으나, 이동은李東隱에게 주는 이 시에서 포조를 거론할 필요는 없는 것으로 보인다. 대구를 이루는 이 구절에서 주민들에게 혜택과 사랑을 베푼 "今太守"는 이동은을, 소탈하고 방일했던 "舊參軍"은 둔촌 자신을 가리키는 것으로 보는 것이 자연스럽다.

36)《遺稿》권1,〈寄圃隱二首〉. "憶昔從軍鐵嶺東 蕭蕭萬馬好秋風 當時主將今安在 我獨無功白髮翁."

표현한 사람도 한방신이 아니었을까 생각된다.

당시에는 홍건적의 침입과 왜구의 노략질, 그리고 여진족의 준동 등 병란이 많았기 때문에 문관들도 전장에 출진한 경우가 많았다. 둔촌은 이러한 지방관뿐만 아니라 중앙 관료로서도 일정 기간 사환했던 것으로 알려져 있다.《목은시고》에 따르면 이색은 1379년(우왕 5)에 그의 관직을 '삼사'라고 일컫고 있으므로 이때 그가 삼사의 좌·우윤(종3품)이나 부사(정4품) 정도의 관직을 했던 것으로 생각된다. 그리고 1381년(우왕 7)의 시와 1382년의 시에는 그를 판사라고 칭하고 있는 것으로 보아 둔촌이 판전교시사를 했던 때가 이 무렵이었을 것으로 생각된다.37)

따라서 그는 관직을 완전히 단념한 것은 아니고 은인자중하면서 때를 기다리고 있었던 것으로 보이기도 한다. 둔촌의 시편들을 보면 그가 10여 년 이상 개경에서 생활한 것으로 나타나고 있다.38) 이는 중앙 정계와 완전히 단절하고 있지는 않음을 말해주는 것이다. 이상 우왕 대 둔촌의 관력에 대하여는 선행 연구에서 이미 잘 고찰하였다.39) 이를 보면 그는 1371년 이후 대체로 은거에 들어갔음에도 우왕 대에 가끔 개경에 살면서 직함을 가지기도 하였음을 알 수 있다.40)

이러한 사정을 종합해 보면 둔촌은 비록 마음에 내키지는 않았지만 최소한 10여 년 이상 사환하였던 것으로 볼 수 있다. 그것은 염흥

---

37) 呂運弼,〈遁村 李集 研究〉,《東洋漢文學研究》10, 1996, 74쪽.
38)《遺稿》권1,〈次牧隱見寄詩韻六首〉. "十年旅食帝王州 桂玉艱難賦百憂 莫道海山無去路 從今辭穀學留侯."
39) 呂運弼, 앞의 글, 73~74쪽.
40) 이 때문에 여운필은 둔촌의 시를 은거시로만 이해할 수 없다고 하였다. 그는 둔촌의 은일 지향을 출처를 표리관계로 본 중용적 은현관으로 이해하였고, 이러한 은현관(출처관)으로 말미암아 현실을 아주 떠나지 않았고, 관직에 있더라도 은사적 자세를 버리지 않았다고 설명하였다(呂運弼,《高麗後記 漢詩의 研究》, 월인, 2004, 267~271쪽).

방에게 보낸 시에서 짐작할 수 있다.[41] 그도 젊은 시절에 10여 년 동안 공명을 추구하였으나 별로 성과가 없었음을 알 수 있다.

현재 전하는 그의 시들은 대부분 전원생활이나 은일을 지향하는 내용이지만, 이들은 대체로 그가 은퇴하였던 만년의 작품들로 알려져 있다. 따라서 이를 통해 그의 중·장년기 관직생활을 잘 살펴볼 수는 없지만, 그것을 암시하는 시편의 흔적들은 남아 있다.

둔촌은 당시의 집권 시배들과 뜻이 맞지 않아 관도에서 소외되었고, 자신도 굳이 그들과 영합하려고 하지 않았다. 그는 국왕 특히 공민왕에게도 버림을 받은 것으로 보인다. 여기에는 신돈 일파의 농간이 있었을 것으로 생각된다. 그러나 목은과 포은 같은 사람들도 그를 힘써 추천해 준 것 같지는 않다. 오히려 그들은 둔촌에게 연민의 정을 품었지만 오히려 그의 은둔을 고결한 선비의 자세로 칭탄하고 권장하기도 하였다. 그러한 사정은 아래의 시에서 엿볼 수 있다.

서울 거리에서 벼슬도 해 보았지만
이제는 참으로 뒷날의 맹호연孟浩然이 되었네.
비록 임금님에게 버림받았지만
오히려 친구들의 연민을 얻었네.

〈간의대부 도은의 방문에 사례함〉[42]

확실한 자료는 보이지 않지만, 둔촌의 관직 진출에는 순탄치 않은 사회적 요소들이 있었던 것 같다. 그의 가문은 부친 이당李唐이 감시에 급제하여 생원이 됨으로써 비로소 향리 가문에서 사족 가문으로

---

41) 《遺稿》 권1, 〈寄廉東亭(興邦)〉. "功名十載竟何成 病起江邊白髮生."
42) 《遺稿》 권2, 〈謝陶隱諫議見訪〉. "策蹇京華路 眞爲後浩然 雖云明主棄 猶得故人憐."

발돋움하였다. 이 때문에 둔촌의 다섯 형제는 모두 과거에 급제하였지만 문벌의 전통이 뿌리 깊었던 고려 관료사회에서 쉽게 자리를 잡을 수 없었던 것 같다. 둔촌은 당시의 대표적 명사들이며 고관을 지냈던 삼은三隱을 비롯한 여러 친구들과의 밀접한 교제에도, 또 그들의 깊은 후원에도 불구하고, 상층 신분으로 올라가지 못하였고 환로가 막혔다.

그의 형제들도 비슷한 처지였다. 광주이씨의 초기《동성보보유同姓譜補遺》에 따르면 이당의 장자 인령仁齡(逢으로 개명)은 문과에 급제하여 동진사가 되었으나 관직은 경선고사에 그쳤다. 둘째 원령은 바로 둔촌이고, 셋째 희령希齡은 문과[十擧科]에 급제하였으나 지방관인 지군사를 지냈을 뿐이다. 넷째 자령自齡은 십운과, 다섯째 천령天齡(省으로 개명)은 보현과라는 특별 과거에 급제하였으나 그들의 관력에 대한 기록은 보이지 않는다.[43]

둔촌을 제외한 형제들의 활동에 대해서는 어떤 기록도 남아 있지 않고,《둔촌유고》의 수두룩한 시에도 일언반구 언급이 없다. 그동안에 무슨 불행한 일이 있었는지도 알 수 없다. 오자등과五子登科라는 화려한 출발에도 둔촌 형제의 사환은 미미하였다. 이는 이제 겨우 사족으로 등단한 그의 가문이 가지고 있었던 사회적 지위를 반영하는 것이며 그만큼 일정한 한계가 있었던 것으로 보인다.

이러한 사정은 둔촌과 과거 동년이었고, 역시 오자등과 집안이었던 양호당養浩堂 우현보禹玄寶(字 原功) 가문과 비교해 보면 잘 알 수 있다.[44] 우현보도 단양 지방의 비교적 한미한 지방 출신이었으나 둔

---

43)《國譯 光李世蹟》제1권, 광주이씨대종회, 2005, 94쪽.
44) 禹玄寶家의 가문적 배경이나 정치활동에 대하여는《養浩堂禹玄寶硏究》, 양호당선생기념사업회, 1997; 이영춘,〈麗末鮮初의 政治變動과 禹玄寶 一家〉,《養浩堂禹玄寶硏究》, 養浩堂先生紀念事業會, 1997 참조.

촌가보다 조금 일찍 중앙에 진출하였다. 조부 우탁禹托은 《주역》에 명망이 있어 성균관 좨주를 지냈고, 아버지 길생吉生은 공민왕 10년 (1361) 홍건적이 침입했을 때 왕을 호종하고 정세운, 안우 등과 함께 홍건적을 격파한 공로로 공민왕 12년(1363)에 서성익대보조공신瑞誠翊戴補祚功臣 2등을 받고 중대광보국숭록대부重大匡輔國崇祿大夫 적성군赤城君에 봉해졌으며, 대제학을 지냈다고 한다. 그의 6촌 형제였던 우인열禹仁烈(1337~1403)·희열希烈(?~1420) 형제도 각각 문하찬성사와 경기관찰사 등을 역임하였다. 우현보도 한미한 지방 출신이었으나, 조부 대 이후에 어느 정도 관록을 쌓고 있었다.

우현보는 1355년(공민왕 4)에 둔촌과 함께 과거를 통해 관직으로 나아갔고, 춘추관 검열, 집의, 좌사의대부 등을 거쳐 1376년(우왕 2)에는 밀직대언을 지냈다. 제학(정3품), 동지삼사사 겸 대사헌, 정당문학 겸 대사헌 등을 지내고, 우왕 9년에는 문하찬성사, 정당문학, 삼사좌사를 역임하였다. 1386년(우왕 11)에는 찬성사로서 순충익대좌리공신純忠翊戴佐理功臣에 녹훈되었고, 우왕 14년 이성계가 위화도에서 회군하여 정변이 일어나자 우시중에 임명되었다가 곧 파직되었다. 이후 그는 정치적 파란을 겪다가 조선왕조에 들어와서는 고려의 구신으로 은둔하고 나오지 않았다.

우현보 가문은 고려 말기에 급격히 명문거족으로 성장하였다. 그것은 무엇보다도 그 자신이 시중에 오른 때문이기도 하였지만, 그의 아들 다섯 형제가 모두 과거에 급제하여 출세하였기 때문이다.45) 그

---

45) 그의 장자 홍수洪壽(1355~1392)는 1377년(우왕 3) 동진사로 급제하여, 지신사, 대사헌을 거쳐 창왕 때 첨서밀직사사가 되었고, 아들 성범成範은 공양왕의 부마가 되었다. 둘째인 홍부洪富(?~1414)는 1382년(우왕 8)에 급제하여 여러 관직을 역임하였고, 1392년 당시에는 전의감 부령이 되었다. 셋째 홍강洪康(1357~1423)은 1377년(우왕 3) 큰형 홍수와 함께 급제하여 우정언, 삼사판관, 강원도안렴사 등을 지냈다. 넷째 홍득洪得(?~1392)은 1376년 (우왕 2) 형제 가운데 맨 먼저 급제하였고, 사헌부 집의, 전교령, 상호군 등에 올랐다. 막내

러나 여말선초의 혁명 정국에서 세 아들(洪壽·洪得·洪命)과 손자 성범
成範이 피살되는 참화를 입었다.

비슷한 처지에 있었던 둔촌과 양호당 두 가문의 환로를 비교해 보
면 사회적 신분에서 상당한 차이가 있었던 것으로 보이며, 이것이
둔촌가의 사환에 일정한 영향을 미친 것으로 생각된다. 이러한 요소
가 둔촌의 출사와 은둔에 작용하였을 것이다.

(2) 관직에서 은퇴

둔촌의 관료생활에서 결정적인 전환기는 앞서 말한 바와 같이 신
돈을 비판하다가 영천으로 피신하여 4년 동안 은신하였던 사건이었
다. 1371년에 개경으로 돌아온 뒤에 잠깐 벼슬을 하기는 하였지만,
그는 대체로 이 사건 이후에 관료로서의 성취를 단념하고 은둔생활
을 지향한 것으로 생각된다. 그리고 1372년(공민왕 19) 이후 우왕 대
에는 왜구의 침략이 극심하였으므로 관직생활이 쉽지 않았다. 이 때
문에 그는 1368년(공민왕 17)부터 1371년(공민왕 20)까지 4년 동안 세
상에 나올 수 없었고, 정상적인 관료 경력을 쌓을 수 없었던 것으로
보인다. 대체로 이때부터 그가 벼슬을 단념하고 은거를 작정한 것으
로 추측된다.

그러나 정몽주가 둔촌의 시를 차운하여 지은 〈부원운附元韻(癸卯五
月二日有雨獨坐 遁村適來)〉이란 시를 보면, 1363년(공민왕 12) 5월에 이미
세상을 피하여 은거할 생각이 있었음을 엿볼 수 있다. 그 시는 아래
와 같다.

홍명洪命(?~1392)은 1385년(우왕 11) 문과에 장원 급제하여 이조와 예조의 좌랑 등을 역
임하였다.

둔촌은 능히 세상을 피할 줄 아니

반드시 시골에서 살 필요는 없지.

도는 곧아서 시속을 거슬렸고,

시가 완성되면 정음[名詩]을 눌렀네.

서울에서 노년을 보내려 하는데

계절은 또 가을이 되었네.

창포주 술잔을 들고 바라나니

자네와 함께 취하여 시를 읊으리.

　　　　정몽주의 원시〈계묘 5월 2일 우중에 혼자 있는데 둔촌이 옴〉46)

　그러나 이때는 둔촌이 36세였으므로 그가 노년을 보내려 했을 때
가 아니었을 것이다. 둔촌의 원시에도 "늘그막에 성시城市로 돌아왔
더니"47)라는 표현이 있는 것으로 보아, 포은의 시제에 주기한 "계묘
년癸卯年(1363, 공민왕 12) 5월 2일"은 아마도 기록의 착오가 아닐까 싶
다. 혹시나 계축년癸丑年(1373, 46세) 쯤이 아니었을까 생각된다. 그렇
다면 그가 영천에서 돌아와 은거를 작정한 때와 맞을 것 같다. 이때
가 계묘년(1363) 그대로라면 둔촌은 너무나 젊은 나이에 은거를 작
정한 것이 된다.

　둘째 요인은, 선행 연구에서는 아직 주목하지 않았지만, 왜구의 침
략을 피하기 위한 것으로 생각되고 있다. 그가 천녕(여주 북부 지역)
도미사로 은거를 하게 된 것은 바로 교동·강화·예성강·양천·한강
일대에 왜구가 발호하여 광주의 둔촌 지역에서 생활하기가 위험하

---

46) 《遺稿》 권1, 圃隱 鄭夢周의 〈附元韻(癸卯五月二日有雨獨坐 遁村適來)〉. "遁村能避世 不必在山林 道
　　直忤時俗 詩成逼正音 京華聊送老 節序又生陰 欲把菖蒲酒 從君一醉吟."
47) 《遺稿》 권1, 〈次呈圃隱三首〉. "老去還城市 僑居更遠林 關門無俗客 鼓瑟有遺音."

였기 때문이다.[48] 그는 대체로 공민왕 말년이나 우왕 초기(1375년 전후) 왜구의 침략이 격화된 무렵에 천녕 도미사로 피난한 것으로 생각된다.[49] 이러한 사정은 그가 처음 도미사에 도착하여 지은 아래 시에서 잘 나타나고 있다.

> 산골로 왜적을 피하여 버린 백성[逸民]이 되니
> 온 세상에는 전쟁의 풍진뿐일세.
> 이끼 낀 옛 절에는 남은 승려도 적어
> 홀로 뜰 매화를 보며 주인을 생각하네.
>
> 〈처음 도미사에 도착하여 용두 주지에게 줌〉[50]

이 밖에도 그가 도미사에 은거한 것이 왜구를 피하기 위해서였음은 여러 시편 제목의 주석에도 보이고 있다.[51] 그는 문사였기 때문에 관리가 되어 적극적으로 왜적에 대항하고 진압하려고 하기보다는 조용한 은둔의 길을 택하였던 것이다. 사실 당시 지방관들 중에는 왜구의 습격을 받아 죽거나 포로가 되고 또 전투에서 희생된 사람들이 많았다. 그리고 왜구의 침입에 도망하거나, 그들을 진압하지

---

48) 한강 지역의 왜구 침략 상황은 둔촌의 시 《遺稿》권1, 〈敍懷四絶奉寄宗工鄭相國(時先生避倭寇, 寓川寧縣道美寺作)〉. "海寇洋洋及廣津 漢南千里起煙塵 永興山水寧容我 賴有登神寂寞濱(宗工曾有卜居永興之約寺在登神莊)"에서 잘 보이고 있다.

49) 여운필의 연구에서는 《牧隱詩稿》와 《遁村雜詠》의 시들을 검토한 결과, 그가 도미사로 피난한 해를 1378년으로 보고 있다(呂雲晌, 앞의 글 73쪽). 《遺稿》에 수록된 시 〈次牧隱見寄詩韻六首〉의 내용에는 그의 나이가 52세(1378년, 우왕 4)라는 언급이 있지만, 이 시가 반드시 천녕으로 피난한 그 해에 지은 것이라고 단정하기는 어렵다.

50) 《遺稿》권2, 〈初到道美寺寄龍頭主老〉 "避賊山中作逸民 干戈滿地是風塵 蒼苔古寺殘僧少 獨對庭梅憶主人." 여기서 "逸民"이란 《論語》에서 말한 바 난세에 관직을 버리고 숨어 사는 현인들을 말한다. 《論語》권18, 微子 "逸民 伯夷,叔齊,虞仲,夷逸,朱張,柳下惠. 少連. 子曰: 不降其志, 不辱其身, 伯夷叔齊與."

51) 《遺稿》권1, 詩 〈敍懷四絶奉寄宗工鄭相國(時先生避倭寇, 寓川寧道美寺)〉, 〈敍懷四絶奉寄宗工鄭相國(時先生避倭寇, 寓川寧道美寺)〉; 권2, 〈道美寺病中雜詠三首(時避海寇寓此寺作)〉.

못하면 조정의 탄핵을 받아 처벌을 받는 관료들도 많았다. 따라서 당시에는 관료생활, 특히 지방관을 한다는 것 자체가 커다란 위험이 될 수 있었다. 〈표 2-2〉에서 보는 바와 같이 우왕 대에는 전국의 어느 고을도 왜구의 침략을 받지 않은 곳이 없었기 때문에 그는 관직생활보다 평범한 '백성'의 길을 택하여 은둔하게 된 것으로 보인다. 또한 조정에서도 문사인 그를 등용하여 나라를 지키는 책임을 부여하지 않았다. 그가 적극적으로 왜적의 방어에 나아가야 할 의무는 없었다. 그러나 이 시기에 벼슬을 단념하고 은둔을 택한 그의 태도는 다소 소극적인 측면이 있다.

'은둔'은 둔촌이 신돈의 당화 때 체득한 삶의 지혜였고, 둔촌 자신의 신조이기도 하였다. 그것은 바로 혼란기에 살아남을 수 있는 명철보신明哲保身의 태도이기도 하였다. 이색이 지은 〈둔촌기〉에서 인용한 둔촌 자신의 다음과 같은 말은 깊이 음미해 볼 필요가 있다.

> 내가 오늘날까지 살아온 것은 이 둔遁의 힘이다.……둔이 나에게 덕이 되게 한 것을 잊을 수 없다. 그런 까닭에 내가 사는 곳을 둔촌遁村이라 했다. 이것은 둔을 덕이 된다고 생각한 까닭이며, 또한 위험한 데서 빠져나왔어도 위험한 것을 잊지 않으려는 뜻에 붙여서 스스로 힘쓰고자 한 것이다.
>
> 〈둔촌기〉52)

2) 출처의 논리

전통시대 유학자들의 사환 여부, 곧 출처에는 몇 가지 원리가 있

---

52) 《遺稿》 권3, 附錄 上, 〈遁村記〉. "吾之所以得至今日 遁之力也……遁之得于我也 將終吾身而 不可忘焉者 故名吾所居曰遁村, 所以德其遁也 亦欲寓其出險 不忘險之義 以自勉焉."

었다. 그것은 관직에 나아가야 하는 명분과 물러나야 하는 절도를 말하는 것이다. 벼슬을 해야 할 때 하지 않는 것도 도리가 아니며, 물러나야 할 때 물러나지 않는 것도 도리가 아니다. 선비들의 출처에 대한 원리는 대체로 아래와 같이 말할 수 있다.

첫째는, 서론에서도 말한 바와 같이, 학자가 관직에 나아가 국정에 참여하는 것은 어려서 배운 이상과 포부를 실현하고자 하는 것이기 때문에 기본적으로 해야 할 일이었다. 그것은 《대학》에서 수기치인 修己治人의 원리로 제시되어 있다.[53] 즉 8조목 가운데서 정심正心과 수신修身이 수기修己에 속하며, 제가齊家·치국治國·평천하平天下는 치인 治人에 해당하는 것이다. 그래서 《논어》에는 "벼슬을 하지 않는 것은 의롭지 않다"고 말하기도 하였다.[54]

둘째, 세상에 나가 벼슬을 하는 것은 천하에 도가 행해지고 있을 때의 일이다. 국왕이 무도하고 나라에 정상적인 도가 행해지지 않을 때는 세상을 피해 은둔의 길을 택해야 한다.[55] 이러한 때는 관직에 나아가더라도 자신의 이상을 실현할 수가 없을 뿐만 아니라 오히려 세상의 악을 조장하는 데 협조하는 것이 되기 때문이다. 그러나 공자와 같이 특별한 성인의 경우에는 도가 없는 때라도 세상을 구제하고자 벼슬을 구하려고 하는 것이므로, 보통 사람들과는 달리 그것이 인정되고 있다.[56] 그러므로 군자의 출처는 때를 만나는 시운時運에

---

53) 《大學章句》序. "天子之元子衆子, 以至公卿大夫元士之適子與凡民之俊秀, 皆入大學, 而敎之以窮理正心 脩己治人之道.";《大學章句》傳 十章, 釋治國平天下. "是故君子有大道, 必忠信以得之, 驕泰以失之. (註) 君子以位言之. 道謂居其位而脩己治人之術."

54) 《論語集註》권18, 微子. "子路曰: 不仕無義. 長幼之節, 不可廢也, 君臣之義, 如之何其廢之? 欲潔其身 而亂大倫. 君子之仕也, 行其義也. 道之不行, 已知之矣. (註) 子路述夫子之意如此."

55) 주 24) 참조.

56) 《論語》권4, 里仁. "子曰: 君子之於天下也, 無適也, 無莫也, 義之與比.";《論語》권14, 憲問. "子路宿 於石門, 晨門曰: 奚自? 子路曰: 自孔氏. 曰: 是知其不可而爲之者與? (註) 胡氏曰: 晨門知世之不可而不 爲, 故以是譏孔子. 然不知聖人之視天下無不可爲之時也."

관련해 있다고도 한다.57) 둔촌 자신도 "벼슬을 하는 것이나 초야에
은둔하는 것이 모두 천명에 달렸다"고 토로한 적이 있었다.58)

셋째, 공자가 말한바 "위태로운 나라나 어지러운 나라"에서는 벼
슬을 해서는 안 된다는 것이다.59) 달리 말하면 나라가 위태로울 때
나 어지러울 때는 세상에 나와 벼슬을 하지 말라는 것이다. 이는 공
자의 제자인 자로가 위나라가 혼란할 때 벼슬을 하다가 죽음을 당한
일을 경계로 하고 있다.60) 이는 선비들에게 벼슬이 중요하기는 하지
만, 목숨까지 바쳐가며 봉사해야 할 의무는 없다는 것이다. 도를 실
천하는 것도 중요하지만 생사 문제 또한 중요하기 때문이다.61)

넷째, 세상에 도가 없더라도 부득이 벼슬을 해야 하는 경우도 인
정되고 있다. 그것은 전혀 생계 수단이 없어 녹을 먹어야 하거나, 부
모가 늙고 집이 빈한하여 봉양을 위해 사환하는 때이다. 후자의 경
우에 사환하지 않는 것은 불효의 한 조항이 되기도 하였다.62) 그러
나 이 경우에도 책임이 큰 높은 벼슬은 피하고 보잘것없는 낮은 직
책에나 종사할 뿐이다. 도를 실현하기 위하여 종정從政하는 것이 아
니기 때문이다.63)

다섯째, 출사에도 염치가 있어야 한다는 것이다. 자신의 역량이나

---

57) 《孟子集註》 권2, 梁惠王 下. "聖賢之出處, 關時運之盛衰, 乃天命之所爲, 非人力之可及."
58) 《遺稿》 권1, 〈元日敍懷贈牧隱二首〉. "男兒出處豈徒然 軒冕山林只在天 共喜先生無病日 更爲宰相太平
年"
59) 《論語》 권8, 泰伯. "危邦不入, 亂邦不居, 天下有道則見, 無道則隱."
60) 《論語》 권11, 先進. "若由也, 不得其死然!"; 《論語》 권13, 子路. "夫子告之之詳如此, 而子路終不喩也.
故事輒不去, 卒死其難. 徒知食焉不避其難之爲義, 而不知食輒之食爲非義也."
61) 《論語集註》 권4, 里仁. "子曰: 朝聞道, 夕死可矣. (註) 程子曰: 言人不可以不知道, 苟得聞道, 雖死可
也. 又曰: 皆實理也. 人知而信者爲難, 死生亦大矣."
62) "孟子曰: 仕非爲貧也, 而有時乎爲貧; 娶妻非爲養也, 而有時乎爲養 (註) 仕本爲行道, 而亦有家貧親老,
或道與時違, 而但爲祿仕者."
63) 《孟子集註》 권10, 萬章章句 下. "爲貧者辭尊居卑, 辭富居貧, 辭尊居卑, 辭富居貧, 惡乎宜乎? 抱關擊
柝. (註) 蓋仕不爲道 已非出處之正. 故其所居 但當如此."

분수를 돌보지 않고 부귀를 탐하는 것은 말할 것도 없고, 군주가 예로써 대하지 않는데도 굴욕을 참고 자리를 지키고 있는 따위가 그것이다.[64] 또 나이가 많아 벼슬에서 물러날 때가 지났는데도 벼슬을 계속한다든지 하는 것이 모두 염치에 관계되는 일이다. 유학자들에게는 염치가 중요하므로, 이것도 출처의 중요한 조건이 되었다.

둔촌의 출처에도 이러한 원리와 신념이 작용하고 있었던 것으로 보인다. 당시에 그가 사환하기 어려웠던 까닭은 몇 가지 요인으로 생각해 볼 수 있다. 첫째는 시운의 문제로서, 당시는 나라에 도가 행해지고 있던 때도 아니었고 둔촌이 자신의 이상을 실현할 수 있는 시기도 아니었다. 둘째는 그가 국왕(특히 공민왕)의 지우를 받지 못하여 버림받은 것이나 마찬가지였기 때문에, 염치로 보아 출사할 형편이 아니었다. 셋째는 당시 왜구의 침입으로 관직생활 자체가 매우 위험하였기 때문에 벼슬을 회피하였다. 넷째, 그가 중년(43세)일 때 부모가 돌아가셨으므로 봉양할 책임이 없었고, 어느 정도 경제력이 있었기 때문에 효도나 생계를 위해 부득이 출사해야 할 필요도 없었다.[65] 이러한 상황들이 둔촌의 출처를 결정한 이유가 되었을 것이다. 이제 그것을 좀더 자세히 살펴보기로 한다.

첫째, 공민왕 중기 이후부터 우왕 대까지는 정치적 파란, 국왕들의 무도함과 비행·기행으로 점철된 부도덕한 시기였다. 당시의 조정은 권문세족과 신진사류의 갈등 대립, 친원파와 친명파의 정쟁은 말할

---

64) 《孟子集註》 권10, 萬章章句 下. "自鬻以成其君, 鄕黨自好者不爲, 而謂賢者爲之乎? (註) 古之聖賢, 未遇之時, 鄙賤之事, 不恥爲之. 如百里奚爲人養牛, 無足怪也. 惟是人君不致敬盡禮, 則不可得而見. 豈有先自汙辱, 以要其君哉!"

65) 그의 시에는 자신의 가난을 한탄하는 내용이 많지만, 이는 부귀한 사람들과의 비교에서 나온 것으로 보이며, 광주 지역에 어느 정도 경제적 토대가 있었던 것으로 보인다. 그는 광주·한음·성남 등지에 집을 짓고 농토를 마련하기도 하였고 개경 용수산 아래에 초가를 짓기도 하였다. 그는 농사를 지어 목은·포은 등에게 매년 쌀과 콩을 보내기도 하였고, 집 안에는 몇 명의 노비와 우마, 배 등이 있었던 것으로 보인다.

것도 없고, 권력과 금력에 대한 탐욕과 아부로 편한 날이 없다시피
하였다. 이것은 원이 쇠망하고 명이 중원을 장악한 국제 환경과도
무관하지 않았다. 또 고려 내부에서도 충숙왕 이후 공민왕 대에 개
혁의 물결이 일어나고 있었다. 특히 신진사류들은 이러한 바람을 타
고 기득권층이었던 전통적 귀족 세력들을 극복하고 자신들의 주도
권을 확보하려는 투쟁에 몰입하고 있었다. 둔촌도 여기에 속하는 인
물이었지만 그 과정에서 일어나는 소동과 혼란을 견디기 어려웠을
것이다.

그러나 이러한 때에도 이색·정몽주·정도전·김구용·이숭인 등은
사환을 계속하고 있었다. 심지어 그들은 신돈이 권력을 잡았던 1365
년(공민왕 14)부터 1371년까지 6년 동안에도 성균관의 교관직을 중심
으로 활발한 관직생활을 하면서 신돈과 그다지 커다란 마찰을 빚지
않았던 것으로 보인다. 신흥사류들은 기득권 세력을 제거하고 변화
하는 정치판에서 주도권을 잡기 위하여 분투하고 있었던 것으로 생
각된다. 그들은 새로운 성리학의 이상을 가지고 있었고 사회 변혁의
의지가 있었기 때문이다. 그러나 둔촌은 이러한 시대적 추이에 적응
할 수 없었고, 그 속에서 안주할 수도 없었던 것으로 보인다.

둘째, 출처의 도리 가운데 하나는 도가 행해지지 않는 세상에서
위험과 혼란을 피하는 것이다. 그는 신돈의 당화를 피해 은둔한 경
험이 있었다. 그리고 이것을 난세에 살아갈 수 있는 방편으로 생각
하기도 하였다. 공민왕 말기~우왕 대에 둔촌이 진정 두려워했던 것
은 왜구의 노략질이었다. 사실 그것은 조정이나 백성들이 모두 두려
워하던 것이었다. 이 때문에 그는 벼슬을 마다하고 가족들을 데리고
안전한 곳을 찾아 피난하였다. 그는 자신은 물론 친구들에게 그것을
권유하기도 했다. 예전의 동년同年(과거 동기생) 친구에게 보낸 아래

시를 보면 이를 잘 알 수 있다.

> 충주는 태백산과 이어져 있어
> 아직도 도적이 그치지 않았네.
> 아들이 돌아가면 간곡히 타일러
> 삼가 오래 머물지 않도록 하게.
>
> 〈선달 정준이 부모 뵈러 충주에 가기에 급히 시를 지어 줌
> (아버지와 동년임)〉[66]

　그는 왜구를 피하려고 심지어 개경으로 이주한 적도 있었다. 개경은 서해안에서 가까워 항상 왜구의 침략 위험에 노출되어 있었고 실제로 인근 예성강이나 한강으로 침입하는 일이 많았다. 이때마다 수도에는 계엄이 내려지고 대대적인 소요가 일어나기도 하였다. 그러나 실제로 왜구가 개경까지 침략한 적은 없었다. 개경은 나라의 수도였기 때문에 중앙군이 방어하고 있었고, 비교적 병력 규모가 작았던 왜구가 정면으로 침입할 수는 없었을 것이다. 그리고 도회지였기 때문에 어떻게 해서든지 최소한의 식량 정도는 구할 수 있는 곳이었다. 그래서 개경은 당시의 사대부들에게는 비교적 안전한 피신처가 될 수 있었다. 둔촌은 개경에서 대략 10여 년 동안 생활하였다. 다음의 시가 그러한 정황을 잘 보여준다.

> 나도 도적[倭寇]이 올까 염려하여
> 이미 개경에서 가을을 보내었네.

---

[66] 《遺稿》권2,〈送鄭先達峻歸覲忠州走筆寄乃父同年〉,"忠州連太白 盜賊尙未休 郞歸丁寧語 愼勿苟淹留."

도성에는 사람들이 바다와 같고

양식을 구하는 것도 가능하다네.

〈선달 정준이 부모 뵈러 충주에 가기에 급히 시를 지어 줌
(아버지와 동년임)〉67)

셋째, 둔촌은 공민왕으로부터 버림을 받았거나, 아니면 별로 예우를 받지 못하였던 것으로 보인다. 여기에는 신돈 일파의 중상이나 농간이 있었으리라 생각된다. 그리고 목은과 포은 같은 사람들도 그를 힘써 추천해준 것 같지 않다. 그들은 둔촌의 불행에 연민의 정을 품었지만, 그의 은둔을 고결한 선비의 자세로 칭탄하고 권장하기도 하였다.68)

어떻든 임금의 지우가 없는 처지에서는 둔촌이 출사하기가 어려웠을 것이다. 그것은 염치의 문제였다. 둔촌은 벼슬을 하기 위하여 아첨하거나 자신을 파는 일을 싫어하였다. 이것은 자신의 호연한 기를 충만시켜 의롭게 사는 길이 아니었기 때문이다. 그는 무도한 군주 치하의 혼란한 시대에 권력과 부를 탐하여 본심을 누르고 억지로 아첨하며 관직생활을 하는 것을 뻔뻔스러운 일로 보았다. 다음과 같은 시에서 그러한 모습을 볼 수 있다.

뻔뻔스럽게 얼굴을 들고 사는 것이 어찌 본심이겠는가

벼슬을 돌려주고 한거하니 스스로 대견하네.

하필 오호에서 범려范蠡를 따르랴

---

67)《遺稿》권2,〈送鄭先達峻歸覲忠州走筆寄乃父同年〉. "我亦患寇至 都下已經秋 都城人如海 求食猶可謀."
68)《遺稿》권2,〈謝陶隱諫議見訪〉. "策蹇京華路 眞爲後浩然 雖云明主棄 猶得故人憐."

성남에는 이미 좋은 전원이 있다네.

〈계림군에게 드림〉69)

이렇게 국정의 난맥상과 무도한 군주들, 끊이지 않는 왜구의 침략 위험, 그리고 군주와 조정으로부터의 소외가 둔촌의 출처를 결정지은 중요한 요인이었다고 할 수 있다. 그 밖에 또 하나의 요소를 들 수 있다. 그것은 그의 강직하고 강개한 성품 그 자체였다. 그의 친구나 지인들의 표현을 보면 그의 성품이나 자세를 알 수 있다. 먼저 이숭인은 "용모는 충만하여 풀죽은 빛이 없었고 언사의 기운은 놀라웠다"70) 하였고, 포은의 집에서 둔촌을 만났던 하륜은 아래와 같이 묘사하고 있다.

　　선생은 막 신돈의 화에서 벗어나 남방에서 올라오신 무렵이었는데, 그 용모는 장중하고 강의하였으며, 기색은 충만하고 준수하였으며, 그 언사는 옥이 구르는 듯하면서 명확하고 유창하여 나는 마음속으로 기이하게 느꼈다.71)

바로 둔촌의 호연한 기상이 충만하여 기백이 넘치는 것을 볼 수 있다. 이것은 《맹자》에서 말한 바와 같이 정의를 모아[集] 축적하여야 이루어질 수 있는 것이다. 이는 둔촌 자신이 이 무렵에 이름을 '집集'으로, 자를 '호연浩然'으로 고치면서 스스로 기약한 수양의 목표이며 삶의 길이기도 하였다. 따라서 그는 이후 굴욕적인 삶을 살거

---

69) 《遺稿》 권1, 〈寄呈鷄林君〉. "强顏於世豈天然 還笈求閒也自賢 何必五湖從范蠡 城南已有好林泉."
70) 《遺稿》 권3, 附錄 上, 李崇仁 〈送李浩然赴合浦幕序〉.
71) 《遺稿》 卷首, 遁村先生遺稿序(河崙) "新脫遁�之禍, 乃自南方, 其貌莊而毅, 其氣充然而秀, 其語琅然而確以暢, 予心奇之."

나 현실과 타협하려고 하지 않았다. 포은은 그의 "도가 (지나치게) 곧
아서 시속을 거슬렀다"[72]고도 하였다. 목은도 그의 기개와 웅지, 그
리고 세상에 꿀리지 않았던 꿋꿋한 자세를 아래와 같이 묘사하였다.

> 호연의 뜻은 웅대하고 재능도 컸으나
>
> 늙어서 비로소 시세에 용납되지 않은 줄 알았네.
>
> 가족과 함께 오랫동안 곤궁하게 살았으나
>
> 고담준론을 하며 공경들을 흘겨보았네.
>
> 이색, 〈이호연이 고향으로 간다기에 나도 그렇게 하고자 긴 시를
지음〉[73]

그것은 남들에게는 씩씩한 호기로 보이기도 하였다.[74]

둔촌이 자신의 성격을 말할 때 '소광疎狂'하다거나 '광부狂夫'라고
표현한 시구가 보인다.[75] '광狂'이란 이상이 지나치게 높지만, 실천
이 따라가지 못하는 사람을 말하기도 하고, 행동이 조급하고 경솔한
사람을 뜻하기도 한다.[76] 세상의 무도에 비분강개하기는 하지만 자
신이 나서서 바로잡지는 못하는 사람이다. 그러나 뜻이 높고 강직하
기 때문에 공자가 '중용지사中庸之士' 다음으로 신뢰하였던 인간상이
기도 하였다.[77] 둔촌 스스로 '광부'를 자처했던 까닭도 이러한 뜻이

---

72)《遺稿》권1, 圃隱 鄭夢周〈附元韻(癸卯五月二日有雨獨坐 遁村適來)〉. "遁村能避世 不必在山林 道直
忤時俗 詩成逼正音."

73)《遺稿》권3, 牧隱 李穡〈李浩然將歸舊居僕欲從之發爲長歌〉. "浩然志雄才又雄 老矣始知時不容 携持婦
兒長固窮 高談睥睨諸鉅公."

74)《遺稿》권1, 牧隱 李穡〈李浩然携子翰林攜酒食來入夜而去吟成一首〉. "浩然豪氣蓋儒林 蹭蹬風塵直至
今 只有斯文恩義在 每談迎日淚沾襟."

75)《遺稿》권1,〈寄忠州使君李東隱〉"惠愛皆稱今太守 疎狂應說舊參軍"; 권2,〈松都客居初秋贈諸公三
首〉"潦到一狂夫 星星白鬢鬚 交遊已渙散 身世再嗚呼."

76)《論語集註》권13, 子路. "狂者, 志極高而行不掩."; 권17, 陽貨. "狂, 躁率也."

었던 것으로 보인다. 그의 이상적인 인간상은 소나무를 예찬하며 지은 아래 두 편의 시에서 잘 나타나고 있다.

정정한 빼어난 자태가 정원에 그늘을 드리우니
본래 고결한 사람과 약속이나 한 듯하도다.
가운데 정립하여 세속의 행태를 따르지 않고
겨울에도 시들지 않아 그 자태를 보겠네.

〈규헌葵軒의 소나무를 읊음〉78)

성품이 거름 준 토지에 맞지 않아
여름이나 겨울이나 용태가 다르지 않네.
너의 절개는 본래 높고 곧으니
어찌 도리桃李의 곁에 가기나 하겠는가.

〈난파蘭坡의 시 4수에 차운하여 포은에게 줌〉79)

4. 은둔의 의미

1) 둔촌의 은거 지역

(1) 천녕과 여주

둔촌이 출사를 포기하고 세상을 피하여 은거하기로 마음을 정한

---

77) 《論語集註》 권5, 公冶長. "子在陳曰: 歸與歸與, 吾黨之小子狂簡, 斐然成章, 不知所以裁之. (註) 此孔子周流四方, 道不行而思歸之歎也. 吾黨小子, 指門人之在魯者. 狂簡 志大而略於事也."

78) 《遺稿》 권2, 〈詠葵軒松樹〉. "亭亭秀色蔭庭墀 似與高人素有期 中立不隨時世態 後凋方見歲寒姿."

79) 《遺稿》 권1, 〈次蘭坡四詠與圃隱〉. "性非宜糞壤 容不改炎凉 爾節本高直 肯隨桃李傍 -右松-."

것은, 포은의 시에 따르면 1363년(공민왕 12)이지만, 이 연대가 정확한지는 믿을 수가 없다. 일부 연구에서는 그의 천녕 낙향을 1378년(우왕 4)으로 보고 있지만, 사실상 그가 은둔을 결심한 것은 영천에서 돌아온 1371년(공민왕 20)부터가 아닐까 생각해 볼 수 있다. 그가 자신의 이름을 집으로, 자를 호연으로, 호를 둔촌으로 개명한 것이 이때였기 때문이다.

둔촌이 천녕川寧의 도미사나 그 인근에서 거주하였던 사실을 보여주는 시들은 매우 많다. 우선 그가 정몽주에게 보낸 〈서회사절봉기종공정상국敍懷四絶奉寄宗工鄭相國〉의 제목 아래에는 "그때 선생이 왜구를 피하여 천녕 도미사에서 기거하였다[時先生避倭寇, 寓川寧道美寺]"는 주가 붙어 있다.[80] 다음의 시는 이때의 상황을 구체적으로 잘 보여준다.

> 왜구가 오래 침입하여 몇 고을을 노략질하니
> 한강 남쪽에는 머무를 만한 곳이 없다네.
> 천녕의 강가 절간 가에서
> 병으로 누워 산이나 보며 가을이 지나네.
>
> 〈목은에게 바침〉[81]

둔촌이 천녕에서 처음 기거한 곳은 도미사로서 이곳은 한강 물가에 있었고 촌거村居와 같았다고 한다. 그래서 그는 여기에 오래 머물면서 마치 자기 집처럼 편안함을 느꼈던 것으로 보인다.[82] 후에는

---

80) 한강 지역의 왜구 침략 상황은 《遺稿》권1, 〈敍懷四絶奉寄宗工鄭相國(時先生避倭寇, 寓川寧縣道美寺作〉. "海寇洋洋及廣津 漢南千里起煙塵 永興山水寧容我 賴有登神寂寞濱(宗工曾有卜居永興之約寺在登神莊)"에서 잘 보이고 있다.
81) 《遺稿》권1, 〈奉寄牧隱〉. "倭騎長驅耗幾州 漢南無處可淹留 川寧江上僧艐畔 臥病看山又一秋."

이 근처에 작은 집을 지어 거주한 것으로 생각된다. 이 마을을 이숭인은 강촌江村이라고 부르기도 하였다. 《유고》의 부록에는 도은의 〈광주를 지나면서 현재 천녕 강촌에 머물고 있는 이호연을 생각한다〉는 시가 수록되어 있다.83) 또 둔촌 자신이 목은에게 보낸 두 편의 시 〈목은에게 바치는 3수〉,84) 〈목은에게서 받은 시 6수에 차운함〉(1378년 작)에도 강촌이 언급되어 있다. 후자의 시에는 그의 나이 52세(1378, 우왕 4)라는 내용이 포함되어 있으므로85) 이때는 그가 천녕에 살았던 것을 알 수 있다. 도미사는 천녕의 황려강[漢江] 북안에 있었다.86)

그의 시에는 강변에 있던 행촌杏村이라는 이름이 나오기도 하는데, 이 또한 그가 살았던 곳이다. 이곳은 "옛 은거지(광주)가 아니다"고 하였고, 여기서 "노년을 보낸다"고 하였으며, "미륵평 머리에서 부처님을 생각하고, 관음포 위에서 어부를 찾는다"고 하였으므로 이곳도 천녕 도미사 근처가 아니었나 생각된다.87)

둔촌이 천녕 도미사에 우거하게 된 때는 정확히 알 수 없다. 다만 김구용의 시에 〈이호연의 시에 차운함(3수, 호연은 천녕 도미사에 우거함)〉이란 것이 있으므로, 아무리 늦어도 김구용이 명에 사신으로 갔다가 죽은 1384년(우왕 10)보다 훨씬 이전이었을 것이다. 김구용은

---

82) 《遺稿》 권2, 〈道美寺病中雜詠三首(時避海寇寓此寺作)〉. "江頭野寺似村居 久寓還疑是我廬 獨坐不愁無伴侶 往來荒徑有樵漁."

83) 《遺稿》 권3, 附錄 上, 李崇仁, 〈過廣州憶李浩然時在川寧之江村〉.

84) 《遺稿》 권1, 〈寄呈牧隱三首〉. "늘그막 강촌에서 누구와 함께 할까 / 음풍영월이 나의 생애라네[投老江村孰與偕 吟諷詠月是生涯]"

85) 《遺稿》 권1, 〈次牧隱見寄詩韻六首〉. "人世風波沒復浮 已看五十二春秋 雁聲落日江村晚 閒詠新詩獨倚樓)"

86) 《遺稿》 권2, 〈道美寺樓上送金山新主老二首〉. "手酌一杯相別處 黃驪江北寺東樓."

87) 《遺稿》 권1, 〈杏村病中書事〉. "賓居非舊隱 送老此江邊 謀食求田遠 爲家度地偏.";《遺稿》, 〈杏村書事〉. "彌勒坪頭念尊佛 觀音浦上問漁郎."

1375년(우왕 1)에 이숭인·정도전 등과 함께 북원 사신을 거부하는 상
서를 도당에 올렸다가 죽주에 유배되었는데, 곧 풀려나 여주의 강변
육우당에서 은거하였다. 그는 여기서 1381년(우왕 7) 다시 벼슬에 나
아갈 때까지 한거하며 인근의 둔촌과 자주 왕래하였다. 그리고 둔촌
과 함께 헛된 명예를 버리고 은둔을 다짐하기도 하였다.88) 두 사람
사이에 주고받은 시가 대단히 많은 것도 이 때문이었다. 따라서 둔
촌이 천녕에서 우거한 것도 이 무렵이었을 것으로 생각된다. 그러나
이 기간에도 그는 한때 개경으로 이주하여 살기도 하였다.

둔촌은 만년에 천녕에서 몇 년을 살았지만 고향과 같지는 않았던
것으로 보인다. 그는 여기서 고독과 향수를 느끼고 비감에 젖기도
하였다. 도미사에서 지은 시를 보면 타향살이에 대한 그의 심경을
볼 수 있다.

몸이 늙어가니 예전 같지 않아
꿈을 깨보니 바로 타향이로다.
……
얼마나 많은 세월 미로를 헤매었던지
집에 돌아갈 날은 어느 때인가.
병으로 누워 적막함을 감수하고
세월이 지남에 점점 쇠약함을 보겠네.
참으로 좋기는 하나 내 집은 아닐세
슬픔에 빠져 유소사有所思를 읊조리네.

〈도미사에서 와병 중에 지은 잡시(2수)〉89)

---

88)《遺稿》권1, 儆若齋〈附次韻〉. "從此共成眞隱遁 莫將虛譽向人誇."
89)《遺稿》권1,〈道美寺病中雜詠二首〉. "老來非昔日 夢覺是他鄕……迷路何多日 還家復幾時 病閒甘寂寞

그는 전쟁으로 말미암은 피난살이의 심경을 아래와 같이 묘사하기도 하였다.

어지럽게 덮치는 근심은 수천 가닥이요,
소슬하게 나부끼는 두 귀밑머리는 쑥대와 같네.
전쟁은 어느 날 그칠까
나그네 신세에 또 가을 바람을 맞네.

〈정토사에 머물러 경지敬之와 작별함〉90)

그의 시에서 보이는 '여강驪江'이나 '황려黃驪', '황려강黃驪江' 등도 천녕이나 여주를 가리키는 것으로 보인다.91) 또 그는 여주와 지평 광주 지역을 유랑하기도 하였다. 〈억목은憶牧隱〉,92) 〈추야우중서회秋夜雨中書懷〉93) 등에서 그러한 사정을 엿볼 수 있다.

둔촌의 시에는 '행촌'이란 지명도 가끔 등장한다. 이 또한 한강의 강변에 있었던 그의 거처로 보이며 천녕 부근이었을 것으로 짐작된다. 행촌은 〈행촌서사杏村書事〉라는 시와 〈행촌병중서사杏村病中書事〉라는 시제를 보면, 그는 여기서 전답을 마련하고 집을 지어 노경을

年去見衰遲 信美非吾室 沈吟有所思."
90) 《遺稿》 권2, 〈淨土寺留別敬之〉. "掩亂愁千緒 飄翁兩鬢蓬 干戈何日解 旅泊又秋風"
91) '驪江' 혹은 '黃驪' 등으로 표현한 지명이 나오는 시들은 아래와 같이 매우 많다.
　① 《遺稿》 권1, 〈寄呈宗工鄭相國〉. "安得宗工一舫詠 驪江風月勝西湖."
　② 《遺稿》, 惕若齋 金九容〔附次韻〕. "曾約黃驪共卜居 奔馳南北十年餘."
　③ 《遺稿》, 〈與同年任深父登寶德峰頭〉. "簡裏分明堪畵處 黃驪最占好江天."
　④ 《遺稿》, 〈驪州題詠〉. "天地無涯生有涯 浩然歸去欲何地 驪江一曲山如畵 半似丹靑半似詩."
　⑤ 《遺稿》, 〈寄呈牧隱三首〉. "投老江村猶與偕 吟邇詠月是生涯."
　⑥ 《遺稿》 권2, 〈黃驪江二首〉. "一帶長江繞郭斜 樓臺如畵是人家."
92) 《遺稿》 권1, 〈憶牧隱〉. "천녕 땅에서 떠돌아다니는데 / 산천은 아직도 지평이라네〔流轉川寧地 山川尙砥平〕"
93) 《遺稿》 권2, 〈秋夜雨中書懷〉. "복건과 여장 차림으로 천녕을 가니 / 지금에야 예전 놀던 곳을 찾아 부끄럽다네〔幞巾黎杖川寧曲 自愧如今訪舊遊〕"

보내려 했음을 추측할 수 있다.94)

(2) 광주, 한음, 성남

그는 공민왕 말년에 왜구를 피하여 고향인 광주를 떠나 천녕 도미사로 갔지만, 때때로 돌아와 광주에서 산 것으로 보이기도 한다. 그의 〈정삼봉에게 드림(병인년 광주 촌사에서 지음, 2수)〉과95) 〈도은에게 드림(2수)〉,96) 그리고 척약재 김구용의 〈원시(1수, 정토사에서 둔촌의 집을 찾아감)〉97) 및 이숭인의 차운시 〈도은에게 드림(2수)〉98)은 그가 광주의 고향 촌사에서 머물고 있었던 사실을 보여준다. 특히 그가 타계하기 2년 전인 1386년 정도전에게 보낸 시는 광주 촌사에서 지은 것이어서 그가 이때 여기에 거주하고 있었음을 알 수 있다.99) 그리고 광주 촌사는 둔촌의 고향으로서 그가 오래 거주하였기 때문에 현재 서울시 강동구의 둔촌동이란 지명이 유래된 것으로 생각된다.

근처의 거천 황산에는 둔촌의 어머니 인화이씨와 두 아들 지강·지직의 묘소가 있다.100) 그리고 인근 암사동 굴바위 마을에 둔촌과 이양중李養中 등을 향사하던 구암서원이 건립된 것을 보면, 《둔촌유고》에서 광주나 둔촌이라고 기술한 지역은 이 일대를 일컬은 것으로 생각된다. 그러나 〈기천태원장로이수寄天台圓長老二首〉에는 "고달高

---

94)《遺稿》권1, 〈杏村病中書事〉. "가난한 거처는 예전 은거지가 아니지만 / 이 강변에서 노년을 보내려 하네 / 생계를 위해 먼 밭이라도 사고 / 집을 지으려 좁은 터를 고르네[貧居非舊隱 送老此江邊 謀食求田遠 爲家度地偏]"

95)《遺稿》권1, 〈贈鄭三峰(丙寅在廣州村舍作)二首〉. "地震山崩已可憂 秋來水溢亦可由"

96)《遺稿》권1, 〈呈陶隱二首〉. "記後題詩不可遲 道村深處有歸期"

97)《遺稿》권1, 〈自淨土尋道村寓居〉.

98)《遺稿》권1, 李崇仁 次韻 〈呈陶隱二首〉. "好向道村消日月 李先生記子虛詩."

99)《遺稿》권1, 〈贈鄭三峰(丙寅在廣州村舍作)二首〉. "漢水容舸可釣魚 三峰如花合騎驢 若爲隔岸成茅宇 敎子耕田且讀書."

100)《國譯 廣李世蹟》권1, 廣州李氏大宗會, 2005, 85쪽.

達의 서쪽 봉우리는 둔촌과 가까운데, 산 앞의 오솔길 하나 사립문에 접하였네"101)라는 구절이 있는 것을 보면, 때로는 여주 고달사지의 서편 곧 천녕의 거소를 가리킨 경우도 있었던 것 같다.

《둔촌유고》의 시에는 '한음漢陰'에 대한 언급이 많다. 한음의 정확한 위치는 알기 어렵지만 '한양漢陽'에 대비하여 대략 한강의 남쪽을 일컬은 것으로 본다면, 이 또한 광주의 한강변으로 추측된다. 즉 지금의 천호동·암사동·둔촌동 일대, 이른바 둔촌이 아닐까 싶다. 문집의 시 〈봉기경화고구奉寄京華故舊〉에는 "옛집은 한음 물가에 있었는데, 새 거주지는 상류에 있다네[舊業漢陰洲 新居卽上流]"102)라는 구절이 있는데, '옛집'이란 곧 광주 둔촌을 말하고 '새 거주지'는 천녕을 말하는 것이므로, 한음은 곧 광주의 둔촌을 가리키는 것으로 볼 수 있다. 또 둘째 아들 이지강이 어머니 병을 돌보기 위하여 고향에 갔다가 한 해를 지나 개경으로 돌아왔을 때 지어 준 시의 제목 〈중아이모병청고 재한음 열세귀경 서일절시지仲兒以母病請告在漢陰閱歲歸京書一絶示之〉에도 한음이란 지명이 등장하고 있다. 그의 병든 부인이 거주하고 있던 곳이라면 광주의 둔촌이라고 볼 수 있다. 이 밖에도 그가 한음 둔촌에 거주하였던 사실은 그의 시 〈정삼봉에게 드림〉,103) 〈기미구월십육일설중서회己未九月十六日雪中書懷〉104) 등에도 보이고 있다.

또 그의 시에는 '성남城南'이라는 지명이 자주 보이는데, 이 또한 광주 지역에 있었던 것으로 보인다.105) 현재의 성남시 중원구에 있

---

101) 《遺稿》 권2, 〈己未九月十六日雪中書懷〉. "高達西峰近遁村 山前一徑接柴門."
102) 《遺稿》 권1, 〈奉寄京華故舊〉.
103) 《遺稿》 권1, 〈寄鄭三峰〉. "백발의 遁翁이 이야기할 만한 것 없으나 / 한음 촌에서 밭을 구하고 집을 지었네[白髮遁翁無可議 求田問舍漢陰村]"
104) 《遺稿》 권1, 〈己未九月十六日雪中書懷〉. "한음의 구월에 눈이 자리처럼 내렸으니 / 바람에 날리어 뿌려 산천이 하야네[漢陰九月雪如席 亂飄密灑山川白]"
105) 현재의 남한산성이 있는 곳에는 백제 초기의 성터가 있어 온조왕 대의 성으로도 알려져

는 둔촌의 묘역에 가까운 곳이었을 것으로 생각된다. 여기는 그가 벼슬을 버린 뒤 처음에 살 곳으로 생각한 것 같은데, 〈계림군에게 드림〉에는 "성남에는 이미 좋은 전원이 있다"는 구절에서 알 수 있다.106) 또 〈성남촌사서회사수녹정제정城南村舍書懷四首錄亭霽亭(重九日)〉이라는 시제도 있고,107) 〈정삼봉의 한양 시골집을 방문함〉에는 "근래에는 나도 세상일을 잊었으니, 모름지기 성남에 초가집이나 지으려 하네"라는 구절이 있다.108)

(3) 개경

둔촌의 은둔에서 나타나는 특징은 초야가 아니라 수도인 개경에서 은거한 기간이 길었다는 점이다. 일반적으로 은둔이란 정치적 사건이나 갈등이 많고 술수와 음모가 난무하는 수도를 떠나 한적한 시골로 낙향하여 생활하는 것을 말한다. 그러나 둔촌은 개경의 변두리에 살면서도 복잡한 정치의 조류에 휩쓸리지 않고 스스로 은사적인 삶을 향유할 수 있었다. 은일이란 반드시 산곡에서만 가능한 것은 아니다. 그것은 "큰 은자는 왕성에 있어도 아무 근심이 없다네"라고 노래한 〈목은에게서 받은 시 6수에 차운함〉109)과 같은 시에서 잘 나타난다.

그가 개경에서 살게 된 것은 왜구의 난을 피하려는 목적도 있었

왔고, 신라 문무왕 13년(673)에 쌓은 한산주漢山州 주장성晝長城(일명 일장성日長城)이 이곳이다. 《世宗實錄》地理志에는 이곳을 일장산성日長山城이라 하였다. 그 남쪽 지역인 현재의 성남시 중원구 지역을 예로부터 성남城南이라고 불렀다.

106)《遺稿》권1, 〈寄呈鷄林君〉. "强顔於世豈天然　還笏求閒也自賢　何必五湖從范蠡　城南已有好林泉."
107)《遺稿》권1, 〈城南村舍書懷四首錄亭霽亭重九日〉. "功業關中相　歸來漢上居."
108)《遺稿》권2, 〈訪鄭三峰漢陽村居〉. "邇來吾亦忘人世　須向城南問草廬."
109)《遺稿》권1, 〈次牧隱見寄詩韻六首〉. "하필 학을 타고 양주로 올라가려는가 / 큰 은자는 왕성에 있어도 아무 근심이 없다네[何須騎鶴上陽州　大隱王城百不憂]"

다. 개경은 서해안에서 가까워 항상 왜구의 침략 위험에 노출되어 있었으나, 나라의 수도로서 중앙군이 방어하고 있었기 때문에 왜구가 정면으로 침입할 수 없었다. 그리고 최소한의 식량도 구할 수 있는 곳이었다. 그래서 개경은 당시의 사대부들에게 비교적 안전한 피신처가 될 수 있었다.110) 둔촌은 개경에서 대략 10여 년 동안 생활한 것으로 보인다.111)

둔촌은 더욱이 만년에 개경에서 거주한 흔적들이 자주 보이는데,112) 이는 왜구로부터 피신과 친구들과 교재를 위해서이기도 하였고, 또 용수산의 경치에 매료되어서, 여기에 초가를 짓고 노년을 보낼 계책을 마련하기도 하였다.113) 용수산은 '용만龍繼'이라는 표현으로 시에 자주 등장한다. 은거를 택한 그가 개경 주변을 맴돌고 있었다는 것은 다소 의심해 볼 부분이 있지만, 아래 시를 보면 그가 조금이라도 벼슬에 미련이 있거나 그것을 바라고 있었던 것이 아님을 알 수 있다.

고향집은 물가 갈대밭에 있는데
개경에 머물면서 세월만 허비하네.
여기서 체류함은 국왕의 은총을 탐해서가 아니라
용수산이 스스로 좋아 초당을 지었다네.

〈다시 이전 운에 따라 지음〉114)

---

110) 주 56 참조.
111) 《遺稿》권1, 〈次牧隱見寄詩韻六首〉. "十年旅食帝王州 桂玉艱難賦百憂 莫道海山無去路 從今時敎學留侯."
112) 《遺稿》권1, 〈次圃隱三首〉. "老去還城市 僑居更遠林 關門無俗客 鼓瑟有遺音.";《遺稿》권1, 〈雪後走筆邀曾吾子安三首〉. "雪滿松都獨倚闌 鵠峯如畫眼前看."
113) 遁村이 개경 동쪽 龍首山 근처에 초가를 지은 것은 아래와 같은 시에서 보인다. 《遺稿》권2, 〈九日書懷三首膾牧隱〉. "龍首山前東院西 已將生界結安居 香山居士眞堪笑 晚歲區區學佛書."
114) 《遺稿》권2, 〈復賦前韻〉. "家在蒹葭水一方 客遊京國費年光 淹留不是貪恩寵 自愛龍繼構草堂."

1385년(우왕 11) 5월에 우왕은 호관壺串에 누각을 짓고 또 화려한 누선을 띄우고 놀았는데, 이를 봉천연미선奉天燕尾船이라고 하였다. 둔촌의 시 〈흥이 나 용만주인의 벽에 쓰다(3수, 그때 봉천연미선의 연악이 있었다)〉에 이 '봉천연미선 놀이'와 '용만'이 서술되어 있는 것을 보면, 그가 만년(1385)에 개경에 살았음이 확실하다.[115] 그는 다음 해인 1386년(丙寅年) 겨울에도 개경에 있었다. 이때 개경 집에서 지은 시 〈겨울 날 어떤 일〉의 제목에는 "병인년 서울 집에서 지음"이라는 주가 붙어 있다. 그는 이 시에서, 개경에 살면서도 "자취를 감추고 가난한 마을에 숨다[屛迹遁荒村]"라고 묘사한 것을 보면, 그의 거처가 용수산 아래의 변두리에 있었음을 알 수 있다.[116]

2) 은둔의 의미

둔촌은 자신의 성품대로 사는 것을 동경하였고, 그렇게 실천하였다. 그는 자신은 물론 남들의 낙천과 둔세를 칭송하기도 하였다. 이러한 모습은 그가 재상을 지낸 제정霽亭(이름은 미상)에게 보낸 시에서 잘 나타나고 있다.[117]

둔촌이 출사하기 어려웠던 까닭은 당시의 시속과 어울릴 수 없었기 때문이다. 이러한 세태에서 정상적인 양심을 가진 학자들이 벼슬을 한다는 것은 괴로운 일이었을 것이다. 이러한 모습은 동년이었던 우현보에게 보낸 시에서 엿볼 수 있다.

---

115) 《遺稿》권1, 〈遺興題龍轡主人壁三首(時有奉天燕尾船之樂)〉. "秋來客鬢白蕭疎 尙然龍轡更結廬 堪恨主人長閉戶 江湖日夜逐禽魚."

116) 《遺稿》권1, 〈冬日卽事(丙寅在京居作)〉. "地僻山園屋 天寒雪擁門 訪人愁螢路 屛迹遁荒村."

117) 《遺稿》권1, 〈城南村舍書懷四首錄呈霽亭(重九日)〉. "관중에서 공업을 이룬 정승이 / 돌아와 한강 가에 사네 ……낙천하며 사니 참으로 도를 얻었고 / 둔세하여 사니 이미 자신을 잊었네[功業關中相 歸來漢上居……樂天眞得道 遁世已忘形]"

세상인심으로 비방과 칭찬을 알 수 있고

교제하는 태도에서 출세와 좌절을 알 수 있다네.

또 동년의 술을 마시고 보니

공명 때문에 귀밑털이 숙대처럼 되었구려.

〈동년 원공의 집에서 술 마시고 시 40자를 지음〉118)

개경에서 펼쳐지는 정치판의 소동과 권력 투쟁으로 분분한 세상사에 그는 환멸을 느꼈다. 만년에 늙고 병든 그에게는 이러한 시세의 잡음이 혼탁한 소음처럼 그를 괴롭히는 것이었다. 목은에게 보낸 〈목은에게서 받은 시 6수에 차운함〉(1378년 작)119)이 그것을 말하고 있다.

둔촌은 이러한 당시의 세태와 영합할 수 없었다. 그래서 그는 시세와 어긋나고, 고립될 수밖에 없었다. 감시와 문과에 함께 급제했던 동년들이 모두 100여 명이나 되었으나 그를 찾아주는 사람은 많지 않았다. 〈송도에서 나그네 생활하던 초가을에 여러분에게 드림〉에는 그러한 사정이 잘 묘사되어 있다.120) 또한 당시 개경의 정계나 사회는 그러한 그를 이해하거나 용납해주지 않았다. 그는 1371년에 개경으로 돌아왔으나, 모든 일이 여의치 않았고 가난과 고독에 시달리게 되었다. 이때의 정황과 심경을 그는 아래와 같이 토로하기도 하였다.

쇠약한 몸을 이끌고 서울에 들어와 보니

---

118) 《遺稿》권2, 〈同年原功家飮得四十字〉. "世情知毁譽 交態見窮通 且飮同年酒 功名兩鬢蓬."

119) 《遺稿》권1, 〈次牧隱見寄詩韻六首〉. "병중에 듣는 세상일을 어찌 감당할 수 있으랴 / 비 몰아치다 날 개는 듯 분분하기만 하네世事那堪病耳聞 颼雨復日紛紜眼."

120) 《遺稿》권2, 〈松都客居初秋贈諸公三首〉. "노쇠한 한 광부狂夫는 / 흰 수염만 성성하네 / 친구들은 이미 흩어지고 / 신세는 다시 한탄스럽네[遼到一狂夫 星星白鬢鬚 交遊已渙散 身世再嗚呼]"

알현하고 교유하는 것이 자랑할 만도 하네.

남은 친구들 모두 다른 데로 등을 돌렸고

오직 자네만 나를 돌보아주니 더할 수 없네.

〈도은에게 드림〉(1371년 무렵 작)121)

둔촌에게는 세간의 부귀나 명리를 대수롭지 않게 여기는 선비의 기질 같은 것이 있었다. 그는 관직생활을 취중의 꿈과 같이 허무한 것으로 생각하였고,122) "세간의 부귀는 뜬구름과 같다"고 표현하기도 하였다.123) 이는 바로 《논어》에서 공자가 말한 바와 같은 것이다.124) 그래서 그는 작은 녹봉에 얽매여 관직에 연연하며 노심초사하는 사람들을 연민의 눈으로 바라보았다.

서울에는 수레 먼지 분잡하지만

관동에는 향기로운 전채蕣菜도 많다네.

안타깝다, 그대는 작은 녹봉을 바라는데

인생의 황혼은 저물어 가기만 하네.

〈광주에서 동년 최 사관의 시에 차운함〉125)

여기서 한 가지 주목할 것은 그가 사환을 매우 위험하고 험난한 것으로 보고 있다는 점이다. "공명은 낚시에 걸린 고기와 같다"126)거

---

121) 《遺稿》 권1, 〈寄陶隱〉. "强扶衰憊入京華 謁見交遊亦可誇 餘子從他皆已背 唯君顧我更無加."
122) 《遺稿》 권2, 〈送龍頭住持〉. "繫官如醉夢 挽手更離情."
123) 《遺稿》 권1, 〈次牧隱見寄詩韻六首〉. "世間富貴等雲浮 寄傲閑居穩送秋."
124) 《論語》 권7, 述而. "子曰: 飯疏食飮水, 曲肱而枕之, 樂亦在其中矣. 不義而富且貴, 於我如浮雲."
125) 《遺稿》 권1, 〈在廣州次同年崔史官〉. "輦下車塵鬧 關東蕣菜多 憐君爲斗粟 西日茅簷斜."
126) 《遺稿》 권2, 〈松都客居初秋贈諸公三首〉. "세월은 개미가 맷돌을 도는 것 같고 / 공명은 낚시에 걸린 고기와 같다네 / 가련하다, 저 어리석은 무리들 / 용렬하게도 작은 벼슬에 연연하

나 "위험하기가 태행산과 같다"127)는 표현이 그것을 말해주고 있다. 사실 둔촌 당시에는 그것이 과장이 아니라 실제로 일어나고 있는 현실이었다. 중앙 정계에서 정쟁과 음모로 말미암은 위험은 말할 것도 없고, 지방관으로 봉직하는 것도 쉽지 않았다. 고려 말에는 지방관들이 왜구의 침략으로 살상되거나 납치되는 경우도 많았고, 방어하다가 전사하는 경우도 비일비재하였다. 만약 왜구의 방어에 실패하거나 후퇴하는 경우에는, 조정의 탄핵을 받아 처벌되기도 하였다. 당시의 관직생활은 그만큼 불안하고 위태로운 것이었다. 사실상 이 점이 둔촌의 은둔에 큰 영향을 미쳤다.

둔촌은 또 정치의 반복 무상을 자주 언급하고 있다. 정치는 끊임없이 요동하고 부침하여 흥망과 성쇠가 무상한 권력 싸움의 현장인 것이다. 그는 "세상에 풍파가 부침하는 것을 이미 52년이나 보아 왔다"128)고 술회하고 있다. 이러한 행태에 그는 깊은 회의와 혐오를 느끼고 전원생활을 동경하게 되었다. 아래의 시가 그러한 심경을 보여준다.

> 세상사는 득실이 교차하고
> 날씨는 맑고 흐림이 짝하여 있네.
> 밭농사는 참으로 정취가 있으니
> 근심이 있어도 쾌활하게 노래한다네.
>
> 〈포은의 시에 차운하여 올림(3수)〉129)

네[日月蟻旋磨 功名魚上竿 可憐豚犬輩 碌碌戀微官]"

127) 《遺稿》권1, 〈杏村書事〉. "벼슬길은 높고 위험하기가 태행산과 같아 / 수레바퀴 쉬이 부러지는 것을 눈으로 보았네[宦路崢嶸幾太行 眼看車轂易催傷]"

128) 《遺稿》권1, 〈次牧隱見寄詩韻六首〉. "人世風波沒復浮 已看五十二春秋 雁聲落日江村晚 閒詠新詩獨倚樓."

129) 《遺稿》권1, 〈次呈圃隱三首〉. "世途相得喪 天日伴晴陰 爲圃有眞趣 憂來快活吟."

　둔촌의 은거에는 당시의 복잡한 정치적 배경이나 강직한 성품 문제가 있었지만, 또한 인간이 본능적으로 복잡한 것을 싫어하고 한적한 전원생활을 동경하는 욕구, 곧 자연에 대한 순수한 친화감의 발로이기도 하다. 이러한 본능을 천석고황泉石膏肓이라고 한다. 그의 시에는 그러한 모습을 보여주는 것이 많다. 그 가운데서 특히 〈도은에게 드림〉,130) 〈정토사에 머물러 경지敬之와 작별함〉131)에 잘 나타나고 있다.

　그는 심지어 개경에서 살 때도 용수산의 아름다움에 매료되어 여기에 집을 짓기도 하였다. 그렇지만 그가 가장 사랑하였던 것은 광주와 여주 일대의 강호 풍경이었고, 여기서 한가하게 낚시하거나 음풍영월吟諷詠月하는 것을 즐겼다.132) 그는 여기서 직접 농사일을 하기도 하였고, 수확한 곡식을 친구들에게 나누어 보내기도 하였다. 이것이야말로 강직하고 욕심 없는 군자의 안분자족하는 삶의 모습이라고 할 수 있다.

　둔촌이 이상형으로 삼았던 것은 바로 도잠陶潛(字 淵明)이었다. 도연명이나 〈귀거래사〉는 그의 시에 매우 자주 등장하는 소재이다. 국왕의 인정을 받아 높이 등용되지도 못하고 시세에 영합하여 부귀를 바랄 수도 없었던 그는 결국 도연명과 같은 은둔의 길로 나아갈 수밖에 없었던 것 같다. 다음의 시가 그러한 둔촌의 심경을 보여준다.

　시세의 행태는 어긋남이 많아

---

130) 《遺稿》 권1, 〈寄陶隱〉. "강호에 이르니 누구와 벗할까 / 백구와 연월이 나의 삶이라네〔却到江湖誰與友 白鷗煙月是生涯〕"
131) 《遺稿》 권2, 〈淨土寺有別敬之二首〉. "강호에 숨어살면 참으로 아취가 있으리 / 모름지기 잠부론 짓노라 고생하지는 말게나〔肥遁江湖眞有味 不須辛苦著潛夫〕"
132) 《遺稿》 권1, 〈寄呈牧隱三首〉. "投老江村孰與偕 吟諷詠月是生涯."

옛날의 순후한 풍속을 우러러보네.

고향으로 돌아가기를 도연명과 같이하고

한가할 때는 스님들을 찾으리.

〈다시 이전 운자로 시를 지어 여러 군자들께 드림〉133)

이러한 은둔생활은 지식인의 사회적 책임이라는 측면에서 보자면 매우 소극적이라고 할 수 있다. 그러나 국왕이나 조정에서 자신을 알아주고 부르지 않은 처지에서는, 그에게 적극적인 출사의 책임과 사회적 헌신을 따질 일이 아니었던 것 같다. 누구나 그 시대의 처지에 맞게 살면 되는 것이었다.

둔촌의 은둔생활은 스스로 선택한 것이기는 하였으나, 불운한 시대 환경 때문에 불가피하게 강요된 측면도 있었다. 그래서 이러한 생활에 대하여 자족하고 즐거움을 느끼기도 하였지만, 한편으로는 인간적인 회한도 없지 않았다. 그의 시에는 초연함 속에 이러한 회한이 배어 있다.

영욕에도 때가 있으니, 어찌 슬퍼하랴

벼슬하고 물러나는 것도 천명이니, 주저하겠는가.

근래에는 나도 세상을 잊었으니

모름지기 성남에서 초가나 지으리.

〈정삼봉의 한양 시골집을 방문함〉134)

또한 둔촌의 시에는 자신의 은거를 천성이나 운명으로 여기면서

---

133)《遺稿》권2,〈復用前韻贈諸君子〉.“多違時世態 丕仰古淳風 歸去倍陶令 安閒訪遠公.”
134)《遺稿》권2,〈訪鄭三峰漢陽村居〉.“榮辱有時何慘慽 行藏信命且躊躇 邇來吾亦忘人世 須向城南問草廬.”

도, 고관이 된 옛 동료들에 대한 부러움이나 미련이 드러난다. 다음
의 시들을 살펴보자.

> 그대들은 강직한 활동으로 높은 벼슬에 올랐으나
> 오직 나만은 지루하게 병상을 지키고 있네.
> 이미 원림을 보며 낙오된 것이 한스러운데
> 다시 처량한 풍우 바람을 맞네.
>
> 〈송도에서 9일에 양호당 우현보와 허야당에게 드림〉[135]

그러면서도 그는 동지들의 승진을 축하하고, 그들이 많은 공업을
쌓아 관도에서 성취할 것을 기원하기도 하였다.[136] 더욱이 정월 초
하루에 목은에게 보낸 축시에서는 그러한 정서를 잘 볼 수 있다.

> 남아의 출처가 어찌 공연한 것이랴
> 높은 벼슬을 하거나 초야에 있는 것도 천명일 뿐
> 다 함께 선생의 무병을 기원하고
> 다시 재상이 되어 태평성세 이루시기를!
>
> 〈설날 회포를 적어 목은에게 드림(2수)〉[137]

둔촌은 부귀를 탐하지는 않았지만, 출세한 사람들과 견주면서 자
신의 가난을 한탄하기도 하였다. 둔촌이 정몽주에게 보낸 〈포은에게

---

135) 《遺稿》 권2, 〈松都九日贈禹養浩堂(玄寶)兼許埜堂〉. "諸公謇諤登華秩 唯我支離守病床 已對園林恨搖
落 更堪風雨送凄凉."
136) 《遺稿》 권1, 〈呈原功相霑三首〉. "遁村多病關門日 相國新除喝道秋 老子賀情非止此 黑頭過了鳳池
頭."; 《遺稿》 권2, 〈八關大會日贈陶隱判書三首〉. "期子世時到白頭 應知費盡大官羞 老夫但源身無事 不
覺尊前歲月流."
137) 《遺稿》 권1, 〈元日敍懷贈牧隱二首〉. "男兒出處豈徒然 軒冕山林只在天 共喜先生無病日 更爲宰相太平年."

드림(2수)〉138)와 허금에게 보낸 〈야당에게 드림〉139)의 몇 구절에 그것이 보인다. 이러한 비교는 그가 개경의 용수산 아래 은거하고 있을 때 더욱 자주 나타난다. 이 무렵 둔촌의 개경생활은 매우 곤궁하고 어려웠던 것으로 보인다.140) 다음의 시를 보면 그러한 사정을 실감할 수 있다.

> 옛 농장은 오솔길까지 황폐해지고
> 서울 셋집은 번화가에 가깝네.
> 작은 녹봉도 없는 것이 부끄러운데
> 개경에서 길손이 되어 한 해가 저물었네.
>
> 〈송도에서 나그네 생활하던 초가을에 여러분에게 드림(3수)〉141)

둔촌의 은거는 난세에 은인자중하는 선비의 모습을 보여준다. 당시에 그가 세상에 나아가 할 수 있는 일은 거의 없었을 것이다. 만약 나아갔다면 생명의 위험을 겪었거나 커다란 상처를 입었을 수도 있다. 어떻게 보면 그의 선택은 명철한 것이었다. 그가 출사하여 이루지 못한 것을 결국 그의 후손들이 하였기 때문이다. 그는 은둔의 길을 택하였지만 자손들에게도 그것을 바라지는 않았다.142)

---

138) 《遺稿》 권1, 〈寄圃隱二首〉. "當時主將今安在 我獨無功白髮翁."
139) 《遺稿》 권1, 〈呈埜堂〉. "세간에는 명리를 이룬 사람이나 아니나 / 화려한 행차가 분분한데, 나만 가난하다네[世間名利有無中 車馬紛紛我屬空]"
140) 둔촌의 곤궁했던 개성생활의 모습은 아래와 같은 시편에 잘 나타나고 있다.
　　① 《遺稿》 권1, 〈陳情卽事二絶呈閔仲晦〉. "賃居京華鬢欲絲 凄風鴻思入支頤 先生若許東家住 扶丈過從病不辭."
　　② 《遺稿》 권1, 〈寄任同年〉. "病客得無靈輒感 每將嘉惠慰酸寒."
　　③ 《遺稿》 권1, 〈贈鄭三峯〉. "鄭生應似我 無壘累遷移."
　　④ 《遺稿》 권1, 〈贈隣丈李中書〉. "道翁衰甚欲疇倚 旅泊已看秋又歸 一歲三遷生計薄 中宵獨立素心違."
141) 《遺稿》 권2, 〈松都客居初秋贈諸公三首〉. "舊業荒三徑 僑居近九衢 却慙無寸廩 歲晚客京都."
142) 정도전에게 보낸 시에 "아들에게 농사와 학문을 가르치겠다"는 구절이 있기는 하다. 《遺

둔촌은 자손들에게 학문을 간곡히 부탁하고 무능한 인간이 되지
않을 것을 가르쳤다.[143] 둔촌이 목은에게 부탁하여 지어 받은 〈이씨
삼자명자설李氏三子名字說〉에는, 그가 세 아들에게 지어 준 이름 지직
之直·지강之剛·지유之柔와 그들의 자인 백평伯平·중잠仲潛·숙명叔明은
모두 《서경》에 근거한 것으로, 대개 성인의 다스림을 사모하고 기대
하는 뜻이 담겨 있다. 이를 보면 그가 자손들에게 얼마나 큰 기대를
가지고 있었는지 알 수 있다. 그것은 곧 자신과는 달리 세상에 나가
도道를 실현하라는 메시지이기도 하였다.

그래서 지직·지강·지유 세 아들은 여말선초의 혼란기에도 모두
과거에 급제하여 관직에 나아갔고, 그 뒤 많은 후손들이 고관대작
훈신이 되어 조선 초기에 가문의 성세를 울렸던 것이다. 여기에는
당대의 현인군자 명사들과 폭넓게 맺은 둔촌의 인적 연계도 큰 도움
이 되었을 것이다.

둔촌의 자손들은 관직생활에서 정도를 지켜 청백리淸白吏로 뽑힌
사람들이 많았다. 아들 지직(형조참의)과 손자 인손은 모두 청백리로
칭송을 받았고, 영의정을 지낸 증손자 극배克培는 고관으로 공신이
되었음에도 청렴하고 소박한 생활로 명망을 얻었다. 극배의 형제 다
섯 명은 모두 문과에 급제하여 출세하였고, 그 가운데 네 명은 공신
이 되기도 하였다. 이 무렵 그 가문의 성세는 하늘을 찌를 것과도 같
았다. 이렇게 권력의 상층에 올라가면서 일부 후손들은 권세를 부리
게 되었고 부귀를 좇기도 하였다. 이는 권력의 속성이라고 할 수 있
다. 그러나 그 뒤에도 이 가문에는 고관대작과 명현들이 끊이지 않

稿》권1, 〈贈鄭三峰(丙寅在廣州村舍作)二首〉. "漢水容舠可釣魚 三峰如花合騎驢 若爲隔岸成茅宇 敎子耕
田且讀書."

143) 《遺稿》권2, 〈長兒遊學佛國寺 以詩示之〉. "讀書可以悅親心 勉爾孜孜惜寸陰 老矣無能徒自懷 頭邊歲月苦
駸駸."

고 배출되었다. 한 작은 가문에서 이렇게 성대한 인재 배출은 유례를 찾아보기 어려울 것이다.

조선시대에 광주이씨는 대략 150여 명의 문과급제자를 배출하였고, 그 가운데 많은 사람들이 당상관에 올랐으며, 정승·판서·문형도 적지 않았다. 무과에 급제한 사람도 80여 명이 되었는데, 그들 가운데는 병사·수사·통제사·군문대장·무승지·병조판서에 오른 사람들도 많았다. 다만 이들은 이씨였기 때문에 왕비를 배출하지 못하여 외척이 된 일은 없었고, 대학자로서 산림에 징소된 인물들도 많지 않았던 것 같다. 이 때문에 조선 후기에는 가문의 성세가 조선 초기만큼 떨치지는 못하였다.

둔촌의 후손들 가운데서 특히 저명한 인물들의 계보를 정리하면 〈부록〉과 같다. 이것은 약식 표이기 때문에 중요한 사람들만 수록하였고, 이 때문에 누락된 인물도 많이 있음을 밝힌다. 어떻게 보면 이는 둔촌이 심은 나무에 열린 열매와도 같다. 곤궁한 시대에 은인자중하며 살았던 둔촌의 은둔이 갖는 진정한 의미가 아닐까 생각된다.

5. 맺음말

둔촌遁村 이집李集은 고려 말의 성리학자이며 한시를 많이 남긴 문인으로, 그의 집안은 이 무렵 새롭게 중앙 정계에 등장한 신흥사대부가의 하나였다. 고려 후기에 전래된 이념지향적인 성리학을 익힌 향리층 출신의 신진사류들은 학문과 과거를 통해 관직에 진출함으로써 새로운 사회를 건설하려는 이상을 가졌고, 그것을 실현하기 위하여 노력하였다. 이것은 또한 유학자들의 일반적인 삶의 방식이며 지향이기도 하였다.

유학에서는 학문적 성취와 수양으로 사회적 실현을 이루고자 하는 경향이 강하다. 수기修己와 치인治人은 수레의 두 바퀴처럼 유학자들의 중요한 학문적 목표가 되었고, 젊어서 배우는 것은 장성하여 활용하기 위함이었다. 그러므로 유학자들이 관직에 나아가 자신의 포부와 신념을 실현하려고 하는 것은 당연한 일이었다. 그러나 학자들이 사환을 단념하고 초야에서 묻혀 살아야 하는 때도 있다. 그것은 세상에서 도가 행해지지 않고 자신의 이상과 포부를 실현할 수 없는 때이다.

둔촌은 일찍 과거에 급제하여 젊은 시절 다른 사람들과 같이 중하위직 관직에 종사하였다. 둔촌의 형제 5인과 그의 아들 셋이 모두 그러하였다. 그러나 그의 관직생활은 여러 가지 시대적 상황과 엮여 여의치 않았던 것 같고, 그 자신도 사환에 흥미를 잃게 된 것으로 보인다. 그래서 그는 대략 10여 년의 관직생활을 접고 향리와 주변 지역에서 은거하며 일생을 보내게 되었다.

둔촌의 출처에 큰 영향을 준 것은 1368년(공민왕 17)에 일어난 신돈의 당화였다. 이때 그는 생명의 위협을 느끼고 온 가족이 경상도 영천으로 피신하였다. 1371년 신돈이 패망한 뒤에 그는 개경으로 복귀하였지만, 조정은 혼란하였고 벼슬은 여의치 않았다. 그는 1374년에 잠시 합포순문사 전록생의 막료가 되어 종군하였고, 후에 봉순대부 판전교시사에 올랐지만 오래 있지는 않았다.

당시에는 전국에 왜구의 노략질이 심하였고 특히 강화도·예성강·한강 일대 조운로에서 더욱 심하였다. 이 때문에 그는 1370년대 말에 다시 가족을 이끌고 천녕현 도미사 지역으로 피난하였다. 이후에 그는 잠시 개경에서 생활을 하기도 하였고, 고향인 광주 둔촌에서 살기도 한 것 같지만, 대체로 천녕 촌사에서 거주하였다. 이때부터 그는 완전히 벼슬을 단념하고 향촌에서 음풍영월하는 생활로 젖어들게 되었다.

둔촌의 은거는 혼란과 역경의 시대에 명을 보존하고 새로운 때를 기다리는 은인자중의 성격이 있었다. 그러나 당시 신흥사대부층의 일반적인 경향에 비추어 보면 매우 예외적인 것이었다. 1388년(우왕 14)의 위화도회군 이전까지는 이성계 일파의 역성혁명 의도가 표출되지는 않았다. 이 때문에 고려왕조에 대한 충절과 절개를 내세워야 할 이유는 없었다. 따라서 당시에 벼슬을 포기하고 낙향하여 은거하는 관료들은 많지 않았다. 일반적으로 고려 말의 사대부들이 은둔에 들어가게 된 것은 1392년의 역성혁명에 따른 왕조의 멸망 이후부터였다. 이른바 절의파節義派가 그들이다. 그러나 둔촌은 그보다 훨씬 이전에 은자의 길로 들어섰다.

그의 출처와 은거에 대하여는 다양한 해석이 있다. 대체로 그것은 완전한 은둔이라기보다 출사와 은둔이 교차되는 복합적 성격을 가지고 있다는 점이 논란이 되어 왔다. 그도 사환에 상당한 미련이 있었고, 만년에 이르기까지 가끔 벼슬에 나아가기도 하였으나, 그의 개결한 성품은 당시의 시속과 맞지 않았다. 그래서 중년 이후에는 대체로 향촌에서 농사를 짓고 시를 지으며 전원생활로 소일하였던 것이다.

광주이씨가의 역사에서 이렇게 은일의 성향을 지녔던 둔촌의 후손들이 여말선초 역성혁명이라는 특수한 정치상황에서 주저 없이 신왕조의 정권에 참여하여 왕성한 관직생활을 거쳐 명문 사환가로 발전하게 되었다는 것은 매우 흥미 있는 사실이다. 고려 말의 정치상황은 강직한 선비가 출사하기에 맞지 않았다. 그리고 신왕조의 개창 초기에는 고려의 왕족과 구신들을 무리하게 살육하거나 숙청하는 등 의롭지 않은 처사가 많았다. 둔촌의 후손들은 별로 이를 의식하지 않고 사환의 길로 나아간 것으로 보인다. 그리고 그들은 곧 관도에 큰 성취를 이루게 되었고 겨우 1세기 만에 많은 훈구대신들을 배출하는 등 전국 제일의 명문 사환가가 되었다.

둔촌의 은일 사상은 후손들에게 큰 영향을 미치지 않은 것으로 보인다. 오히려 둔촌의 불우했던 사환 경험이 후손들에게 교훈이 되고, 그들의 정치적 진출을 촉진하는 요소로 작용하였으리라 생각된다.

둔촌의 은거는 난세에 은인자중하는 선비의 모습을 보여준다. 어떻게 보면 그의 이러한 선택은 명철한 것이었다고 볼 수 있다. 그가 출사하여 이루지 못한 것을 그의 후손들이 하였기 때문이다. 그는 스스로 은둔의 길을 택하였지만 자손들에게까지 그것을 바라지는 않았다.

둔촌은 자손들에게 학문을 간곡히 부탁하고 무능한 인간이 되지 말도록 가르쳤다. 둔촌이 목은에게 부탁하여 지은 〈이씨삼자명자설〉에는 그가 세 아들에게 성인의 다스림을 사모하고 기대하는 뜻이 담겨 있었다. 이를 보면 그가 자손들에게 얼마나 큰 기대를 가지고 있었는지 알 수 있다. 그것은 곧 자신과는 달리 세상에 나가서 도를 실현하라는 메시지이기도 하였다.

그래서 둔촌의 세 아들 지직·지강·지유는 모두 과거에 급제하여 관직에 나아갔고, 그 뒤 많은 후손들이 고관대작 훈신이 되어 조선 초기에 가문의 성세를 울렸던 것이다. 여기에는 당대의 현인군자 명사들과 폭넓게 맺은 둔촌의 인적 연계도 큰 도움이 되었을 것이다.

부록, 도온 후손들의 시흥표

※ 図은 문과 급제자를 표시함

	1세	2세	3세	4세	5세	6세	7세	8세	9세	10세	11세	12세	13세	14세

1세
文集
原名:元齡,
判典校寺事

2세
文之直
刑曹參議,
淸白吏

3세
文長孫
中書舍人

文仁忠
右議政, 諡,
忠僖公

4세
文克禮
兵曹參議

文克紹
議敏政, 冀不,
廢陵府院君

文克謙
刑曹判書, 文景公

5세
世忠
郡守

文世珍
大司諫(1482, 성종13),
大司憲, 使行中 殉死

文世匡
正言, 持平,
掌令, 輔德, 直提學,
承旨(1489, 성종 20)

世柱
別提

文世佐
判中樞, 麗陽君,
甲子被禍

6세
守元
郡事,
甲子被禍

文守亨
舍人

文守義
檢閱

文守貞
生員, 修撰,
甲子被禍

7세
文延慶
賢良科, 贈吏判,
廣安君, *羅受

有慶
郡守

文澗慶
進壯, 兵曹判書,
正憲公

文浚慶
饋敏致, 忠, 几杖,
淸白吏, *東皐

8세
文采德悦
承旨

文中悦
吏曹正郎

9세
文廷立
湖堂, 兵曹參判,
嘉善品司, 文僖公,
平難功臣 廣林君

11세
文必亨
吏曹正郎

文必榮
翰林, 慶州府尹,
參贊, 漢城君,
淸白吏

文好徵
承旨

12세
15 文憲嵩
校理

13세
16 文基正
吏曹參議

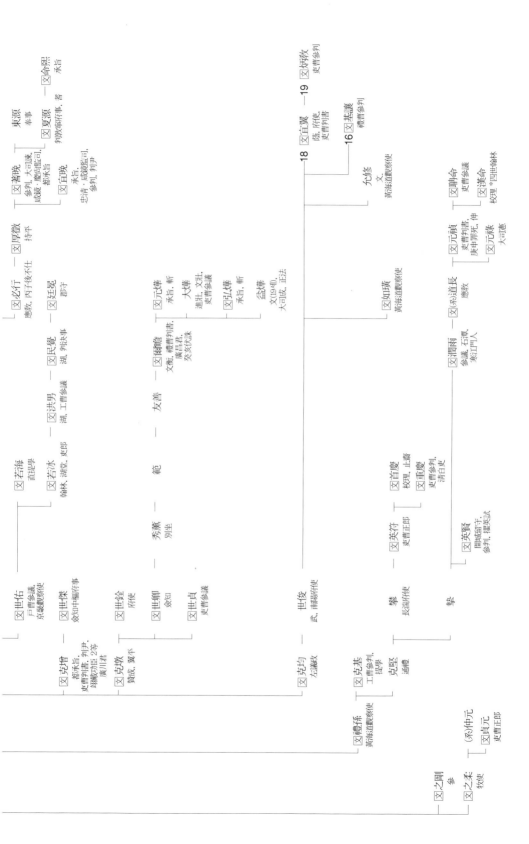

■ 참고문헌

《經書》
《高麗史》
《國譯 廣李世蹟》, 광주이씨대종회, 2005.
《遁村遺稿》

李楠福, 《高麗後期 新興士族의 研究》, 경인문화사, 2004.
李鉉淙, 《朝鮮前期對日交涉史研究》, 韓國研究院, 1964.
中村榮孝, 《日鮮關係史の研究》上・中・下, 吉川弘文館, 1965・1970.

나종우, 〈홍건적과 왜구〉, 《한국사》 20, 국사편찬위원회, 1994.
閔丙河, 〈遁村 李集〉, 《素軒南都泳博士古稀記念歷史論文集》, 민족문화사, 1993.
孫弘烈, 〈高麗末期의 倭寇〉, 《史學志》 9, 1975.
呂運弼, 〈遁村 李集 研究〉, 《東洋漢文學研究》 10, 1996.
李楠福, 〈遁村 李集 研究〉, 《한국중세사연구》 4, 1997.
崔光範, 〈麗末 漢詩 風格의 一局面〉, 《한문학연구》 15, 2001.

둔촌 이집의 학문 사상 연구

류 주 희
국사편찬위원회

1. 머리말

둔촌遁村 이집李集(1327~1387, 충숙왕 14~우왕 13)은 고려 후기의 학자이자 문인으로, 문장을 잘 짓고 지조가 굳기로 명성이 높았다. 신돈 집권기에 죽음의 위기를 겪기도 하였으며, 신돈이 주살된 뒤에는 판전교시사로 복직되었으나, 곧바로 사직하고 여주 천녕현에 묻혀 살면서 일생을 마쳤다. 그는 당시 임심문任深文을 비롯한 60여 명의 사람과 시로써 교유하였는데, 특히 삼은三隱으로 불리던 이색李穡·정몽주鄭夢周·이숭인李崇仁과 친분이 두터웠다.

고려 후기는 주자성리학이 기존의 고려사회를 혁신하는 새로운 지도이념으로 수용되었던 시기이다. 고려 사상계는 성리학을 수용하여 고려사회가 처한 절박한 상황에서 사회질서와 도덕적 윤리를 회복하고자 하였다. 이집 또한 고려 후기의 신진사대부이면서 성리학자였다. 그러나 둔촌 이집의 성리 철학이나 사상적인 위치 및 그 성격에 대한 연구는 본격적으로 이루어지고 있지 않다. 이는 그의 문집인 《둔촌선생유고》나 《둔촌잡영》에서 그의 성리학적 인식이 쉽게 발견되지 않는 것이 가장 큰 이유인 듯하다. 단지 그의 시문이나, 많은 사람과 시문을 주고받으며 교유한 사실만을 밝혀낼 수 있을 뿐이다. 이러한 이유로 둔촌 사상의 체계적인 연구는 나타나지 않고 있다.

그렇다고 해도 둔촌 이집은 당대 삼은이라 일컬어지던 이색·정몽주·이숭인과 깊은 교유관계를 맺고 있었으며, 이는 그의 성리학적 인식 단계가 삼은과 같은 맥락에서 이해될 수 있다는 가능성을 열어준다. 이에 이 글에서는 자료의 한계가 있긴 하나 고려 후기 유자들에게서 나타나는 사상적 경향 속에서 둔촌 이집은 어떠한 인식을 하고 있었는지를 단편적이나마 밝혀보고자 한다. 아울러 고려 후기의 정치적·사회적 상황에서 둔촌 이집이 성리학적 이념성을 어떻게 구현하려고 했는지 그 방식에 대해서도 연구해보고자 한다. 이에 이집에게 비교적 분명히 드러나는 사상적 경향인 중용中庸의 중시와 맹자 사상에 대한 심취, 그리고 그 실천으로 나타나는 은둔 지향성과 아울러 애민사상愛民思想 등에 주목하여 이를 검토해보고자 한다. 이를 통하여 고려 후기 둔촌 이집의 성리학적 위상이 제자리를 잡아가는 데 조금이나마 도움이 되었으면 한다.

2. 둔촌 이집의 성리학 이해

이집의 문집인 《둔촌선생유고》나 《둔촌잡영》 등에는 그의 성리학적 인식을 알려주는 글이 나타나지 않는다. 그가 많은 사람과 교유하면서 남긴 시문에도 학문적 논의는 거의 나타나지 않고 있다. 따라서 이집의 성리학 이해나 그 사상의 시대성을 다른 사람의 글이나 그의 행적을 통해 개략적으로 살필 수밖에 없다.

'개혁의 시대'라고 불릴 만큼 공민왕 대는 끊임없이 개혁정치를 추진한 시기였다. 공민왕의 개혁정치는 반원정책과 왕권강화로 특징지을 수 있다. 원의 간섭이 지속되면서 고려사회는 원나라와 그에 결탁한 친원세력과 권문세족들에 의해 극심한 혼란을 겪고 있었다. 이러한 정치적·사회경제적 혼란은 국가의 존립 자체까지 위협하고 있었다. 그리하여 공민왕이 적극 추진한 반원정책과 정치적·사회경제적 개혁정책은 백성들의 광범한 호응을 받았다. 공민왕 대 내내 거의 개혁 정국이나 다름없이 운영되었으며, 이는 개혁적 성향이 강한 신진사대부가 정치적으로 성장하여 사대부층의 한 갈래로 뚜렷이 자리잡는 계기가 되었다.

공민왕 16년(1367)에는 국학의 중흥을 표방하면서 교육개혁이 추진되었다. 국학을 다시 짓도록 명하면서 공민왕은 서울과 지방의 유관으로 하여금 품계에 따라 베를 내어 비용에 충당하게 하였다. 또한 판개성부사 이색에게 대사성을 겸하게 하고, 성균관의 학생 수를 증원하는 한편 당시에 경학에 통달한 선비로 주목받고 있던 김구용金九容·정몽주鄭夢周·박상충朴尙衷·박의중朴宜中·이숭인李崇仁 등을 뽑아서 모두 학관을 겸하게 하였다.[1] 이들은 모두 공민왕 대의 과거 합격자로서, 공민왕 초기 신진사대부의 중심인물이었던 이제현李齊賢·백문보白文寶·김득배金得培 등을 대신하여 그 문생들이 새로운 세력으로 부상하고 있다는 사실을 보여준다. 또한 이색이 성균관 대사

---

1) 《고려사절요》 권28, 공민왕 16년 5월. "命重營國學 令中外儒官 隨品出布 以助其費 又以判開城府事 李穡 兼大司成 增置生員 又擇經術之士金九容·鄭夢周·朴尙衷·朴宜中·李崇仁等 皆兼學官."

성에 발탁되었는데, 이는 이색이 신진사대부의 핵심 인물로 등장하고 있음을 말해주는 것이다.

이렇게 고려사회에 성리학이 정착하기 시작하던 때에, 둔촌 이집은 이색·정몽주·이숭인의 삼은을 비롯하여 정몽주·김구용·권근·길재·정도전 등과 두터운 교분관계를 맺으며 우리나라 성리학 정착에 공헌하였다.2) 이들 대부분은 공민왕 16년에 성균관이 중영되고 이색이 성균관 대사성이 되었을 때 학관이었던 사람들이다. 이집은 이들과 친분관계를 유지하면서 성리학에 깊이 심취하였으며, 성리학에 상당히 조예가 깊었던 것으로 보인다.

고려 사상계에서 주자성리학은 안향安珦이 원나라로부터 주자서를 도입하면서 소개되기 시작하고, 백이정白頤正·권부權溥·우탁禹倬 등의 연구와 보급으로 이제현·박충좌朴忠佐·이곡李穀·백문보·이인복李仁復·이색 등으로 이어지면서 도입 전수되어 차츰 정착하게 되었다는 것이 일반적인 견해이다.3) 이렇게 도입된 주자성리학은 고려사회가 처한 절박한 상황을 혁신하는 새로운 지도이념으로 주목받았다. 고려 사상계는 주자성리학을 통하여 "아들은 그 아버지를 아버지로 여기지 않고, 신하는 그 임금을 임금으로 여기지 않아서, 은혜와 의리가 쇠약해지고 각박한지라 자기 지친至親 보기를 길 가는 사람같이 보고, 공경해야 할 어른 대하기를 어린아이 대하듯이"4) 하는 고려사회의 사회질서와 도덕적 윤리를 회복하고자 하였다.

이로써 고려 후기 성리학자들은 인간의 본연적이고 선천적인 성性

---

2) 둔촌 이집의 교유관계에 대해서는 이남복, 〈李集의 생애와 학문〉, 《高麗後期 新興士大夫의 研究》, 경인문화사, 2004 참조.
3) 문철영, 〈성리학의 전래와 수용〉, 《한국사》 21(고려 후기의 사상과 문화), 국사편찬위원회, 1996, 143쪽.
4) 《삼봉집》 권5, 佛氏雜辨, 〈佛氏慈悲之辨〉. "子不父其父 臣不君其君 恩義衰薄 視至親如路人 視至敬如弁髦."

을 인식하고 그것을 회복하는 수양법으로써 계신戒愼에 주목하고 지경持敬을 강조하였다. 이는 수신修身 이후에 제가齊家 치국治國 평천하平天下 하겠다는 경국제세經國濟世의 의지와 책임감의 표출이기도 하였다.

　도道를 배우는 자는 경敬으로 말미암아 성정誠正에 이르며 세상에 나아가 정치하는 이는 경敬으로 말미암아 치국 평천하에 이르는 것이다. 부부간에 서로 공경함을 사서에 기록하고 있으니 전야田野 사이에서도 또한 경이 없어서는 안 되거늘 하물며 조정과 향당과 옥루에서랴.5)

　유자로서 수신의 조건은 바로 학문의 탐구로 이어진다. 구차하게 자기 한 몸의 영달만 위하는 것이 아니라 대개 배운 것을 정사에 실현하는 것이 고려 후기 사대부들의 책임과 역할이었으며, 이를 위한 기초로서 학문을 통한 수련이 강조된 것이다. 이러한 입장은 이집에게도 나타난다.

　자식에게 금을 광주리로 준다 해도 경서 한 권 가르침만 같지 못하느니라.6)

　독서는 부모의 마음을 기쁘게 할 수 있으니 너는 시간을 아껴서 부지런히 공부하여라.7)

---

5)《목은문고》권10, 說,〈韓氏四子名字說〉."學道者 由敬以誠正 出治者 由敬以治平 夫婦之相敬 史又書之 田野間亦不可無敬也 況於朝廷乎 況於鄕黨乎 況於屋漏乎."
6)《둔촌선생유고》권2, 詩, 庭訓,〈示三子〉."遺子滿籯金 不如敎一經."
7)《둔촌선생유고》권2, 詩, 庭訓,〈長兒遊學佛國寺以詩示之〉."讀書可以悅親心 勉爾孜孜惜寸陰."

　　배움에 뜻을 두고 부지런히 하니 안쓰럽지만 설마 문거文擧의 영재 천거

　　없을까 보냐.8)

　　위의 세 시 모두 아들들에게 학문에 힘쓸 것을 당부하는 내용을
담고 있다. 그는 부귀보다는 학문을 통한 도덕의 수신이 중요하다고
여겼다. 이와 같은 학문 탐구는 경서의 이해에서 출발하고 있는데,
이는 격물치지格物致知 성의정심誠意正心으로 표방되던 당대 유학자들
의 일반적인 수신론과 일맥상통한다. 진실한 유자는 경서를 익힌 뒤
에 행동으로 반영하는 존재여야 하였다. 곧 마음[心]을 수련하여 덕
행을 쌓은 존재가 진정한 유자이며, 군자인 것이다.

　　고려 후기에 도입된 성리학은 고려사회의 현실 속에서 형이상학
적이거나 철학적인 면보다는 실천적·윤리적인 측면이 강조되었다.
그리하여 신진사대부들은 충忠과 효孝라는 유교 윤리의 바탕 위에
관료 또는 지배층으로서 가져야 할 유교적 도덕규범을 제시하였다.
그리고 이것은 사대부의 자부심과 책임감으로 표현되었다.9) 곧 "옛
말에 군자라 하는 것은 덕행을 말함인가, 공업을 말함인가? 나는 오
직 덕행이요, 공업이 아니라 말하니, 왜 그런가? 덕행은 마음에 달려
있고 공업은 때에 달려 있는 것이니, 마음에 달려 있는 것은 사람이
닦을 바요, 때에 달려 있는 것은 하늘이 주는 바이다. 능히 사람이
닦을 수 있는 바를 닦는 것이 군자가 되는 것이다. 무릇 덕행은 충효
에 근본한다"10)는 것이 당대 사대부들에게 나타나는 모습이었다.

---

8) 《눈촌선생유고》 권2, 詩, 庭訓, 〈寄示子途〉. "志學區區但可哀 豈無文擧薦英才."

9) 김인호, 《高麗後期 士大夫의 經世論 硏究》, 혜안, 1999, 114~117쪽.

10) 김용선 편, 《高麗墓誌銘集成》, 〈金恂墓誌銘〉, 한림대, 1993. "古所謂君子者 德行云乎哉 功業云乎哉
予曰 惟德行耳 非功業也 何也 德行在心 功業在時 在心者人所修也 在時者天所授也 能修人之所可修者 爲
君子耳 夫德行本乎忠孝."

이색 또한 안축의 묘지명에 "선생은 학문이 이룩되어 조정에 대책을 올려 그 소리를 떨치셨고 우리 선왕을 보필하여 묘당에서 주선하여 문화를 널리 펴고 과거를 열었으니 이야말로 우리 선비의 지극한 영화였소.······충효로 입신양명하는 것은 군자의 빛이라오. 더러는 그렇지 못하니 어리석지 않으면 미친 사람이라오"11)라고 하였다.

이러한 인식은 관료로 진출한 사대부들이 지배층으로서 구실과 책임의식으로 유교적 도덕규범을 중요하게 여겼음을 보여준다. "나의 근심보다 천하 사람의 근심을 먼저 하고, 천하 사람들이 즐기고 나서야 나도 즐긴다"12)는 말을 외우며 사대부 관료로서 통치에 대한 사회적 책임감을 중시한 것이다. 이집 또한 사대부 관료로서 책임의식을 다음과 같은 시로 남기고 있다.

　공도公道란 본디부터 올바르고 굽지는 않는 법, 묘당에서 그 어찌 나랏일 그르치리.13)

　미친 사람들이 어떻게 대의가 기울어진 줄 알리오. 재신은 나라 걱정 제 집같이 해야 하건만.14)

그리고 이와 같은 이집의 책임의식은 공민왕 18년(1369) 신돈의 횡포에 대한 논박으로 표출되었다. 신돈은 공민왕 14년(1365) 왕으로부터 51자나 되는 거창한 직함을 부여받고 등장한 인물이었다. 정치에 환멸을 느낀 공민왕은 정치 전면에 다른 사람을 내세우고 왕과

---

11) 《동문선》 권128, 墓誌, 〈鷄林府尹諡文敬公安先生墓誌銘〉.
12) 《고려사》 권106, 열전 19, 尹諧 附 尹澤. "先天下之憂而憂 後天下之樂而樂."
13) 《둔촌선생유고》 권1, 詩, 〈次韻贈裴察訪三首〉. "公道由來正不斜 廟堂豈是誤邦家."
14) 《둔촌선생유고》 권2, 詩, 〈黃驪江二首〉. "狂豎焉知大義斜 宰臣憂國便如家."

같은 권위를 내주어 정치를 담당케 하고자 하였다. 대신 대리인은 왕권 유지에 위협적인 존재가 아니어야 하고, 와해된 친왕세력을 대체하여 왕권을 뒷받침할 지지세력이어야 했다. 그는 '세신대족과 초야의 신진, 그리고 유생' 등 기존의 정치세력은 왕권강화를 방해하는 존재로 파악하였다. 그리하여 등용된 인물이 신돈辛旽이었다. 신돈은 승려 출신이었기 때문에 "도를 얻어 욕심이 없으며, 미천하여 친당이 없으므로 큰일을 맡길 만하다"고 판단하였던 것이다.15)

신돈은 집권 초기에 개혁정치의 목적을 민생 문제의 해결, 국가 재정난의 타개와 함께 정치 질서의 회복에 두었는데, 그것은 결국 왕권강화로 귀결되는 것이었다. 신돈의 개혁은 토지와 노비의 불법적인 점유를 바로잡는 전민변정사업에서 시작되었다. 이 사업은 백성의 지지를 받았으며, 백성들은 신돈을 성인이라고까지 칭송할 정도였다.

그런데 신돈 집권이 장기화되면서 불법 행위와 폐단이 나타나기 시작하였다. 이집은 신돈 집권기에 나타난 여러 불법 상황을 보고만 있을 수 없었다. 그리하여 신돈의 행위를 비판하고 국가의 앞날을 걱정하였던 것이다. 결국 이 일로 이집은 생명을 위협받게 되어 가족을 이끌고 영천의 동년인 최원도崔元道의 집에 숨어 살다가, 신돈이 공민왕 21년(1372)에 복주된 뒤에야 서울로 돌아올 수 있었다.

이때 이집은 "지금 나는 죽었다가 다시 살아난 것 같은데 어찌 이름을 그대로 쓸 수 있겠는가" 하고는 《맹자집의孟子集義》의 집集 자를 취하여 이름으로 삼고, 호연지기浩然之氣의 호연을 자로 하였으며, 둔

---

15) 《고려사》 권132, 列傳 45, 反逆 6, 辛旽. "世臣大族親黨根連 互爲掩蔽 草野新進 矯情飾行以釣名 及貴顯 恥門地單寒 連姻大族 盡弃其初 儒生柔懦少剛 又稱門生座主同年 黨比徇情 三者皆不足用 思得離世獨立之人 大用之 以革因循之弊 及見旽以爲得道寡欲 且賤微無親比 任以大事 則必徑情無所顧藉 遂拔於髡緇 授國政而不疑."

촌遯村을 호로 하였다. 둔은 《맹자》의 지언知言 가운데 하나로서 갑
갑하고 정확하지 않은 말을 들으면 어렵게 일을 수행하고 있음을 안
다는 뜻이다.16) 이에 이색은 〈둔촌기〉에서 "둔촌은 《맹자》를 진실
로 맛보고 즐거워하니 성인의 도를 찾는 경지에 거의 이르렀도다"17)
하고 감탄하는 글을 지었다. 이집은 《맹자》뿐만 아니라 "서경의 뜻
을 잘 알기로 이름이 나 있었다. 내가 일찍이 그에게 서론을 듣기를
원하였도다"18)라는 글에서 알 수 있듯이 《서경》에도 정통한 것으로
당대에 이름이 높았다. 이는 이집의 성리학 이해가 꽤 수준 높았음
을 짐작케 한다.

정몽주는 "둔촌은 세속을 초월하여 고결한 경지에 있으니 속인이
미칠 바가 아니다"라고 하면서 이집을 위해 〈호연권자浩然卷子〉라는
시를 지었다.

기르는 데 본디 도리가 있으니, 호연을 누가 감히 당하리오.
맹자의 가르침을 삼가 받들어, 조장하지도 잊지도 말면
천고에 이 마음 다 같아서, 천지조화의 오묘한 이치 양양하리라.19)

호연은 바로 맹자가 말한 호연지기로서, 맹자는 일찍이 호연지기
를 기르는 방법으로 "반드시 일삼는 것 곧 의를 모으는 일[集義]이
있으되 결과를 미리 기약하지 말아서, 마음에 잊지 말며 급히 조장
하지도 말아야 한다"20)고 하였다. 정몽주는 이집이 호연이라 호를

---

16) 《맹자》권3, 〈公孫丑章句上〉. "何謂知言 曰詖辭知其所蔽 淫辭知其所陷 邪辭知其所離 遁辭知其所窮."
17) 《목은문고》권1, 〈遯村記〉. "子於鄒國之書 誠味而樂之矣 其求觀聖人之道 殆庶幾乎."
18) 《동문선》권97, 說, 〈李氏三子名字說〉. "廣陵李浩然 擧於有司 以書文著稱 予嘗願聞緒論 而未之果."
19) 《포은문고》권2, 詩, 〈浩然卷子〉. "……養之固有道 浩然誰敢當 恭承孟氏訓 勿助與勿忘 千古同此心 鳶魚妙洋洋……."
20) 《맹자》권3, 〈公孫丑章句上〉. "敢問何謂浩然之氣 難言也 其爲氣也 至大至剛 以直養而無害 則塞於天

지은 것이 맹자의 호연지기를 바탕으로 하고 있음을 칭송한 것이다. 또 《시경》에 이르기를 '솔개는 날아 하늘에 이르고, 고기는 못에서 뛴다' 하였으니, 도가 위아래에 밝게 드러남을 말한 것이다[詩云鳶飛戾天 魚躍于淵 言其上下察也]"라는 자사子思의 말을 인용하여 이집이 맹자의 사상을 중시했음을 알려주고 있다.

이숭인 또한 호연에 대한 설을 지어주면서 "맹자가 호연지기를 논하면서, '이는 의가 모여서 그 속에서 생겨나는 것이다'라고 하였는데, 이집은 이것으로 평상시 일 없을 때부터 길렀고, 험난하여 변을 만난 날에 시험하였고, 또 일찍이 문충공文忠公(이공수)과 문경공文景公(안보)의 강론을 들었으니, 그 기운을 기름에 깊이 체득한 바가 있을 것"이라고 하고, "비록 한번 움직이고 한번 말하는 사이라도 조금도 부끄러움이 없어 마음이 활발하고, 신체가 윤택하면 이른바 호연이라는 것이 유동하고 충만하여 어디에서나 드러나서 장차 이루 다 쓰지 못할 것이다"라고 평하였다.21)

정도전은 그의 자에 대한 후설을 쓰면서 이집을 의사義士라 하고 우환이 닥쳐올 때 의리로써 편안히 하는 것이 태산같이 무거우며 곤궁할수록 그 뜻을 굳게 한다고 평가하였다.

이군은 의리 있는 선비다. 무슨 일이거나 밖에서 이르는 것은 모두가 그 마음을 움직일 수 없는데 하물며 그 평소에 지닌 것을 고치겠는가?……배고프고 줍고 고단하고 궁한 것들은 모두가 사람들이 괴롭나고 하는 것이거늘, 이것이 한몸에 집중되어 있어도 이군의 뜻은 조금도 흔들리지 않았으

地之間……必有事焉 而勿正 心勿忘 勿助長也."
21) 《동문선》 권88, 序, 〈送李浩然赴合浦幕序〉. "孟子論浩然之氣 是集義所生也 君以此養之於平居無事之時 驗之於屯難遭變之日 又嘗聞文忠文景之論 其於養氣 深有得也……雖 一動靜語黙之間 無少愧怍 心廣體胖 則所謂浩然者 流動充滿 隨處發見 靜不可勝用矣."

니 이는 그 마음에 반드시 기른 바가 있어서이다. 그러므로 우환이 닥쳐올 때, 의리로써 편안히 하는 것이 태산같이 무거워서 사람이 움직이고 전전하는 것을 보지 못하며, 용기 있게 떠나기를 기러기 털이 요원의 불길에 타듯 하여 전연 자취가 없는 것처럼 하였다. 그래서 곤궁할수록 그 뜻을 굳게 하기를 마치 정한 금, 훌륭한 옥과 같이 하여 아무리 홍로烘爐의 녹임과 사석砂石의 다스림이 있을지라도 그 정하고 강하며 온화하고 윤택한 바탕이 더욱더 나타났으니, 속에 소양이 있는 자가 아니면 능히 그러하겠는가? 이것으로 말한다면 이군이 이름과 자를 고친 것은 대개 앞으로 평소에 기른 바를 굳게 지키고 이를 더욱 힘쓰자는 것이다.22)

이색을 비롯하여 정몽주·이숭인·정도전 등의 이와 같은 평가는 이집이 성리학을 깊이 이해하고 있었으며, 또한 상당한 수준에 도달하였음을 말해준다. 이집은 성리학적 유학의 이념을 모든 학문의 근간으로 평가하였고, 치세를 위한 근본 학문으로 인식하였던 듯하다. 이러한 그의 인식은 이색이 지은 〈이씨삼자명자설李氏三子名字說〉에 잘 나타나 있다.

　　성인이 대체 무엇을 하랴. 바르게 하고 곧게 하여 상도常道에 순하게 할 뿐이니, 옷을 늘어뜨리고 앉아서 하는 것이 없어도 다스림을 볼 수 있다. ……요순의 백성이 되고자 함인데, 이것은 성인이 곧은 것을 화평하고 편안한 세상에 쓴 것이다. 세도가 차차 떨어져서 백성이 침체하고 후퇴하여 중

---

22)《삼봉집》권4, 說,〈李浩然名字後說〉. "李君義士也 凡事苟自外至者 擧不能動其中 況改平日哉……飢寒凍餓 憂勞窮厄 凡所謂人所苦者 方叢于一身 而君之志不小衰 是其中必有所養者存 故於憂患之來 其安之以義也若泰山之重 人不見其動轉 其去之以勇也若鴻毛之於燎原之火 泯然無迹 其愈困而愈堅其志也如精金良玉 雖有烘爐之鑠 沙石之攻 而其精剛溫潤之質 愈益見也 非中有所養者能然乎 由是言之 李君之更名字 蓋將識其養之素 而守之固以加勉之也."

中에 미치지 못하게 되었기에 돕고 붙들어주어 그 퇴폐해진 기운을 진작시켜 중화中和로 돌아오게 하고야 마니, 이것은 성인이 강한 것을 침잠한 세상에 쓴 것이다.[23]

이집의 우주관이나 인성론 또한 모두 이러한 성리학적 유학의 이념이 전제되어 있었을 것이며, 그가 호연지기를 매우 중시한 데서 우주 만물의 궁극적 실체를 기氣로 파악하고 있음을 짐작케 한다. 이러한 견해는 우주의 본체를 태극으로 보고 여기에서 파생된 기가 인간과 만물을 이룬다고 보는 이색의 주장과 같다.

이에 이집은 "부모를 잘 섬기는 것을 효라 하고 이것을 임금에게 옮기면 충이라 하니, 충과 효는 이름은 다르지만 이치는 한 가지이다"[24]라는 이색의 주장과 마찬가지로 효와 충의 유교 덕목을 몸소 실천하였던 것이다. 이집의 이러한 철저한 실천성은 어지러운 정국을 비판하다가 어려움을 겪는 속에서도 노부에게 효성을 다하는 모습에서 쉽게 찾아볼 수 있다. 그리고 이와 같은 이집의 성리학에 바탕을 둔 실천윤리는 당대 모든 학자들로부터 높은 존경을 받았다.

이에 이숭인은 그의 죽음을 듣고 슬퍼하며 "손가락 꼽아보니 나를 아는 이 그 누구인가. 이 아픈 마음 하늘에 묻고 싶도다. 척약재(김구용)는 일찍이 저승으로 떠나버리고, 둔촌 그대도 또한 황천에 가셨구려. 강개한 그대의 말 사람들을 놀라게 하였고, 맑고 새로운 그대의 글 세속을 벗어났네. 지금은 둘 다 가고 말았으니, 어찌 눈물 흘리지 않으리오"[25]라는 내용의 애사를 기록하였다. 이러한 것은 이집

---

23) 《동문선》 권97, 說, 〈李氏三子名字說〉. "聖人復何爲哉 亦曰正焉直焉 順乎其常而已 垂衣無爲之治可見矣……欲其爲堯舜之民也 此聖人之用直於平康之世也 世道降矣 民之澆退而不及乎中矣 於是乎 輔之翼之 振作其頹靡之氣 歸於中和而已 此聖人之用剛於沉潛之世也."
24) 《동문선》 권97, 說, 〈伯中說贈李狀元別〉. "善事父母 其名曰孝 移之於君 其名曰忠 名雖殊而理則一."

의 실천성을 잘 나타내준다. 그는 성리학의 실천윤리를 수용하고 현실사회에 구현하고자 노력하였던 것이다.

3. 이집의 학문 사상

1) 중용사상

이집에게서 비교적 분명히 드러나는 사상적 경향은 중용中庸을 중시하고 맹자 사상에 심취했으며, 은둔 지향성이 강하다는 점이다. 《중용》은 《예기》 49편 가운데 한 편목이다. 《중용》은 맹자가 주장하는 성선설性善說을 이론적으로 잘 서술하여 체계적인 도덕론을 수록하고 있다는 평을 듣고 있다. 맹자는 인간 내부의 관능적인 욕망과 외부의 생활조건이 인간의 본성을 변질시킨다고 인식하였다. 그래서 인간이 그 본성을 자각하도록 가르치고 이끌어야 하며, 선량하고 성실한 사람이 되도록 학습하는 것 또한 인간의 당연한 의무라고 주장하였다.26)

사람이 날 때 하늘에서 품부 받아 중中과 화和의 체용體用이 갖추어졌으니, 강충降衷이니 수성綏性이니 하는 말이 그것이다. 그러나 기품이 처음에 변하고, 더러운 습속이 나중에 몰려들어, 중이 못 되고 화가 못 되는 지경으로 나가지 않을 수 없게 된다.……내가 자식 이름 짓는 데 반드시 이것으

---

25) 《陶隱集》 권2, 〈哭遁村先生〉. "屈指誰知我 傷心欲問天 若齋曾萬里 遁老又重泉 慷慨驚人語 淸新絶俗篇 卽金俱已矣 烏得不潸然."
26) 竹內照夫, 《동양철학의 이해-四書五經을 중심으로》, 까치, 1991, 179~183쪽.

로 한 것은 장차 세변을 살피고 성화를 사모하여 밭둑 가운데서 스스로 즐기려는 것뿐이니, 문밖에 나가지 않고도 천하를 안다는 것이 나를 두고 한 말이다.[27]

이집이 목은 이색에게 세 아들의 자설字說을 부탁하면서 한 말이다. 이집이 중용을 중요하게 여긴 까닭은 무엇일까? 이집은 체용론의 입장에서 중용을 파악한 것으로 보인다. 곧 중화가 용이 되는 측면에서 중용의 도를 이해한 것이다. 이는 현실적으로 중용의 도를 실천하는 공부 또는 수양에 비중을 두는 시각이다. 중화는 사람이 도달하고자 하는 최고의 정신적 경지이다. 이집이 세 아들의 이름을 지직之直, 지강之剛, 지유之柔로 삼은 것은 중용을 통해 중화에 이르기를 바랐기 때문이었다. 이집은 중화와 중용을 중요한 내면적 가치로 여겼던 것이다.

중용은 '지나침과 모자람이 없음'의 뜻으로 쓰이고 있으며, '어느 한쪽에도 기울어지지 않고 모자라지도 않는 것[中者 不偏不倚 無過不及 之名]'이다. 이에 중은 수양이 지향하는 궁극적 목표이며, "중화하면 천지가 제자리를 잡고 만물이 길러진다[致中和 天地位焉 萬物育焉]"고 하였다. 곧 천지의 변화와 육성을 비롯하여 인간의 성정을 바로잡는 것이 바로 중화이다. 그리고 이러한 바탕과 문채가 조화된 중화의 인격을 갖춘 이가 바로 군자인 것이다. 그러므로 지나치거나 모자람이 없는 상태로서 중은 보편적 덕의 본질이 되었으며, 내면적인 공부의 요체로 인식되었다.

---

27) 《동문선》 권97, 說, 〈李氏三子名字說〉. "人之生 稟於天 中和之體用其焉 降衷綏性之說是己 然氣稟變於初 汚俗驅之於後 不得不趍於不中不和之域焉……吾名吾子必以此 將以察世變慕聖化 以自樂於畎畝之中而已 不出戶庭知天下 吾之謂矣."

한편 중은 변화의 한 가운데서 때를 얻는 것[時中]이기도 하였다. 곧 머물러야 할 때 머무르고 나아가야 할 때 나아가서, 움직이고 머무름이 그 알맞은 때를 잃지 않으면 도는 찬란히 빛날 것이며, 때를 따라 두려워하고 삼가면 비록 위험에 처하더라도 허물이 없게 된다. 그러므로 군자의 중용은 군자로서 때에 알맞게 하고 소인의 중용은 소인으로서 거리낌이 없이 하는 것이니, 이 때문에 중용은 군자의 덕이며, 군자를 판단하는 가치기준이기도 하였다.

맹자는 여기에서 한 걸음 더 나아가 "중간을 취하는 것이 정도正道에 가깝다고는 하나 중간을 취하면서 경우에 따라서 변통함이 없으면 한 가지를 고집하는 것과 같다. 한 가지를 고집하는 것을 좋아하지 않는 것은 그것이 정도를 해치고 한 가지를 들어주되 백 가지를 못 쓰게 하기 때문이다"라고 하여, 중을 잡는 데[執中] 상황에 알맞게 변통을 해야 한다고 주장하였다. 그리하여 중은 내면의 심성을 바르게 하는 것은 중화로, 도덕규범 내지 가치판단의 기준으로는 중용으로, 상황에 대처하는 도리로는 시중으로 발전하였던 것이다.[28]

그런데 사람은 누구나 다 욕구를 품고 있으며, 이러한 자기의 이기적 욕구 때문에 중의 성정이 발휘되지 못하고 지나침과 미치지 못함이 있게 된다. 이로써 가르침과 수양이 필요하다. 이와 같은 수양의 방법으로 공자는 존덕성尊德性과 도문학道問學을 제시하였다. 존덕성은 넓고 크게 하고, 높고 밝게 하고, 배운 것을 익히고, 돈독하고 두텁게 하여 덕성을 돈독히 하는 것이다. 도문학은 정밀하고 미세한 데까지 철저히 탐구하고, 지나침이나 모자람이 없도록 하며, 새로운 것을 알며, 예를 숭상하는 것이다. 곧 널리 배우고[博學], 자세히 묻

---

28) 鄭眞一, 〈儒敎의 修養論 小考〉, 《人文科學硏究》 16, 조선대학교, 1994, 243~245쪽.

고〔審問〕, 신중히 생각하고〔愼思〕, 분명하게 판별해야〔明辨〕 하는 것이다. 그리고 이렇게 하여 얻은 바를 독실하게 실천에 옮겨야만〔篤行〕 온전히 학문하는 것이라고 하였다.29)

이집은 성인이 중을 백성에게 써서 중화에 돌아오게 한 뒤에야 그치니, 백성이 참으로 중으로 돌아오게 된다면 이것이 바로 요순의 세상이라고 하였다. 이색은 이집의 세 아들에게 부친의 가르침을 따라 황극皇極〔大中至正〕을 행하여 삼덕三德의 다스림에 힘쓰라고 권유하고 있다. 중용에 바탕을 둔 이집의 수양론은 이색의 글 속에서 더욱 구체적으로 나타난다.

중과 화의 극치에 이르고자 하면 경계하고 두려워하는 것으로부터 시작하여야 한다. 왜 경계하고 두려워하는 것인가〔戒懼〕? 천리를 보존하고자 함이다. 왜 홀로 있을 때 삼가는가〔愼獨〕? 인욕을 막고자 함이다. 천리를 보존하고 인욕을 막는 것이 모두 지극한 데 이르면 성인의 학문을 마치는 것이 된다.30)

이색은 중과 화를 만물의 운행원리이자 인간 성품의 체와 용을 이루는 것으로 이해하였는데, 이는 이집과 같은 견해로 여겨진다. 그리고 이색은 중화의 경지에 이르는 것을 수양의 궁극적 목표로 여기고, 이를 위한 구체적 방법으로 중용의 계戒·구懼와 신독愼獨을 제시하였다. 이집의 글에서는 이와 관련한 구체적인 내용이 나타나지 않고 있으나, 중용을 중시한다는 점에서 이집 또한 이색과 같은 견해

---

29) 鄭眞一, 위의 글, 251~252쪽.
30) 《목은문고》 권10, 說, 〈伯中說贈李壯元別〉. "欲致中和 自戒愼始 戒懼之何 存天理也 愼獨焉何 遏人欲也 存天理 遏人欲 皆至其極 聖學斯畢矣."

를 보였을 것으로 이해할 수 있겠다.

또한 이집은 수행에서 호연지기의 배양을 중시하였다. 이는 호연
지기를 배양함으로써 천지와 일치할 수 있는 인간의 무한한 가능성
을 지적한 맹자의 설에 근거한 것이다. 이집이 평소 호연지기의 배
양을 중요하게 여긴 사실은 이숭인의 글에서 잘 나타난다. 그는 "이
집의 평소 행동은 논하지 않더라도 그 난을 겪은 4년은 사람이 견딜
수 없는 시간이었는데도 이집이 무난하게 처한 것을 보면 반드시 이
호연지기를 기른 소치요 절대로 우연이 아니다"[31]라고 평하여, 이집
이 호연지기의 양성을 중시했음을 보여주고 있다. 맹자가 호연지기
를 논하면서 "이것은 의가 모여서 그 속에서 생겨나는 것이다"라고
하였는데, 의를 모은다는 것은 하는 일마다 의에 합치되는 것이니,
잠시라도 의를 떠나서는 이루어질 수 없다.

정도전 또한 "이집이 이름과 자를 고친 것은 대개 앞으로 평소에
기른 바를 굳게 지키고 이를 더욱 힘쓰자는 것인데, 그를 말하여 우
환에 고생하더니 평소에 지니고 있는 것을 고친다 운운하는 것은 이
집을 아는 자가 아니다"[32]고 하여 이집이 호연지기의 양성에 힘썼던
사실을 확인해준다.

2) 은둔사상

중용의 진리는 사람들에게 무엇인가를 포기하도록 종용한다. 때로
는 유연성을 요구하고 어느 때에는 달관을 바라기도 한다. "애쓰지

---

31) 《陶隱集》권4, 序,〈送李浩然赴合浦幕序〉. "君之平日姑不論 其涉難四年 人不堪焉 而君處之無難者 必
有以養此而致之 非適然也."
32) 《삼봉집》권4,〈李浩然名字後說〉. "李君之更名字 蓋將識其養之素 而守之固以加勉之也 謂是爲困於憂
患 徵其平日而改之云者 非知李君者也."

않아도 적중하고 생각하지 않아도 얻게 된다[不勉而中 不思而得]"고 표
현하는 것처럼 매우 단순하기까지 하다. 그래서 중화는 거짓이나 수
식이 없어서 곧바로 자연에 원초적으로 접근하게 된다. 단순성이라
는 평화로움 속에서 자연과 하나 되는 기쁨을 누리게 되는 것이다.
이런 기쁨을 이집은 그의 시 〈기도은寄陶隱〉에서 잘 표현하고 있다.

> 등불 밝히고 원공圓公의 걸상에서 옛날 얘기하고,
>
> 술잔 들고 포은圃隱 집에서 정담도 나누었지.
>
> 강호로 돌아가면 그 뉘와 벗을 할까,
>
> 아서라, 백구白鷗와 연월煙月이 나의 생애인 것을.33)

　　이집은 은둔을 표방하면서 "자신이 황야에 도망하여 취성鷲城의
당화를 피하였으니, 그 고생스러운 형상은 비록 미련한 사람이라도
듣고 실색하지 않을 수 없을 것이다. 비록 그렇지만 내가 오늘까지
살아온 것은 둔遁의 힘이다"34)라고 하면서 은둔을 실천하겠다는 의
지를 표명하였다. 호를 둔촌으로 바꾼 까닭에 대해서도 둔이 자신에
게 덕 된 것을 앞으로 생애를 마칠 때까지 잊을 수 없기 때문이며,
또한 그 위험에서 나와서 위험을 잊지 않는다는 뜻을 붙여서 스스로
힘쓰고자 한다고 밝혔다. 곧 이집이 은둔을 지향하게 된 배경은 신
돈의 집권을 비난하다가 겪게 된 화란이 크게 작용하였다고 볼 수
있다.
　　이집은 은둔의 모범으로 도연명을 사모하며 도연명처럼 자신을

---

33) 《둔촌선생유고》 권1, 詩, 〈寄陶隱〉. "挑燈話舊圓公榻 把酒論情圃隱家 却到江湖誰與友 白鷗煙月是
生涯."
34) 《목은집》 권1, 記, 〈遁村記〉. "吾之遁于荒野 以避鷲城之黨之禍 艱辛之狀 雖鷲忍者聞之 不能不動乎色
雖然 吾之所以得至今日 遁之力也."

지키고자 사회나 현실과 가까이하지 않으려 하는 뜻을 여러 편의 시에서 읊었다. 이숭인에게 보낸 〈차도은시운次陶隱詩韻〉을 살펴보면 다음과 같다.

머리 위엔 빨리도 세월이 흘러가는데,
늙으면서 오직 잠에 깊이 빠질 뿐이네.
노쇠한 나는 인간 세상에 맞지 않으니,
아무래도 방공龐公따라 녹문산에나 가야겠네.

신주에 벼슬살이 마음은 이미 식어,
푸른 강 향하여 일찍이 초가 지었다네.
여창旅牕의 비바람에 중양절 지나가니,
한 편의 귀거래사 세 번 거듭 외우네.35)

그러나 이집이 해나간 은둔은 세상을 등져서 사회와 격리된 삶이 아니다. 사대부로서 이집은 사회와 동떨어져 있지 않았으며, 사회 현실에 끊임없이 관심을 두고 있었다. 은둔생활을 지향하며 어지러운 세상에서 벗어나고자 하였지만, 수수방관하지 않았던 것이다. 이는 사대부의 은둔이 바로 현실사회의 모순에 대한 저항이면서 한편으로 세상 사람들을 깨우치는 무언의 호소였기 때문이었다.36)

그리하여 이집은 은거를 표방하면서도 개경에 머무르기도 하였다. 이는 군자의 도는 드러나면서도 은미하기 때문에 이름이 도의 몸

---

35)《둔촌선생유고》권1, 詩,〈次陶隱詩韻 三首〉. "頭上駸駸歲月奔 老來唯解睡昏昏 吾衰不合人間世 要
  與龐公入鹿門 遊宦神州心已灰 茅簷曾向碧江開 旅牕風雨重陽過 三復一篇歸去來."
36) 金忠烈,〈古再의 名敎自任한 淑世思想〉,《韓國思想史學》4·5합집, 1993, 144~145쪽.

〔體〕인 둔遁〔隱〕인 사람은 몸을 감추면서도 세상에 쓰임〔用〕이 있어야
한다는 중용의 사고와 연관된 것이었다.37) 이집은 관직에 나아가고
물러나 자연에 은둔하는 출처를 표리관계로 본 중용적 선택을 택하
였다. 다음의 시는 이 같은 이집의 태도를 잘 보여준다.

집은 갈대 우거진 물 저편에 있는데
나그네 되어 서울에 노닐며 세월을 허송한다오.
눌러 지내고 있음은 은총을 탐해서가 아니라
용만이 사랑스러워 초당을 지어볼까 함이로다.38)

이집은 정치 모순에 반발하다가 어려움을 만난 데 따른 반성으로
귀거래를 표방하였으나, 은둔하면서도 관직에 미련을 버리지 못하고
계속 사회 현실에 관심을 두고 있었다. 그리하여 그는 현실을 아주
떠나지 않았으며 사회 현실에 끊임없는 관심을 두는 한편으로 관직
에 있으면서도 은사적인 자세를 버리지 않았던 것이다.

이러한 그의 중용적 사고는 그의 시에 잘 드러난다. "영흥이 서울
에서 얼마나 떨어졌는가. 문득 선생이 이름 숨긴 것을 부러워하
네"39) 하며 은둔의 추구를 부러워하면서도 한편으로는 "연명이 일찍
귀거래했으니, 응당 초은편이 있으리라"40) 하여 은연중에 관직에 대
한 미련을 버리지 못하는 모습을 토로하기도 하는 것이다. 이 때문
에 스스로도 생에를 마칠 무렵까지 은거를 제대로 실현하지 못했다

---

37) 呂運弼, 〈李集의 詩世界〉, 《高麗後期 漢詩의 研究》, 월인, 2004, 270~271쪽.
38) 《둔촌선생유고》 권2, 詩, 〈復賦前韻〉. "家在蒹葭水一方 客遊京國費年光 淹留不是貪恩寵 只愛龍巒
構草堂."
39) 《둔촌선생유고》 권1, 詩, 〈寄永興田同年〉. "永興幾許去京城 却羡先生晦姓名."
40) 《둔촌선생유고》 권1, 詩, 〈尋永興田同年不遇〉. "淵明早歸去 應有招隱篇."

고 느끼기도 하였지만,41) 꾸준히 은둔을 지향하며 자연 속에서 삶의
안정을 찾으려고 노력하였다.

3) 애민사상

이집은 중용적 사고를 중시하며 그에 바탕을 둔 은둔생활을 추구
하였지만, 시사에도 끊임없이 관심을 두었다. 은둔생활을 지향하며
어지러운 세상에서 벗어나 어느 정도 관조적인 입장에서 세상을 바
라보았지만, 사회 현실의 모순을 수수방관하며 무책임한 모습을 보
이지는 않았다. 그는 계속해서 사회 현실에 관심을 두고 있었으며
시를 통해 애국·애민사상을 표현하였다. 이는 고려 후기 사대부로서
갖는 자부심과 책임의식에서 비롯된 것으로 여겨진다.

> 흉년에다 전란까지 참으로 마음 아픈데
> 누구에게 보패補敗할 약방문 있을거나.
> 어젯밤 꿈속에서 초가집을 둘러보니
> 사립문은 찌그러지고 돌밭은 묵어 있었네.42)

이집은 고려 말의 어지러운 정치상황에 대해 비판적이었다. 고려
사회 전반의 모순이 백성의 삶을 어렵게 하고 있었으며, 대외적으로
는 왜구의 침입이 극성하여 직접적인 피해자인 백성은 참담한 지경
에 내몰리고 있었다. 왜구의 침입은 공민왕 즉위를 전후하여 본격화

---

41) 《둔촌선생유고》 권1, 詩, 〈次韻呈子虛先生〉. "自恨求田問舍遲 蕭條逕路草離離 故人休道無情興 臥
 疾年來懶作詩."
42) 《둔촌유고》 권1, 詩, 〈書事〉. "凶年師旅可憂傷 補敗今誰有藥方 昨夜夢廻茅屋下 柴荊牢落石田荒."

했으며, 우왕 대에 들어 더욱 악화되어 우왕 3년부터 6년까지 4년 동안 가장 극심한 피해를 입었다. 이집 또한 왜구를 피하여 도미사에 은거하기도 하였다.

> 왜구들이 어찌 쉽사리 바닷가 마을을 침범했겠는가,
> 원수가 깊이 누워 문도 열지 않았기 때문이네.
> 진영에 참모 비록 많다고 하지만
> 선생의 약석론엔 미치지 못한다네.43)

여기에서 이집은 왜구의 침입에 신속하게 대응하지 못한 원수元帥를 질책하였다. 왜구의 침입에 따른 피해가 관료들의 무능력에서 비롯한다고 파악한 것이다. 그리하여 지략과 전술이 없는 원수와 아무런 대책을 내놓지 못하는 진중의 참모들 때문에 피해가 커졌음을 비판하고 있다. 왜구 침입의 주된 목적은 식량 획득에 있었으므로 그들은 창고와 민가, 관가를 공격하여 식량을 탈취했으며 심지어는 밭의 곡식을 베어 가기도 했다. 이 때문 국가의 재정은 극도로 피폐해졌으며, 백성은 생존의 고통을 처절히 겪을 수밖에 없었다. 이와 같은 상황에서 이집은 백성이 겪는 현실적 삶의 고통을 자기의 아픔으로 인식하고, 고통받는 백성에게 용기를 북돋우는 것도 잊지 않았다.

> 군사들이 동서로 휘젓고 다니면서
> 황량한 옛 칠성까지 깊이 들어왔네.
> 섬 가득한 악한 기운은 구름 밖에 치솟고

---

43)《둔촌유고》권1, 詩,〈贈李丈〉."倭寇焉能犯海村 元戎重臥不開門 幕中參佐雖云衆 未似先生藥石論."

죽림의 봉화는 깊은 밤에 비치네.

이번 걸음에야 산하의 험고함을 알았는데

이곳은 오로지 북과 피리 소리만 들려오네.

고생 끝에 태평이 온다는 말 헛되지 않으니

유민들은 참고 참으며 태평을 기다리시오.44)

　　내우외환의 시대에 직면하여 국가의 안위와 인민의 생존은 당대 사대부들에게는 커다란 시대적 과제였으며, 이집에게도 애국과 애민 사상은 그의 일생의 최대 관심사였던 것이다. 정치는 어디까지나 백성[民]을 근본으로 하여 백성을 사랑하고 위하여야 한다. 백성은 나라의 근본으로, 천심과 민심이 부합될 때에만 통치권을 부여받을 수 있다. 이러한 민본 이념은 맹자 사상에 바탕을 둔 것이었다. 곧 군주는 천명의 대행자이지만 천명과 인심은 고정불변한 것이 아니어서 민심에 따라 바뀔 수도 있기 때문에, 만약 군주가 인정을 베풀지 않아 민심을 잃게 된다면 천명과 민심이 바뀌고, 천명과 민심이 바뀌면 군주도 바뀔 수 있다고 하는 것이 맹자의 혁명 이론이다. 따라서 이집은 지배층의 위정에 각별한 관심을 기울이고 그들이 잘못된 정사를 비난하면서 국가의 안위를 걱정하였던 것이다.

　한줄기 긴 강물 성곽을 돌아 흐르는데

　그림 같은 누대들 인가가 분명하네.

　어찌하면 봄바람에 술 가득 싣고

---

44) 《둔촌유고》권1, 詩, 〈固城感懷 二首〉. "元戎東狩復西征 采入荒凉古轍城 樸島烟氛雲外起 竹林烽火 夜深明 此行始識山河固 是處唯聞鼓角聲 艱極泰來非妄語 遺民耐久待昇平."

배 저어 양 기슭 꽃들을 모두 볼까.

미친 사람들이 어찌 대의大義가 틀어진 줄 알리오.

재상은 나라 걱정 제집같이 해야 하는데

강 옆의 유녀들 호사롭게 치장하고

느릿느릿 거닐면서 맥상화陌上花만 부르네.45)

재상들이 남한강변에서 꽃구경으로 세월을 보낼 것이 아니라 정
세를 정확히 판단하여 정사를 살피고 백성 돌봄을 자기 집 돌보듯이
해야 함이 마땅하나, 유녀들과 한가롭게 놀이에 빠져있다고 질책하
면서 그들을 '미친 사람들'이라고까지 일컫고 있다. 위정자들의 잘못
은 곧바로 백성의 삶을 악화시키며, 현 지배체제의 유지와도 직결되
는 문제였다.

올해의 서리와 눈은 왜 이리도 빨리 오는지,

지금은 아직 보리 파종도 끝내지 못했는데

갈보리며 콩·조는 밭 둔덕에 가득한데

어느 겨를에 거둬들일까.

현관縣官의 조세 독촉만 바야흐로 급하구나.

삼 년 동안 흉년 들어 백성은 끼니조차 못 잇는데

또다시 이 지경에 이르다니 참으로 가엾구나.46)

---

45) 《둔촌유고》권1, 詩, 〈黃驪江〉. "一帶長江繞郭斜 樓臺如畵是人家 如何載酒春風裏 看盡船頭兩岸花
狂竪焉知大義斜 宰臣憂國便如家 江頭遊女猶多事 緩緩行歌陌上花."
46) 《둔촌유고》권1, 詩, 〈己未九月十六日雪中書懷〉. "今年霜雪何太早 至今未畢種麰麥 菽粟盈疇何暇收
縣官租稅方急索 三年不熟民艱食 又至於此眞可惜."

이집은 때 이른 서리와 눈이 3년 동안의 흉년 때문에 피폐해진 백성의 삶을 더욱 비참하게 만든다는 시를 남겼다. 이와 같은 절기와 기후의 부조화는 천심과 민심이 위정자를 버린다는 징조로 해석되었다. 실정을 하면 백성의 억울하고 원통함이 천재지변 등의 재앙을 가져온다고 하는 것이 일반적인 사상이다. 어진 정치[仁政]를 베풀어야 민심에 흡족하여 원망함이 없어서 자연재해가 일어나지 않기 때문에, 삼대 이후 역대의 모든 임금으로 재이를 만나서 공구수성恐懼修省하지 않는 이가 없었다. 곧 궁인을 골라서 궐 밖으로 내보내거나 혹은 반찬을 줄이고[減膳] 음악을 폐하였으며[徹樂], 혹은 죄수들을 잘 다스리고, 혹은 궁핍한 백성들을 진휼하였는데, 이 모든 것은 천심을 감복시키려는 행위였다. 그런데 이집은 흉년이 들어 백성이 구학溝壑에서 구르고 있는데도 관에서는 조세만을 독촉하니 살 수 없다고 하였다. 여기서 그의 백성에 대한 정을 엿볼 수 있으며 이들을 깊이 이해하려는 애민사상을 갖고 있었음을 보여준다.

땅이 진동하고 산이 무너진 것만도 이만저만 걱정이 아닌데
가을 들어 바닷물 넘쳐 드니 또 무슨 까닭인가.
서생이 분통을 터뜨린들 끝내 무엇에 쓸 것인가
홀로 막걸리 따라서 스스로 주고받고 하노라.

한수는 배 띄울 만하니 고기를 낚을 수 있겠고
삼봉은 그림 같으니 나귀 타기에 알맞으리.
만약 언덕을 사이하고 띳집을 짓게 된다면
자식에게 밭 갈며 글이나 읽으라 해야겠네.47)

이 시는 우왕 12년(1386)에 광주 촌사에서 지어 정도전에게 준 시
이다. 우왕은 즉위한 뒤에도 명나라로부터 왕위를 인정받지 못하였
으며, 북원에서는 심왕瀋王 고暠의 후손인 탈탈불화脫脫不花를 고려왕
에 봉하여 압박하기까지 하였다. 이런 상황은 우왕의 권위를 손상시
켰으며, 어린 나이로 즉위한 우왕으로 하여금 심각한 좌절을 겪게
하였다. 그는 재위 기간 내내 끊임없이 불안해 하였으며, 자신을 추
대한 이인임李仁任의 권력 행사를 지켜볼 수밖에 없었다. 이러한 상
황은 그를 개혁 군주보다는 전형적인 폭군의 길을 걷도록 하였다.
우왕은 정치에 무관심했을 뿐만 아니라 마치 미친 사람처럼 난폭하
기까지 하였다.

고려 정부의 무능력과 피폐화는 고려사회의 위기를 더욱 심각하
게 만들었다. 이에 나라를 근심하던 모든 정치인들은 국가의 위기를
해결할 방법을 모색하고 적극적으로 상소하여 의견을 개진하기까지
했다. 정도전은 그 대표적인 인물이었다. 이집 또한 전쟁으로 온 나
라가 황폐해진 상황과 바닷물이 드나드는 재해를 당하게 되는 상황
을 보고 백성의 삶이 힘들어진 이유를 위정자의 잘못에서 찾았다.
그러나 '서생이 분통을 터뜨린들 끝내 무엇에 쓸 것인가'라고 하여
국가적 위기상황을 극복하려는 노력이 이루어지지 않고 있다고 한
탄했다. 이는 사대부들의 개혁책이 집정자들에게 받아들여지지 않는
현실에 대한 비판의 목소리였다.

  병으로 누웠으니 아무런 생각이 없고

  나그네살이는 갈수록 쓸쓸해지네.

---

47)《둔촌유고》권1, 詩,〈贈鄭三峯 二首〉. "地震山崩已可憂 秋來水溢亦何由 書生慎悱終安用 獨酌村醪
自獻酬 漢水容舠可釣魚 三峯如畵合騎驢 若爲隔岸成茅宇 敎子耕田且讀書."

벼슬 살고 녹 받는 건 감히 바랐겠는가.

고기 잡고 나무하며 늙는 게 즐겁구려.

봉궐鳳闕은 하늘 높이 솟았고

용주龍舟는 바다 위를 달리네.

홍군紅裙들은 세상 물정 모르고

다투어 태평가만 불러대네.48)

이집은 위정자들이 민생의 절박함을 생각하지도 않고 궁녀들과 향락을 즐기는 모습에서 고려왕조의 붕괴를 예감하였다. 지방에 머무르며 백성의 참혹한 삶을 직접 목도하면서, 이집은 백성의 삶을 지켜주지 못하는 국가의 존립 의의를 회의적으로 바라보았다. 나라 운명의 성하고 쇠함과 천심과 민심이 이합하는 기틀은 정치에 달려 있는데, 이집이 본 위정자들은 정치를 위해 고민하고 있지 않았다. 고려가 처한 여러 문제를 해결하려는 자세는 보이지 않고 무사안일과 향락만을 추구하는 모습만 나타난 것이다. 그리고 이집의 예견대로 고려왕조는 결국 멸망의 길에 들어서고 말았다.

4. 맺음말

둔촌 이집은 고려사회에 성리학이 정착하기 시작하던 때에 이색·정몽주·이숭인의 삼은三隱을 비롯하여 김구용·권근·길재·정도전 등과 두터운 교분관계를 맺으며 성리학 정착에 공헌하였다. 이들 대부

---

48) 《둔촌유고》권1, 詩, 〈病中書懷〉. "病臥無情思 僑居轉寂廖 敢希霑爵祿 自喜老漁樵 鳳闕凌霄漢 龍舟趁海潮 紅裙不解事 爭唱太平謠."

분은 공민왕 16년에 성균관이 중영되고 이색이 성균관 대사성이 되었을 때 학관이었던 사람들이다. 이집은 이들과 친분관계를 유지하면서 성리학에 깊이 심취하였으며 성리학에 상당히 조예가 깊었던 것으로 나타난다.

고려 후기는 주자성리학이 기존의 고려사회를 혁신하는 새로운 지도이념으로 수용되었던 시기이다. 고려 사상계는 성리학을 받아들여 고려사회가 처한 절박한 상황에서 사회질서와 도덕적 윤리를 회복하고자 하였다. 이집 또한 고려 후기의 신진사대부이면서 성리학자였다. 그는 성리학적 유학의 이념을 모든 학문의 근간으로 평가하였고, 치세를 위한 근본 학문으로 인식하였던 것으로 보인다. 곧 이집은 성리학의 실천윤리를 수용하여 그것을 현실사회에 구현하고자 노력하였다. 그의 이러한 실천성은 어지러운 정국을 비판하다가 어려움을 겪는 가운데서도 노부에게 효성을 다하는 모습에서 쉽게 찾아볼 수 있다. 그리고 이와 같이 이집의 성리학에 바탕을 둔 실천윤리는 당대 모든 학자들로부터 높은 존경을 받았다.

이집에게 비교적 분명히 드러나는 사상적 경향은 중용을 중시하고 맹자 사상에 심취했으며, 은둔 지향성이 강하다는 점이다. 이집은 체용론의 입장에서 중용을 파악한 것으로 보인다. 곧 중화가 용이 되는 측면에서 중용의 도를 이해한 것이다. 이는 현실적으로 중용의 도를 실천하는 공부 또는 수양에 비중을 두는 시각이다. 중화는 사람이 도달하려는 최고의 정신적 경지이다. 이집이 세 아들의 이름을 지직之直, 지강之剛, 지유之柔로 지은 것은 중용으로 중화에 이르기를 바랐기 때문이었다. 이집은 중화와 중용을 중요한 내면적 가치로 여겼던 것이다.

중용의 진리는 사람들에게 무엇인가를 포기하도록 종용한다. 때로는 유연성을 요구하고 어느 때에는 달관을 바라기도 한다. "애쓰지 않아도 적중하고 생각하지 않아도 얻게 된다[不勉而中 不思而得]"고 표현하는 것처럼 매우 단순하기까지 하다. 그래서 중화는 거짓이나 수식이 없어서 곧바로 자연에 원초적으로 접근하게 된다. 단순성이라는 평화로움 속에서 자연과 하나 되는 기쁨을 누리게 되는 것이다. 그리하여 이집은 일생토록 은둔의 삶을 추구하였다.

　이집은 중용적인 사고를 중시하며 그에 바탕을 둔 은둔생활을 추구하였지만, 시사에 끊임없이 관심을 두었다. 은둔생활을 지향하며 어지러운 세상에서 벗어나 어느 정도 관조적인 입장에서 세상을 바라보았지만, 사회현실의 모순을 수수방관하며 무책임한 모습을 보이지는 않았다. 이는 사대부의 은둔이 바로 현실사회의 모순에 대한 저항이면서 한편으로 세상 사람들을 깨우치는 무언의 호소였기 때문이었다. 그는 계속해서 사회현실에 관심을 두고 있었으며 애국·애민사상을 시를 통하여 표현하였다. 이는 고려 후기 사대부로서 갖는 자부심과 책임의식에서 비롯된 것으로 여겨진다.

　내우외환의 시대를 맞이하여 국가의 안위와 인민의 생존은 당대 사대부들에게는 커다란 시대적 과제였으며, 이집에게도 애국과 애민사상은 그의 일생 최대 관심사였다. 그리하여 이집은 지배층의 위정에 각별한 관심을 기울이고 그들이 잘못된 정사를 비난하면서 국가의 안위를 걱정하는 모습을 보였다.

■ 참고문헌

《고려사》《고려사절요》《도은집》《둔촌선생유고》《둔촌유고》《맹자》
《포은문고》《목은문고》《목은집》《삼봉집》
《동문선》권128, 墓誌,〈鷄林府尹諡文敬公安先生墓誌銘〉.

김용선 편,《高麗墓誌銘集成》,〈金恂墓誌銘〉, 한림대, 1993.
김인호,《高麗後期 士大夫의 經世論 硏究》, 혜안, 1999.
다케우치 데루오 / 이남희 역,《四書五經−동양철학의 이해》, 까치, 1991.

金忠烈,〈吉再의 名敎自任한 淑世思想〉,《韓國思想史學》 4·5합집, 1993.
문철영,〈성리학의 전래와 수용〉,《한국사》 21(고려 후기의 사상과 문화),
　　　　국사편찬위원회, 1996.
呂運弼,〈李集의 詩世界〉,《高麗後期 漢詩의 硏究》, 월인, 2004.
이남복,〈李集의 생애와 학문〉,《高麗後期 新興士大夫의 硏究》, 경인문화사,
　　　　2004.
鄭眞一,〈儒敎의 修養論 小考〉,《人文科學硏究》 16, 조선대학교, 1994.

둔촌 이집의 교유와 시 세계

양 수 지

홍익대 교양학부

1. 머리말

둔촌遁村 이집李集은 고려 말의 학자이자 관료이다. 둔촌은 일생 동안 많은 시를 썼지만, 현재 남아 있는 시는 약 300편이다. 흔히 말하듯 시는 삶의 경험과 그에 대한 생각을 농축해 담고 있다. 둔촌이 남긴 시도 그의 일생의 삶과 교유 등은 말할 것 없고, 고려 말의 정치, 사회, 교육, 민속 나아가 불교와 유교의 관계 등에 대해 많은 내용을 담고 있다. 그러나 남아 있는 둔촌의 시가 많지 않고, 그가 관료로 활동한 기간도 그가 교류한 당대의 저명한 다른 인물들에 견주어 길지 않다. 그 때문인지 둔촌의 인물과 시에 대한 학계의 연구는 그리 활발하지 않았다.

둔촌의 시와 생애에 대한 종래의 연구로는 다음과 같은 글들이 주목된다. 서은영, 김은미, 정도상, 박동환, 하정승, 여운필, 최광범 등의 글이 그것이다.1) 이 가운데 서은영은 둔촌의 시 세계를 다섯 가

지로 나누어 설명했다. 즉 ① 현실세계와의 부조화, ② 비판적 현실
인식과 애민의식, ③ 온정적 삶으로의 회귀, ④ 전원생활에서 자연과
의 친화, ⑤ 도덕적 자아의 상징 등이 그것이다. 한편 김은미는 둔촌
의 시를 교유시交遊詩, 사회시社會詩, 영회시詠懷詩, 영물시詠物詩로 파
악했다. 정도상도 둔촌의 시를 네 가지 주제로 나누어서 논했다. 즉
① 나라의 어지러움을 읊으며 걱정한 시, ② 전원으로 돌아가 은거
하고 싶은 마음을 읊은 시[歸隱詩], ③ 유한한 인생에서 부귀와 공명
이 덧없음을 노래한 시[富貴功名如浮雲詩] ④ 지기知己를 그리워하고 신
의를 중요시하는 인간애를 보이는 시 등으로 나누어 구별하고 있다.
박동환은 둔촌의 교유시를 집중적으로 다루었다. 그가 분석한 둔촌
의 시어詩語에 나타난 특성은 '一'과 '病' 등 중첩된 글자의 빈번한 사
용, 그리고 많은 전고典故의 사용이라 하였다. 한편 하정승은 이색,
정몽주, 이숭인, 이집, 김구용 등 사인士人의 한시에 나타난 품격의식
品格意識을 특색 있게 다루었다.[2]

둔촌의 시에 대한 현대 연구자들의 평은, 옛 사람들의 그것과 차
이가 있다. 가령 조선시대 인물인 남용익南龍翼은 기아箕雅에서 둔촌
의 시어가 정연하되 법도가 있다[精練有法]고 평했지만, 여운필呂運弼,
최광범崔光範 등은 둔촌의 시는 대다수가 서술형 산문의 표현이라고
평하였다. 최광범은 또한 둔촌의 시의 특징을 평담平淡으로 꼽으면

1) 초기의 연구로는 林種旭, 〈遁村 李集의 詩에 관히여〉,《이문연구》, 일조긱, 1988; 閔丙河, 〈遁
村 李集〉,《素軒南都泳博士古希紀念歷史論文集》, 민족문화사, 1993이 있고, 학위논문으로는 徐恩
榮, 〈遁村李集漢詩의 研究〉, 고려대 석사논문, 1994; 金恩美, 〈遁村 李集의 詩文學研究〉, 이화여
대 석사논문, 1995; 鄭都尙, 〈遁村 李集의 漢詩研究〉, 충남대 석사논문, 1995; 朴東煥, 〈遁村李集
의 詩文學 研究〉, 동국대 석사논문, 2002이 있다. 그 밖에 金貞仁, 〈遁村 李集의 詩研究〉,《東洋
古典研究》4, 1995; 李楠福, 〈遁村 李集研究〉,《韓國中世史研究》4, 1996; 〈李集의 생애와 학문〉,
《高麗後期 新興士族의 研究》, 경인문화사, 2004; 呂運弼, 〈遁村李集研究〉,《東洋漢文學研究》10,
東洋漢文學會, 1996; 〈李集의 詩世界〉,《高麗後期 漢詩의 研究》, 도서출판 월인, 2004 등이 있다.
2) 하정승,《고려조 한시의 품격연구》, 도서출판 다운샘, 2002.

서, 남용익이 둔촌의 시풍詩風을 '안정安靜·한적閑寂'이라고 평한 것에
대해 비교적 전체시의 실상에 가까운 평이라고 분석했다. 둔촌의 시
는 전대의 시인들이 언어의 조탁에 얽매였던 것에 비교하면 확실히
새로운 시적 경향을 보여주었다는 의미가 있다. 한편 여운필은 시의
의경意境과 표현, 풍격風格 등 세 방면에서 둔촌의 시를 탐구하였다.
그는 둔촌의 시가 사대부 기상은 미약한 반면, 은둔 지향과 벗에 대
한 정회를 두드러지게 표현하였고, 곤궁한 자의 의식세계를 크게 드
러낸 특징을 지녔다고 평하였다.

   둔촌의 유고는 거의가 만년의 작품이다. 그러나 둔촌의 시는 분명
히 유실된 것이 적지 않을 것으로 추측된다. 한편《둔촌선생유고》에
실린 몇몇 시는 둔촌의 작품이 아닌 것으로 확인된다. 가령 〈동정호
유감洞庭湖有感〉은 목은이 쓴 〈오중팔경吳中八景〉의 일절이며, 〈여주제
영驪州題詠〉도 이색이 지은 〈여강驪江〉이란 시이다. 〈고송정회동연구
孤松亭會同聯句〉도 둔촌의 작품이 아닌 것으로 파악된다.3)

   이 글에서는 둔촌의 시를 통해 그의 학문과 도덕, 그리고 그의 시
에 표현된 출사와 은둔 등의 모습을 살펴보고자 한다. 이를 통해 그
의 학문의 바탕을 이룬 것은 무엇이며, 그의 시에 나타난 생애와 교
유, 그리고 관직생활과 은둔과 출사에 대한 입장, 그의 자연관 등을
살펴볼 수 있을 것이다. 이 글이 둔촌의 생애와 인물을 조명하는 데
는 물론 고려 말의 한 지식인의 눈에 비친 사회상과 신흥사대부 지
식인들의 정신세계, 그리고 그들의 집단적 관심과 이해관계를 밝히
는 데 이바지하기를 기대한다.

---

3) 呂運弼,《高麗後期 漢詩의 硏究》, 도서출판 월인, 2004, 272쪽.

2. 둔촌의 생애

둔촌 이집(1327~1387)은 고려 말의 학자이자 관료이다. 이집의 초기 이름은 이원령李元齡이다. 자는 성노成老, 호는 묵암자墨巖子로 고려 말에 향리를 지낸 이당李唐의 둘째 아들이다. 충숙왕忠肅王 14년(1327) 6월 2일 광주에서 태어났다. 우왕禑王 13년(1387) 6월 6일 여주의 천녕川寧에서 생을 마쳤는데 향년 61세이다.

충목왕 3년(1347) 대언代言 정사도鄭思道가 시詩와 부賦로서 박형朴形, 김득제金得濟 등 국자감생國子監生을 뽑을 때, 둔촌도 국자감시에 합격했다.4) 이후 둔촌은 공민왕 4년(1355) 29세 때 문과고시에도 합격하였다.5) 둔촌은 당시의 지공거知貢擧였던 이공수와 동지공거同知貢擧였던 안보의 문하생이었다.

이공수李公遂(1308~1366)는 사람이 정명精明하고 조심스러워 추호도 함부로 행동하지 않았으며 성격이 과감하고 굳세어 형세에 눌리지 않았다. 그는 태도와 풍류에 여유가 있어 소연히 산야의 흥취가 있었다고 한다. 《고려사》의 이와 같은 평가로 볼 때 이집과 그의 좌주 이공수는 서로 비슷한 점이 엿보인다.6) 한편 그의 또 다른 좌주 안보安輔(1302~1357)의 성격은 강직하고 청렴하여 문장을 지을 때 화려함을 버리고 실질을 취하였으며, 다만 통달하기만을 구했다고 한다.7)

이집의 사람됨과 시작詩作은 이들과 유사한 색깔을 띠고 있었다.

---

4) 李楠福, 〈遁村李集硏究〉, 《韓國中世史硏究》 4, 도서출판 늘함께, 1997, 166쪽.
5) 田祿生, 《埜隱文集》(경인문화사 刊), 〈幕府鎭管附〉의 李集條; 閔丙河, 〈遁村李集先生〉, 《廣李會報》 卷2, 1988.
6) 《高麗史》, 列傳 李公遂條.
7) 《高麗史》, 列傳 安軸附 安輔.

안보와 이공수는 모두 대를 이을 자식이 없었다. 그래서 문하생들을 마치 자신의 아들처럼 대하였다. 뒷날 요직을 역임한 이보림·이득·우현보·염국보 등은 둔촌과 마찬가지로 모두 안보의 문하생이었다.8)

둔촌은 이성계가 요성을 정벌할 때 종사관으로서 공을 세웠다. 그는 공민왕恭愍王 6년(1357) 영주寧州(지금의 천안) 태수가 되었고, 2년 뒤인 1359년(공민왕 8)에는 왜구와 홍건적의 난을 피해 천녕川寧에 은거하였으며 1363년까지 그곳에서 살았다.

그 뒤 무슨 이유인지는 모르나 둔촌의 정직함이 불교와 관련된 인물의 노여움을 사서,9) 사직을 하고 도성 안에 살았다. 이 사건의 자세한 내용은 알 수 없으나, 그 시기가 1363년(癸卯)으로 기록되어 있다. 이 시에 기록된 내용이 5년 뒤(1368)에 발생한 사건(둔촌이 신돈을 비판한 것)인데 혹시 기록의 착오가 아닌지, 아니면 실제로 어떤 다른 사건이 있었는지 모호한 점이 있다. 이에 대해 현재로서는 무어라고 단정하기가 어렵다. 분명한 것은 1360년대에 둔촌은 그의 성격과 시작으로 많은 이들의 인정을 받았다는 점이다.10)

신돈이 권력을 장악한 뒤 좌주 이공수는 1366년(공민왕 15)에 면직되었다. 그리고 동년同年으로서 영주지사였던 정습인도 폐하여 서인으로 강등되고 말았다. 불도를 배척한 정습인은 영주 지방의 불탑(무신탑)을 그 이름이 나쁘다는 이유로 훼손하여 그 불탑의 벽돌을 가져다 객관을 지은 적이 있었다. 바로 그 일로 신돈의 화를 사서 서인으로 전락하게 되었던 것이다.11)

---

8) 《坤隱文集》(경인문화사 刊),〈尊慕錄附〉, 安輔.

9) 《遁村先生遺稿》,〈寄圃隱 2首〉.

10) 《遁村先生遺稿》 圃隱,〈附元韻〉, 癸卯五月二日有雨獨坐遁村適, "遁村能避色, 不必在山林, 道直忤時俗, 詩成逼正音, 京華聊送老, 節序又生陰, 欲把菖蒲酒, 從君一醉吟." 여기서 계묘년은 1363년이다.

이때 의분을 느낀 이집은 좌주와 동년의 연이은 박해를 참지 못하고 신돈의 발호와 전횡에 대해 공개적으로 비판하였다.[12] 그러자 인근에 살던 채판서가 이 사실을 관에 밀고하자, 둔촌은 42세 때인 1368년(공민왕 17)에 앞으로 닥칠 화를 피하여 개경을 떠나야 했다. 이때 그는 노쇠한 부친을 등에 업고 처자식과 함께 낮에 숨고 밤에 걸어 가까스로 영천으로 피했다. 거기서 그는 동년인 최원도에게 가솔을 의탁하였다. 그러나 1369년(공민왕 18) 이집의 부친 이당은 영천에서 세상을 떠나고 말았다. 이때 최원도는 둔촌의 부친을 자기 가문의 선영에 안장할 수 있도록 많은 배려를 하였다.

이집은 45세 때인 1371년(공민왕 20) 신돈이 축출되자, 그해 겨울 개경으로 돌아왔다. 이때 둔촌은 도은 이숭인에게 자신의 이름을 집集으로 고치고, 자를 호연浩然이라고 지었음을 알렸다. 이집은 자신이 돌아와 은거한 거처에 둔촌遁村이란 이름을 붙였다. 한 가지 이유는 자신이 신돈의 화를 능히 피한 것은 은둔의 덕 때문이고, 다른 하나는 자신이 위험은 벗어났지만, 위험했던 때를 잊지 않고 분발하고자 했기 때문이다.

이집은 도은에게 자신을 위하여 이름에 대한 서문을 써달라고 했다. 도은은 당장 서序를 써주지는 않았다. 그 후 이집이 48세 당시 전록생의 참모로 합포로 떠날 때 도은은 그제서야 〈송이호연부합포서送李浩然赴合浦序〉를 써서 이집의 이름과 자를 고친 유래를 설명하였다.[13] 그 뒤 삼봉 성도전도 그를 위해 〈자후서字後序〉를 써주었다. 정몽주도 곧이어 그를 위해 둔촌권자遁村卷子와 호연권자浩然卷子를 써

---

11) 《遁村先生遺稿》, 〈安文敬公墓誌略〉; 《高麗史》, 〈鄭習仁〉.
12) 李楠福, 《高麗後期 新興士族의 硏究》, 경인문화사, 2004, 96쪽.
13) 1374년(공민왕 23) 4월 전록생이 경상도순문사가 되어 합포로 나아갔을 때 이집을 불러 참모로 삼았다.

주었다.

1374년 9월 공민왕이 시해를 당했다. 이어 우왕이 즉위하니 이른바 을묘당의14)가 발생하여 1375년(우왕 1) 북원에서 사신을 고려에 보내왔다. 우왕이 대신을 보내어 영접하려고 하니, 정몽주와 문신 10여 명은 원나라 사신을 잡아두고 대신을 보내어 표문을 받들어 명나라로 보내도록 상소하였으나, 우왕이 이를 받아들이지 않았다. 7월에는 문하평리 전록생과 판전교시사 박상충이 장형을 받아 유형을 가다가 죽었다.15) 이들은 이인임이 정권을 함부로 휘둘러 선왕의 친명정책을 친원정책으로 바꾼 것에 대해 죄를 줄 것을 요구하다가 도리어 해를 입은 것이다.16)

그 밖에 이담 전백영도 곤장을 맞고 유배형을 당했으며, 정도전, 방순方旬, 민중행, 박상진, 이숭인, 정몽주, 김구용, 권근, 임효선, 염정수, 염흥방, 정사도, 박형, 이성림, 윤호, 최을위 등도 모두 유형을 받아 추방되었다.17) 이들 가운데 많은 이들이 둔촌과 시를 주고받은 벗들이었다. 이들 중에는 뒷날 두문동 72현에 속한 이도 있었다. 둔촌은 이런 시대의 파란에 만감이 교차했을 것이다.

1377년(우왕 3) 9월, 목은은 둔촌으로부터 재삼 부탁을 받아 〈둔촌기〉를 써주었다.18) 목은은 둔촌의 고생은 마치 맹자의 말씀처럼 하늘이 장차 더 큰 임무를 맡기기 위해 주신 것이니 한평생 둔촌이 은둔생활만 하게 되지는 않을 것이라고 하였다.19) 하지만 둔촌이 거듭 〈둔촌기〉를 써 달라고 한 이유는 둔촌 자신이 은둔의 뜻을 굳게 하

---

14)《牧隱文集》,〈尊慕錄附〉.
15) 田祿生,《牧隱文集》,〈牧隱先生歷官略〉. "辛禑元年乙卯七月先生與判典校寺事朴尙衷同杖流道卒."
16)《牧隱文集》,〈牧隱先生歷官略〉, 辛禑元年 夏.
17) 田祿生,《牧隱文集》,〈尊慕錄附〉.
18)《遁村先生遺稿》, 牧隱,〈遁村記〉. "忘其再三之瀆 以終惠焉."
19)《遁村先生遺稿》, 牧隱,〈遁村記〉. "予恐浩然之不得終身於遁村也."

려 한 것은 아니었을까 생각된다. 그 다음 해인 1378년, 둔촌은 목은에게 자신이 서울에서 객지생활을 하는 동안 겪은 어려움을 시로 표현하여 강촌으로 돌아가 은거하려는 뜻을 나타내었다.20)

그러나 목은이 〈둔촌기〉에서 밝힌 예상은 적중했다. 얼마 뒤 둔촌은 관직생활을 하게 되었다. 목은이 1379년 12월 무렵에 지은 시에는 둔촌을 '이삼사호연李三司浩然'이라 하였고,21) 1381년 3월 하순 무렵 지은 시에는 '이판사 집李判事集'이라고 하였으며,22) 1382년 가을 남경동년회 모임 이후에는 호연으로 일컫고 있다.23) 이런 호칭을 보면 둔촌의 마지막 관직은 판전교시사였던 것으로 추정된다. 그가 판전교시사가 된 것은 1380~1381년 무렵으로 보이며, 1382년 가을 남경동문회 이후로는 관직을 떠난 것으로 추측된다.24)

둔촌은 1387년(우왕 13) 세상을 떠났다. 평생 그는 조정의 어떠한 직책도 오랫동안 맡지는 못했고, 어떠한 포부도 크게 펼칠 만한 기회를 갖지 못하였다. 그렇지만 그의 생전 일상은 전원생활의 즐거움과 벗들이 서로 상종하는 즐거움 말고도 자녀들의 성장을 지켜보는 즐거움이 있었다. 그의 장남 지직之直은 1380년(우왕 6) 문과에 급제했고, 차남 지강之剛도 1382년(우왕 8) 문과에 급제했으며, 셋째인 지유는 그가 세상을 떠난 2년 뒤에 문과에 급제했다. 둔촌은 마지막 10년 동안 비록 산야에 은거하였지만, 그의 말년과 사후에 자식들이

---

20) 《遁村先生遺稿》, 〈次牧隱〉. "인간세상 풍파와 浮沈 속에 어느새 52세의 나이가 되었구려.…… 지금부터 도인의 벽곡하고 유후나 배우리라……"
21) 목은 시의 정확한 연대 기록은 없지만 시간 순서로 편집했기 때문에 연대를 추측할 수 있다.
22) 위의 주와 같은 이치로 〈포은과……이판사 집……등이 배꽃을 함께 관상〉이란 시는 1381년 봄에 썼을 것으로 판정할 수 있다.
23) 《牧隱集》(《高麗時代漢詩文學集成》 4, 민창문화사, 1994)에 수록된 《牧隱文藁》, 《牧隱詩藁》 참조.
24) 여운필, 앞의 책, 266쪽.

이룩한 성취는 이미 산림을 초월하고 있었다. 둔촌의 꿈은 그의 말년에 이르러 자식들을 통해서 실현되었다. 이 또한 그가 전원에 은거하여 누리는 즐거움 외에 그가 맛본 또 다른 기쁨이었을 것이다.

조선 전기에 성현(1439~1504)은 '현재의 문벌 가운데서 크게 성공한 가문은 광주이씨이며 그 다음이 우리 성씨 가문'이라고 말했다.[25] 둔촌이 죽은 뒤 그의 자손이 번창하고 많은 이들이 고위직에 올랐다. 둔촌의 자손은 그를 본보기로 삼아 청명하고 직절하고 법도를 잘 지켜 공신이 된 인물, 정승과 판서 등 고관직에 이른 인물들이 적지 않았고, 청백리도 적지 않았다.

둔촌이 살아있을 때, 같은 시대 그의 문인과 붕우들은 그를 위해 시문을 남겼다. 그가 세상에 아첨하지 않는 강직함이 있음을 증명하였고, 그가 죽은 뒤 후세 사람은 그의 시문을 모아 천고의 아름다운 이름을 남기게 하였다. 이것은 그의 처세에 방도가 있고, 벗을 사귐에 도리가 있으며, 자식을 가르침에 올바름으로 인도한 것에 대한 보답이었을 것이다.

3. 둔촌의 학문과 도덕

1) 《서경》에 대한 조예와 《맹자》의 실천

둔촌의 글은 시집을 제외하고는 어떠한 문집도 발견되지 않고 있다. 그래서 그의 학문에 대해서는 자세히 파악하기가 어렵다. 다만

---

25) 成俔, 《慵齋叢話》〈通村先生資料集〉 참조.

둔촌의 세 아들에 관한 작명에 대해 목은이 지은 글을 놓고 볼 때, 《서경書經》에 관한 그의 조예와 학문의 깊이를 대략 추량할 수 있을 것이다.

둔촌은 세 아들의 이름을 지을 때 모두 《서경》의 내용과 관련이 있는 글자를 따서 작명하였다. 이에 대해 목은은 둔촌의 청으로 〈이씨삼자명자설李氏三子名字說〉을 써서 둔촌의 아들 삼형제 이름에 담긴 유래를 기록하였다. 이어 목은은 둔촌의 아들들에게 이름에 담긴 뜻을 명심하여 부디 부친의 가르침을 저버리지 않도록 당부하였다. 이와 함께 뒷날 모두 크게 성취를 하리라는 기대와 함께 격려를 아끼지 않았다.

둔촌의 큰 아들 이름은 지직之直, 자는 백평伯平이며, 둘째 아들의 이름은 지강之剛, 자는 중잠仲潛이고, 셋째 아들의 이름은 지유之柔, 자는 숙명叔明이다. 이들 삼형제의 이름은 모두 《상서尚書》의 '홍범9주洪範九疇'에서 유래한다. 홍범9주는 성인이 천하를 다스리는 대법이다. 기자箕子가 천하의 다스림에 대해 묻는 주 무왕武王의 질문에 답한 것이다.

홍범9주 가운데 6주에는 천하를 다스리는 요점을 삼덕三德이라고 하였다. 삼덕은 정직正直, 강극剛克, 유극柔克이다. 정직은 경經이고, 강과 유는 권도權度로 설명하고 있다.

삼덕에 대해서는 다음과 같은 설명이 있다. 즉 사람의 기품은 시속에 따라 부중불화不中不和가 될 수 있다. 또한 지나침[過]과 미치지 못함[不及]이 될 수도 있다. 사회가 평안하고 무사할 때는 단지 정직하면 되는 것이고, 억지로 바로 잡으려 할 필요가 없다. 그럴 경우는 무위이치無爲而治 하는 것이 가능하다. 다만, 풍속이 강하고 불순할 때는 무거운 법을 사용해서 강한 것을 강한 것으로 극복하고, 풍속이 화평하고 순조로울 때는 가벼운 법을 이용해서 다스려 부드러운 것으로써 부드러운 것을 다스린다. 자질이 침체되어 있고, 퇴보적인 사람들에 대해서는 강인한 것을 써서 퇴미頹靡한 기운을 진작시키고, 편오偏傲하고 기품이 지나치는 자는 부드러운 것으로 인도해서, 천하 백성들의 기운이 지나침도 지나치지 못함도 없게 하여 중화中和에 도달하기를 기약하게 하려는 것이다.26)

둔촌은 자신이 능히 중용되지 못했고, 《서경》에서 말하는 황극皇極의 이상을 실천할 기회도 없었다. 그래서 요·순·우임금의 천하를 다스리는 삼덕을 가지고 세 아들의 이름을 지어주었다. 그는 비록 성인의 교화를 숭모하여 이 삼덕을 가지고 세상의 변화를 관찰하여 스스로 초야에서 즐기겠다고 했지만, 사실 아들들에 대한 기대와 희망은 더욱 컸다. 즉 그는 아들들이 삼덕을 이용해서 강하고 부드러움을 모두 다스려 작게는 수신제가修身齊家에 이르고 크게는 나라와 임금을 도와 천하가 태평한 치세에 이르기를 바랐다. 결국 둔촌은 유학의 이상을 현실에 응용하려 했음을 알 수 있다.

이처럼 둔촌은 세 아들의 이름을 《서경》의 내용을 차용하여 지었다. 그만큼 그는 《서경》에 깊이 침잠하였고, 자식들의 이름에 붙일 정도로 경전의 뜻을 현실에 투영시키고자 하였다. 이 같은 유교경전에 대한 둔촌의 침잠은 자신의 이름을 새로 지은 데서도 나타난다.

그는 신돈의 해를 피하여 영천永川에 피난해 있다가 돌아온 뒤 자신의 이름을 바꾸어 스스로 집集이라 하였고, 자를 호연浩然이라 하였다. 맹자가 호연지기를 논하면서 호연지기는 의가 모여서 호연의 기를 낳게 한 것이라 하였는데, 둔촌의 이름과 자는 바로 《맹자》에

---

26) 《遁村先生遺稿》, 〈李氏三子名字說〉.

서 유래한 것이다.27) 아울러 둔촌의 둔遁이라고 하는 것은 세상을 피하여 은둔하여[避世隱遁], 정의를 지키자는 뜻을 지니고 있었다. 둔촌의 이름과 호는 바로 《맹자》의 '의義'에 대한 실천의 한 모습이자 자신의 생명가치에 대한 기대가 아니었을까 생각된다.

이상에서 보듯이 둔촌은 《서경》과 《맹자》 등에 나타나는 글자의 의미를 새겨 아들들의 작명은 물론 자신의 이름과 호까지 바꾸었다. 유교경전에 대한 깊은 이해와 실천을 향한 내면의 다짐 없이는 생각하기 어려운 일이 아닐 수 없다. 그리고 그것은 고려 말의 격변기라는 시대 상황 속에서 그 자신과 주위 벗들이 겪은 일들과 무관하지 않았다.

2) 둔촌의 인품에 대한 당대인의 평가

학문은 문인으로 하여금 상종하게 하고, 도덕은 사람으로 하여금 존경하게 한다. 둔촌은 당시 최고의 학문을 가진 문인들과 교유하였다. 이것은 그의 학문과 인격의 바탕과 무관하지 않다고 하겠다. 그런데 둔촌은 자신을 '소광疎狂',28) '광부狂夫',29) '광탕狂宕'30)이라고 일컬었다. 목은 이색도 그를 '광狂'이라고 일컬었다.31)

그렇다면 광狂은 무슨 뜻을 지니는 것일까. 광이란 《논어》에 등장하는 "不得中行而與之, 必也狂狷乎"에서 유래한다. 즉 광한 사람은 진취적이며, 착한 도로 나아가려는 뜻[志氣]이 높이 오히려 나아가는

---

27) 《遁村先生遺稿》, 〈送李浩然赴合浦幕序〉.
28) 《遁村先生遺稿》, 〈寄忠州使君李東隱〉. "惠愛皆稱今太守 疎狂應說舊參軍", 75쪽; 〈謝楚堂見訪兼呈禹養浩堂二首〉. "原功終不棄疎狂."
29) 《遁村先生遺稿》, 〈松都客居初秋呈諸公三首〉. "潦倒一狂夫 星星白鬢霜."
30) 《遁村先生遺稿》, 〈訪天王堂頭不遇戲作〉. "書生狂宕君休怪 畢卓當年醉甕間."
31) 《遁村先生遺稿》, 牧隱, 〈李浩然見訪〉. "君狂猶躍躒 我弱更纏綿."

것에 집착하는 사람으로서 정직하여 후회함이 없는 정신 상태를 말한다. 소疎는 벼슬길에서 떨어져 있음을 뜻한다. 독서인은 벼슬길에서 떨어져 있은즉, 장차 신체와 정신을 산수와 시주詩酒 사이에서 정에 따라 기탁하는 것이다. 이것은 벼슬길 밖에서 생명의 자유와 우아한 정취를 구하는 것이다. 둔촌은 자신을 일컬어 소광이라 하였다. 그는 스스로 조롱함과 겸손함이 있어 자기가 낙백하여 뜻을 얻지 않으려는 의사가 있었다. 그래서 목은은 그가 광狂한 것, 즉 둔촌이 자연과 강호에서 거침없이 자유롭게 지내는 것을 칭찬하였다.

목은은 시 속에서 '둔촌의 호기는 유림의 으뜸이며, 풍진 속에서 실세하여 뜻을 펴지 못하였지만, 꿋꿋하였다. 그것은 그가 학문이 있고 도덕이 있기 때문'이라고 하였다.32) 삼봉 정도전은 둔촌을 의사義士라 일컬으면서 그는 내적 정신의 함양을 통해 우환 속에서도 전혀 흔들리지 않아 외부의 일들이 그의 심지를 어지럽게 하지 못하였다고 하였다.33) 포은 정몽주도 '그의 도는 시대를 거스르지만, 주위의 안타까움 속에서도 그 자신은 오히려 태연자약하여 주위 사람들의 존경을 받았다'고 하였다.34)

둔촌의 선생인 문경공 안보도 둔촌을 높이 평가했다. 즉 '그는 기운을 잘 길러 황야에서도 은둔할 수 있다'고 칭찬했다.35) 양촌 권근은 그의 위기偉畸함을 칭찬했고,36) 둔촌과 환란을 함께 겪은 친구인 최원도는 그의 충효에 대한 의지를 칭찬했다.37) 둔촌이 전록생과 합

---

32) 《遁村先生遺稿》, 牧隱, 〈李浩然携子翰林以酒食來入夜而歸吟成一首〉. "浩氣蓋儒林."
33) 《遁村先生遺稿》, 三峰, 〈遁村字後說〉. "李君義士也 凡事苟自於外至者 擧不能動其中 況平日哉."
34) 〈又次遁村韻三首〉, 〈遁村卷子詩〉, 〈浩然卷子〉(《高麗時代漢詩文學集成》 5, 민창문화사, 1994), 140~141쪽.
35) 《遁村先生遺稿》, 〈師友淵源錄〉.
36) 權近, 《陽村先生文集》. "元戎大旆鎭南倭 入幕佳賓亦偉奇."
37) 《遁村先生遺稿》, 司諫崔元道, 〈贈遁村〉. "慷慨當時淚滿襟 流離孝懇達幽陰."

포에서 변방을 지킬 때 삼봉은 다음과 같은 시를 써서 둔촌의 종용함과 강적을 두려워하지 않는 꿋꿋한 기세를 칭찬하였다.[38]

십만의 군사들 기세도 높아	十萬貔貅氣勢獰
조용히 담소하는 한 사람 서생.	從容談笑一書生
그대 격문 쓰고 나 고대에 누우면	遙知檄罷高臺臥
창해는 잔잔하고 달은 밝으리.	蒼海無風月正明

둔촌의 삶과 시를 통해 볼 때 둔촌은 용기 있는 선비였다. 그는 신돈의 불의함을 보고 서슴지 않고 이를 지적하였으나, 결국 그로 말미암아 눈앞에 닥쳐오는 화를 피해 어쩔 수 없이 온 가족을 이끌고 개경을 떠나 은둔하지 않으면 안 되었다. 그 뒤 둔촌은 신돈이 제거되자 개경으로 귀환하여 관직에 나아갔지만, 얼마 안 되어 다시 은둔하였다. 그것은 그가 시국에 대한 불만이 있었고, 정의와 부정을 뚜렷이 구분하는 면이 있음을 보여준다. 그가 신돈에 대해 비판한 것은 스스로의 결정에 따른 것이며, 은둔하고 출사하지 않은 것은 그가 스스로 지키려는 것이 있었기 때문이라고 하겠다.

3) 둔촌의 시에 대한 옛 사람들의 평가

앞에서 서술한 바와 같이 둔촌의 인품은 고결하고 뜻은 웅장하여 안보, 정몽주, 정도전, 권근, 이색 등 당대의 저명한 인물들로부터 이미 높이 평가받고 있었다. 그의 시도 그가 살아 있을 때 이미 당대의

---

38) 《三峰集》(《高麗時代漢詩文學集成》5, 민창문화사, 1994), 105쪽.

저명한 문장가들에게 높이 인정을 받았다. 특히 목은 이색, 포은 정몽주, 도은 이숭인 등 당대 최고 명문장가들의 평이 그러했다.

목은은 둔촌에 대해 말하기를, 뜻이 웅장하고 재주 또한 웅장하다고 하였다.39) 포은 또한 그가 높은 재주를 가지고 있다고 하면서 노년에 지은 그의 시가 출중하다고 하였다. 포은은 "둔촌의 말이 쇄연灑然하여 보통 사람들이 미칠 수가 없는 정도이다.40) 그래서 둔촌의 근체시는 금수錦繡와 같다. 신체시는 비단이 주머니 속에 가득 든 것과 같다.41) 그의 시는 음률이 격식에 맞다〔詩成逼正音〕"42)고 했다. 한편 도은은 둔촌의 시가 청신淸新하고 절속絶俗하다고 평가했다.43)

이 가운데 포은 정몽주는 둔촌과 30년 동안 교유한 벗이었다. 그는 둔촌을 애도하는 시에서 '그의 시는 맹교孟郊와 가도賈島의 시와 흡사하고 서울에서 구구절절이 전송될 정도로 높이 평가받았다'고 하였다.44) 둔촌의 시와 비슷한 당나라의 맹교와 가도의 시 풍격은 소동파의 말을 빌리면 곧 청한함과 담수함이다. 둔촌의 시에 늙음, 질병, 그리고 가난에서 나오는 청한淸寒·처량凄凉의 시적 이미지를 표현한 것 같다.

둔촌의 일부 시에는 맹교와 비슷하게 가난하고 병든 모습을 그리면서, 냉혹한 세상인심을 표현하고 있다. 시 속에서 은근히 가난 속에 고난에 처하는 경지를 나타내고 있다. 그러나 그의 사람됨과 시

---

39) 《遁村先生遺稿》, 牧隱, 〈李浩然將歸舊居僕欲從之發爲長歌〉.
40) 《遁村先生遺稿》, 圃隱, 〈哭浩然 和元日見寄詩以發一粲〉 및 〈答遁村書二首〉. "超然於物外者 其出語亦能灑然 非俗人之所可及也."
41) 〈次遁村韻呈四君子〉, 《圃隱集》(《高麗時代漢詩文學集成》5, 민창문화사, 1994).
42) 《遁村先生遺稿》, 圃隱, 〈附元韻〉. "遁村能避色 不必在山林 道直忤時俗 詩成逼正音."
43) 《遁村先生遺稿》, 陶隱, 〈哭遁村先生〉.
44) 《遁村先生遺稿》, 圃隱, 〈哭李浩然三首〉. "高才見忌古如斯……屈指論交三十年……留得詩名配郊島當時 句句盡堪傳."

작품은 모두 세속에 휩쓸리지 않았다. 그래서 그 또한 능히 맹교와 같은 행운을 누리고 자기를 알아주는 사람을 만나는 행운을 만날 수 있었던 것이다.

맹교는 자기보다 나이 어린 한유의 존경을 받았다. 그 밖에도 장적張籍, 유차劉叉, 포용鮑溶, 노동盧仝의 지지를 받았다. 이와 달리 둔촌은 삼은, 척약재惕若齋 김구용金九容 등과 매우 깊은 정의를 나누었다. 맹교와 한유는 뜻을 얻지 못했을 때 서로 만났다. 뒷날 한유는 공명을 남기게 되었지만, 맹교를 존경하는 마음은 옛날과 같았다. 둔촌은 관직 경력이 삼은과 같지 못하지만 이들을 만날 때 태연함과 의기양양함도 맹교와 비슷한 점이 있었다. 둔촌은 "가난함을 싫어하고 부유함을 구하는 것은 인정이니 이 늙은이를 버리는 친구들을 어찌 원망하겠느냐"[45]라고 하였고, 맹교는 "재산이 있고 세력이 있다면 서로 친하게 되고 그렇지 못하면 남남이 되니"[46]라 했으니, 모두 인정의 냉담함과 따뜻함을 표현한 것이다. 다만 둔촌의 시에서는 한결더 두터운 이해와 은은한 원망도 느껴진다. 이것은 바로 둔촌이 "강해엔 집 없는 나그네요, 산림에는 머리 기른 중이로다. 향을 피워 세상의 태평을 빌고, 밥을 대하면 풍년을 기원하네"[47]라고 표현한 것처럼, '슬퍼하되 상심하지 않고, 원망하되 분노하지 않는〔哀而不傷, 怨而不怒〕' 둔촌의 온유돈후溫柔敦厚한 심성을 잘 나타낸다.

둔촌은 노년에 머리가 희어지고 병이 들어서 지팡이로도 몸을 지탱하기 어려울 정도가 되었다. 이때 둔촌은 늙은 자신의 추함에 대해 탄식하게 된다. 걸음도 뒤뚱거리고 눈도 흐려 책이 있어도 소용

---

45) 《遁村先生遺稿》, 〈寄同年崔散騎二首〉. "厭貧求富是人情 何怪交遊棄老生."
46) 《全唐詩》 卷373, 孟郊, 〈傷時〉. "有財有勢卽相識 無財無勢成路人."
47) 《遁村先生遺稿》, 〈立秋日寄敬之〉. "江海無家客 山林有髮僧 焚香祈道泰 對食願年豊."

없는 형편이라면서, 스스로 자신의 낙백한 처지를 집 없는 개에 빗대어 조롱했다. 맹교는 "부유할 때는 꾸미기가 쉽고, 가난할 때는 스스로 즐거운 마음을 가지기 어려워", "날이 갈수록 힘들고 늙은이의 걸음도 힘이 없는 것"[48]이라 하여 자신이 늙고 병들고 가난한 것을 빗댄 바 있다. 둔촌과 맹교의 시에서 노년에 대한 두 사람의 사고에 유사성이 있음을 보게 된다.

가도賈島의 시가 담백하고 소박하다고 일컬어지는 것은 주로 구조상 소심하되 넓지 않고, 언어상으로 말하면 시가 함축적이면서도 방자하지 않기 때문이다. 시각적으로 말하자면 협착하되 넓고 광활하지 않으며, 미적 감각으로 말하자면 청한하되 풍부하고 농염하지 않았다. 둔촌이 척약재에게 준 아래의 시에서 이러한 청한함과 적막한 맛을 느낄 수 있다.

병중에 병이 겹쳐 멍석 덮고 누웠는데	病中加病臥牛衣
삽짝문 두드리며 문병 오는 이 없네.	問疾無人扣板扉
적막한 고기잡이 노래 알아들을 이 없어	寂寞歌魚誰解聽
강 머리엔 부질없이 낚싯배만 돌아오네.	江頭空見釣船歸

질병이 들어 빈한하고 적막하여 찾아오는 사람도 없는 이와 같은 심경을 둔촌은 척약재에게 이야기하였던 것이다. 한편 다음의 시는 둔촌이 양촌 권근에게 건넨 시이다.

한 굽이 강촌에 속세는 멀고	一曲江村隔世塵

---

48) 《全唐詩》 卷373, 孟郊, 〈怨別〉. "在富易爲容, 居貧難自好."; 卷375, 〈秋懷〉. "幽苦日日甚, 老力步步微. 常恐暫下床, 至門不復歸."

사립문 적적하여 행인도 적네.　　　　　　　　柴荊寂寂少行人

늙어 병든 몸 의지할 곳 없다 하지 마오　　　　莫言老病無朋援

진작에 어초들과 어울려 놀았다오.　　　　　　已與漁樵共卜隣

둔촌은 어부, 초부와 이웃해서 지내지만, 늙고 병들어 서로 도와주는 친구가 없고 가난하고 적막한 감정을 생생하게 시에 표현하고 있다. 그러나 어느 해 입추에 둔촌은 자기가 늙어 추하다고 말했지만, 겨우 얼마 뒤인 중양절에는 친구들과 흐르는 물에 술잔을 띄우고 높은 곳에 올라 국화주를 마시고 심지어 밤새도록 놀았다고 했다.[49) 친구가 그의 병을 치료하는 거의 유일한 처방이었던 셈이다. 이것은 "늙은이 병에는 백약도 무효, 근심 떨치기엔 친구가 제일"[50)이라고 한 가도의 심정과 흡사하다. 두 사람 사이에는 거의 5백 년이나 시간적 거리가 있지만, 이렇게 비슷한 점이 있었다.

한편 그가 난을 피하고자 도미사에 기거할 때, 그는 자신을 참새에 빗대었다. 그는 자신이 '산한酸寒'한 사람이라는 점을 인정하였다. 그러면서도 마치 춘추시대의 인물 영첩靈輒처럼 자신에게 베풀어 준 인물들에게 고마워하였다. 비록 그의 빈궁함은 임금의 부름을 받지 못한 불우함 등에서 온 것이지만, 가난한 환경에서도 자신의 뜻을 지키며 마음이 흔들리지 않기란 어려운 일이었다. 둔촌은 가난하면서도 원칙을 잘 지키고, 마음이 흔들리지 않은 인물로 비쳐진다. 그래서 많은 친구의 이해와 도움을 빌올 수 있었다.[51) 그의 시〔雖云明主棄 但爲故人憐〕[52)에 보이듯이 그는 임금에게 버림을 받았지만, 친구들

49) 《遁村先生遺稿》, 〈立秋寄陶隱〉, 〈次九日諸公韻〉.

50) 《全唐詩》 卷573, 賈島, 〈落第東歸逢僧伯陽〉. "老病難爲藥 開眉賴故人."

51) 《遁村先生遺稿》, 〈寄任同年深父〉. "病客得無靈輒感 每將嘉惠愍酸寒."

52) 《遁村先生遺稿》, 〈謝陶隱諫議見訪〉.

에게는 사랑을 받았던 것이다.

조선시대에 이르러 조신曹伸은, 둔촌의 시에서 "저무는 석양 비루한 말 울어대고, 몰아치는 삭풍 말구종 움츠리네〔瘦馬鳴西日, 羸童背朔風〕"라 한 것은 그 기상의 고담함을 표현한 것이라 했고, 서거정徐居正의 《동인시화東人詩話》에서도 둔촌의 시에서 "저무는 석양 비루한 말 울어대고, 몰아치는 삭풍 말구종 움츠리네〔瘦馬鳴西日, 羸童背朔風〕", "강호에 집 없는 이 몸, 산촌의 장발승 같구려〔江海無家客, 山村有髮僧〕"라고 한 것을 주목하여 진실로 궁한 사람의 표현이라고 평했다.53) 이 모두는 둔촌의 시에 나타나는 미적 감각을 이야기한 것이다. 그의 "瘦馬鳴西日, 羸童背朔風"이란 구절은 원나라 마치원馬致遠의 명구인 "옛길 삭풍 비루한 말, 해 지는 서산 구슬픈 나그네〔古道 西風 瘦馬 夕陽西下斷腸人在天涯〕"보다 더욱 차갑고 쓸쓸하게 느껴진다.

그런데 그의 시에는 위와 같은 고담한 기상 외에 다른 면모도 풍부하다. 조신은 그의 《유문쇄록諛聞瑣錄》에서 둔촌 시의 두텁고, 침통하고, 호장하고, 한적한 시구를 채록했다. 이런 특색을 지닌 둔촌의 시구는 삼은三隱, 익재益齋, 안근재安謹齋, 사가四佳, 점필재佔畢齋, 삼봉三峯, 쌍매당雙梅堂의 시와도 유사하다.54)

둔촌의 시에 보이는 호방함은 〈성남촌사서회사수록정제정중구일 城南村舍書懷四首錄呈霽亭重九日〉 가운데 제1수와 제4수를 통해 느낄 수 있다.55)

관중關中에서 공을 세운 정승이   功業關中相

---

53) 徐居正, 《東人詩話》(《高麗時代漢詩文學集成》 5, 민창문화사, 1994), 501~505쪽, "自古窮人之語 皆枯寒淡瘦."
54) 曹伸, 《諛聞瑣錄》, 〈近代詩渾厚如牧老〉.
55) 《遁村先生遺稿》, 〈城南村舍書懷四首錄呈霽亭重九日〉.

돌아와 한상漢上에 사는구려.	歸來漢上居
서유의 와탑은 높이 매달아 두고	高懸徐孺榻
공명의 초려만 사랑하도다.	只愛孔明廬
읊은 풍월 3천 수요	風月三千首
겪은 춘추 칠십여라.	春秋七十餘
책 베개는 옛 버릇 그대로여서	枕書是舊習
등잔 아래서 충어蟲魚를 기록하네.	燈下蚫虫魚
병중에 가절을 맞았으니	病裡逢佳節
뉘와 함께 취미에 올라볼까.	將誰上翠微
가을에 빚은 술은 새로운 기미 돋우고	秋釀新氣味
상국은 늦게야 빛을 내누나.	霜菊晚光輝
도연명은 인수를 풀었고	解印陶明府
도목은 술병을 차고 다녔지.	攜壺杜紫薇
옛 사람들 이날을 아까워했는데	古人惜此日
취하지 않고 어찌하겠단 말인가.	不醉欲何歸

이 시는 제정霽亭 이달충56)이 계림부윤 직에서 사직할 때 쓴 것으로 보인다. 시를 잘 쓰고 정직하고 호방한 성격을 가진 나이 든 제정에게 둔촌이 같이 은거하면서 도연명이나 도목처럼 다가올 중양절에 산에 와서 한바탕 마시자고 하는 내용이다. 이 시들은 음률이 명랑하고 호방한 기세를 보인다.

조신曺伸은 둔촌이 시국에 대해 "요즘 강해에는 풍파가 사나운데 어느 곳 깊숙한 물굽이에 낚싯배를 매둘건가"57)라고 표현한 구절에

---

56) 《高麗史》〈列傳〉에서 이달충은 성격이 강직하고 굽힘이 없으며, 식견이 대단하고 시문도 잘 써서 이재현의 칭찬을 많이 받았다고 했다.

서 '침통'한 기상이 보인다고 했다.58) 그러나 침통한 표현은 시국에
대한 것뿐만이 아니라 자신의 불우함도 나타내고 있다. 가령 그의
〈자신을 읊다〉라는 시에 "마음은 은혜에 감격하여 항상 근심스럽고
귀밑머리 병으로 일찍도 세었네. 고인의 이 글귀는 알거라 무슨 뜻
일까 되풀이 읊자니 때때로 눈물이 절로 나네"59)라고 한 것이 그것이
다. 그 밖에도 침통한 시적 표현은 어찌할 수 없는 천재와 인화,
그리고 실망스러운 정치를 다룬 시에서도 잘 나타나고 있다.60)

조신은 《유문쇄록》에 실린 한 구절[待得滿船秋月白 好吹長笛過江樓]이
한적한 기상이 있다고 평하였는데 〈차경지주차시운이수次敬之舟次詩韻
二首〉도 그런 은거생활의 한적함과 여유, 심신의 안정과 평안을 충분
히 드러내 보인다고 생각된다.

깊은 밤에 이슬은 가랑비처럼 내리는데	夜深衣露灑霏微
한가히 외딴 배 저어 낚시터 찾았노라.	閑棹孤舟訪釣磯
사립문 반쯤 닫힌 채 인기척이 없기에	柴戶半扃人正靜
다시금 동자 불러 달빛 아래 돌아오도다.	呼童還向月中歸

그가 두텁고, 침통하고, 호장하고, 한적하고, 고담한 기상을 두루
갖추고 있는 까닭은, 자신이 처한 상황과 현실을 꾸미지 않고 있는
그대로 표현했기 때문이다. 그는 자신의 생활이 빈곤함을 숨기지 않
았기 때문에 오히려 고담한 색채를 지닌 시를 지을 수 있었다. 그는

---

57) 《遁村先生遺稿》, 〈寄圃隱二首〉. "晚來江海風波惡 何處深灣繫釣舟."
58) 曹伸, 앞의 《諛聞瑣錄》 참조.
59) 《遁村先生遺稿》. 〈自詠〉. "心爲感恩長慘慽 鬢綠多病早蒼浪 古人此句知何意 三復時時涕自旁."
60) 《遁村先生遺稿》, 〈遣興題龍欒主人碧二首〉. "補敗今誰有藥方 昨夜夢迴茅屋下 柴荊牢落石田荒", "五湖
誰繼鴟夷子 東海吾從管幼安 世事不堪聞病耳 小窗欹枕涕汍瀾."

지식인으로서 인간을 이해하며 동정했고, 슬퍼해도 상심하지 않는 혼후渾厚한 마음을 가지고 있었다. 또한 악과 전쟁과 빈곤에서 구원받지 못하는 것에 대한 침통한 마음, 속세에서 치솟는 미래에 대한 호장한 기대, 산림에 은거하여 자연에서 안신입명安身立命하는 한적함 등을 가지고 있었기 때문에 이런 시를 지을 수 있었던 것이다. 둔촌은 어떠한 시를 쓰든 삼은과 같은 이들이 늘 상찬賞讚하는 '청신절속淸新絶俗'한 풍격의 시를 쓰고 있었다.

4. 둔촌의 시에 비친 은둔과 출사

둔촌의 전 생애를 관통하는 기조는 무엇일까. 둔촌의 시에서는 굴원, 도연명, 이백의 영향을 찾아볼 수 있다. 이런 영향은 시문의 유사성뿐만이 아니라 정신의 유사성에서도 나타난다. 둔촌이 정몽주에게 써 준 다음과 같은 시를 예로 들어 볼 수 있다.

양지쪽 담장 아래 심었던 국화	種菊南牆下
시월 되니 이제 막 꽃이 피었네.	開花十月初
발 거두고 감상하기 족하건마는	鉤簾可怡悅
귀인을 모셔오긴 어림도 없네.	難致貴人車[61]

이 시에서 둔촌은 도연명의 시 "동쪽 울타리 밑에 핀 국화를 따노라니 유연히 남산이 눈에 비쳐온다[採菊東籬下 悠然見南山]"를 "양지쪽

---

61) 《遁村先生遺稿》, 〈上宗工鄭相國〉.

담장 아래 심었던 국화[種菊南牆下]"로 소화하면서 그의 은둔처에 귀한 친구가 찾아오기를 기다리는 소망을 표현하고 있다. 다음의 시도 둔촌이 정몽주에게 보낸 시이다.

도연명이 아꼈던 그때 자기 집	當年靖節愛吾廬
송국과 추풍에 흥이 넘쳤네.	松菊秋風興有餘
정원의 작은 길 잡초 무성했지만	三徑如今已蕪沒
문 앞에 아이는 임 오길 기다리겠지.	候門稚子望巾車

당시는 둔촌이 왜구의 난리를 피해 천녕川寧의 도미사에 살고 있던 때이다. 둔촌은 도연명의 "나 또한 내 오두막집을 사랑하노라[吾亦愛吾廬]", "뜰 안의 작은 길은 황폐하지만[三徑就荒]", "소나무와 국화는 아직도 꿋꿋하다[松菊猶存]", "어린 아이는 문에 기대어 돌아오기를 기다리네[稚子候門]" 등의 구절을 인용하면서 도미사 북쪽에 있는 정몽주의 전장田莊을 바라보며 그의 귀래歸來를 빗대었다.62) 또한 "어초들과 환하게 웃고 동복들도 기쁘게 맞이하는구나[漁樵相解笑 僮僕亦歡迎]"63)라고 하여 이웃과 가족의 이해와 환영에서 느끼는 귀가, 은둔의 인정미와 따뜻함을 표현하였다. "낙천하니 참으로 바른 길 얻었고 돈세하였으니 이미 자신을 초월했음이라[樂天眞得道 遯世已忘形]"64)에서는 은둔을 통해 물物과 아我를 다 잊은 장자의 천인합일天人合一의 경지에 도달했음을 표현했다. 이상의 글로 볼 때 도연명의 은둔생활은 바로 둔촌과 같은 뜻이 있는 문인들이 갈망한 진정한 은

---

62) 《遁村先生遺稿》, 〈書懷四絕奉寄宗工鄭相國〉, "當年靖節愛吾廬 松菊秋風興有餘 三徑如今已蕪沒 候門稚子望巾車."
63) 《遁村先生遺稿》, 〈城南村舍書懷四首錄呈霽亭重九日〉 중 2首 "漁樵相解笑 僮僕亦歡迎" 참조.
64) 《遁村先生遺稿》, 〈城南村舍書懷四首錄呈霽亭重九日〉 중 3首 참조.

둔생활이다.

한편 둔촌은 민재閔霽(자 仲誨)에게 지어 보낸 시에서 다음과 같이 표현하고 있다.

잠 깨니 서창에 해 기우는데	睡覺西窓正落輝
용수산 청설이 주렁주렁 비치누나.	龍樹晴雪更離離
사립문 초가집도 아름답구만	柴門茅屋亦佳景
늙은이 서툰 시 부끄럽구려.	自嘆老夫無好詩[65]

여기서 보듯이 둔촌은 늦잠을 자고 나서 편안한 마음으로 주변의 자연을 즐겼다. 둔촌은 자신의 삶을 도연명의 "이 가운데 자연의 도리가 있으니 말하려 하여도 말을 잊었노라[此中有眞意 欲辨已忘言]"와 비슷한 어법으로 표현하여, 자연 속에서 은거생활을 마음속으로 즐기고 있음을 표현하였던 것이다.

다음으로 둔촌이 목은에게 보낸 시를 보자.

도연명은 돌아가 속세 인연 끊었지	淵明歸去絶交遊
……	……
청풍명월 감상하며 고깃배를 농했지	淸風明月弄漁舟

위의 시는 도연명의 시구와 이백의 시구를 결합하여 절묘하게 자신의 은둔생활을 표현하고 있다. 둔촌은 도연명이 시 속에서 쌀 몇 말을 받으며 관리생활을 하는 깃을 부끄러이 여겨 벼슬을 버리고 귀

---

65)《通村先生遺稿》,〈戲呈仲誨二首〉.

향한 표현을 빌려 쓰고 있지만, 뜻을 펴지 못한 울분한 심정은 굴원과 같은 모습을 취하고 있다. 그는 가끔 이백처럼 후련한 가슴으로 작은 배를 띄우고 몸을 강호에 맡겼다고 했다. 또한 유우석劉禹錫의 누실명陋室銘처럼 "문을 닫고 있으니 속된 손님 없었고, 거문고 타보니 유음이 있구나[關門無俗客 鼓瑟有遺音]"라 하며 자기의 은거처를 찬양하고 자신의 긍지를 긍정하면서 은둔의 공허함을 채웠다.

이처럼 은둔이란 둔촌의 생애를 대표하는 표현이다. 그렇다면 둔촌이 은둔생활을 일생의 기조로 택하게 된 주요한 이유는 무엇인가. 시를 통해 볼 때 둔촌이 은둔생활을 한 이유는 다음과 같이 분석할 수 있다. 첫째, 고려 말의 내정 혼란과 유자의 처세관, 둘째, 홍건적과 왜구로 말미암은 난리, 셋째, 둔촌 자신의 건강상의 이유 때문이었다.

첫째, 유자의 처세관이란 무엇인가. 공자는 거백옥蘧伯玉을 칭찬하여 말하기를 '나라에 도가 있으면 나아가 벼슬을 하고, 도가 없으면 스스로 몸을 감출 줄 안다. 그래서 그는 군자이다'라고 하였다. 공자는 또한 '사어史魚가 나라에 도가 있을 때 충심으로 정직하게 직무를 수행하고, 나라에 도가 없을 때는 바른 말로 직간한다'고 칭찬하였다66). 나라에 도가 없을 때 거백옥처럼 스스로 몸을 감추는 것과 사어처럼 충언직간하는 것은 유자들이 난세에 취하는 처세법이었다.

둔촌의 경우 그의 곧은 성격으로 인하여 신돈을 비평하다가 그 대가로 생명의 위협을 받아 온 가족이 피난하여 숨지 않을 수 없었다. 둔촌은 영천에서 4년 동안의 은둔생활을 마치고 개경의 옛집으로 돌아왔다. 그러나 그때 고려는 국난을 맞고 있었다. 북쪽에서는 홍건

66)《論語》衛靈公 15.

적, 남쪽에서는 왜구가 창궐한 상황에서 조정에서는 좋은 대책이 없었고, 결국 백성들이 피난할 수밖에 없었다.[67] 둔촌도 이때 천녕의 도미사로 피난했다.

둘째, 고려 말에는 내정이 혼란스럽고 어지러웠다. 신돈이 죽고 공민왕이 시해를 당하여 우왕이 즉위한 이후 친원과 친명정책 사이에서 친명을 주장한 많은 신흥사대부들이 이인임의 원망을 받고 장형으로 죽거나 귀양을 갔다. 이런 상황에서 둔촌이 벼슬길에 나아가 직언할 경우 다시 같은 운명을 맞게 될 것은 분명한 일이었다. 둔촌의 은둔은 마치 《맹자》에서 말하는 '무너지려는 담장 옆에 있는 사람이 화를 피해 담장 곁을 떠나야 하는 것'과 마찬가지 논리가 아니었을까. 둔촌은 앞서의 경험에서도 스스로 은둔하여 자신과 가족의 생명을 구하였다. 그 뒤에도 여전히 난세라면, 결국 그 자신이 은둔하여 스스로를 보호하는 방도를 취할 수밖에 없었지 않았을까.

그가 왜구를 피해 천녕에 은거할 때 그의 생활은 정치와 멀리 있었고, 간혹 들리는 소식도 나쁜 소식이었다. 그는 국가가 태평하지 못한 시대에 오히려 태평함을 꾸며 궁녀로 하여금 태평가를 부르게 하는 현실을 시로써 비판하였다.[68] 아울러 그는 가을 수확이 좋지 않음에도 전란 때문에 은거한 곳에서 다른 곳으로 옮겨야 하는 처지를 시를 통해 하소연하였다. 또한 문이 고장 났는데 수리하는 사람이 없고, 전원이 황무하게 되었는데 경작하는 장정이 없다고 탄식하면서, 이 난세에 처하여 어찌 나라를 구힐 방도기 없는가를 탄식하였다.[69]

---

67) 《遁村先生遺稿》, 〈寄鄭三峰〉.
68) 《遁村先生遺稿》, 〈病中書懷〉. "紅裙不解事 猶唱太平謠."
69) 《遁村先生遺稿》, 〈贈李丈吉祥〉.

셋째로 둔촌이 은둔할 수밖에 없었던 또 다른 원인은 그의 병약함 때문이 아닌가 생각된다. 그의 시에는 병중에 쓴 시가 적지 않다. 가령 〈병중서회病中書懷〉, 〈고성감회固城感懷〉, 〈자신에게 부치다[自貽]〉, 〈구일정도은九日呈陶隱〉, 〈목은을 생각하다[憶牧隱]〉 등이 그 일부이다. 이들 시에는 흔히 '노병老病', '병객病客', '와병臥病', '다병多病', '쇠병衰病', '포병抱病', '병중病中' 등의 표현이 많다. 그는 건강 때문에 현실에 적극 참여할 수 없는 자신을 역설적으로 표현하고 있기도 하다.[70]

이들 시에서 보듯이 둔촌은 관직생활을 하다가 병 때문에 강촌에 은거하기도 했다. 둔촌의 가족이 쓴 시 가운데 "병에서 일어나니 백발만 늘었다"거나,[71] "병 때문에 이웃에게 인사를 하러 계단을 내려갈 기력도 없다"고 한 구절도 있다.[72] 그에게 어떠한 병이 있었는지, 그것이 진정으로 중한 병이었는지는 자세히 알 수 없으나 자주 병을 앓았던 것은 사실인 것 같다.

그러나 둔촌이 평생 은둔생활만 한 것은 아니었다. 일생에서 대략 10년은 벼슬길에 있었다.[73] 그렇다면 둔촌이 은둔을 삶의 기조로 하면서도 벼슬을 한 이유는 무엇일까.

부친에 대한 둔촌의 지극한 효성은 젊을 때나 환난 가운데서도 보였다.[74] 그의 시에서 돌아가신 부모를 생각하는 내용이 종종 보인다. 그는 늙어서 금의환향할 처지는 못 되지만, 멀리 남쪽에 있는 영주의 산소에 가서 성묘도 하지 못하는 자신의 처지에 눈물을 흘린다.[75] 자식으로서 최고의 효도는 공덕을 세워 부모를 빛나게 하는

70) 박동환, 〈遁村 이집의 시문학 연구-교유시를 중심으로-〉, 동국대 석사논문, 2002.
71) 《遁村先生遺稿》, 〈寄廉東亭興邦〉.
72) 《遁村先生遺稿》, 〈呈隣丈崔諫議〉.
73) 《遁村先生遺稿》, 〈次牧隱〉. "十年旅食帝王州 桂玉艱難賦百憂."
74) 《遁村先生遺稿》, 〈贈遁村〉. "慷慨傷時淚滿襟 流離孝懇達幽陰."
75) 《遁村先生遺稿》, 〈呈圃隱行次〉.

것이었다. 둔촌은 그런 공덕을 이루지 못했을 뿐만 아니라 신돈의
부정을 비판한 것 때문에 처자식뿐 아니고 늙은 아버지조차 야밤에
피신해야 하는 '불효'를 범하였다. 더구나 피난한 지 1년 만에 부친
은 피난처에서 운명하고 말았다. 비록 밝은 세상은 아니었지만, 부친
을 피난 중에 돌아가시게 하였으니, 부친 사후 자신이 불효했다는
생각이 평생 둔촌의 가슴에 늘 맴돌았을 것이다. 그가 은둔생활을
하다가 관직에 나간 까닭은 자신을 죽이려 한 신돈이 복주되었던 때
문이기도 하지만, 다른 한편으로는 나라에 공덕을 쌓아 돌아가신 부
모에 대한 미완성의 효도를 완수하기 위한 것은 아니었을까 생각되
기도 한다.

　난세에 은둔해야만 생명을 잘 보존할 수 있지만 모든 사람이 다
그렇게 했다고 해서 자기도 그렇게 한다면 누가 나라를 지키겠는가.
선비가 느낀 정신적인 고통은 더 클 것이다. 둔촌은 은둔하려고 한
삼봉과, 귀양살이가 끝난 도은에게, 왕실에 대한 충성을 다하라고 당
부한 적이 있다.[76] 자고로 벼슬을 통해 충과 효를 한꺼번에 완성할
수 있는 것은 자식으로서 가장 큰 행복이지만 항상 둘 다 온전히 이
루기는 어렵다. 그는 자신의 이런 한을 세 아들이 풀어 줄 것을 기대
하였다. 그래서 집안일은 걱정 말고 독서에 전념하라고 하였다. 독서
는 이 아비의 마음을 기쁘게 하는 것이니, 시간을 아껴 부지런히 공
부하라고 여러 번 아들에게 강조했다.[77] 그래서 그는 젊은 삼봉이나
도은에게 은거하지 말라고 하였을 뿐 아니라, 동년同年의 벗들이 다
시 관직에 등용될 때 이를 축하해 주었다.[78]

---

76) 《遁村先生遺稿》, 〈寄陶隱〉·〈贈鄭三峯〉.

77) 《遁村先生遺稿》, 〈庭訓〉.

78) 《遁村先生遺稿》, 〈寄全州李瑞公〉.

그러나 둔촌은 벼슬하다가 또 은퇴하기를 반복하였다. 둔촌은 왜 벼슬을 하다가 그만두기를 거듭했을까. 그것은 벼슬생활과 둔촌의 기질이 서로 맞지 않았기 때문으로 보인다.

한강에 봄볕 들자 버들가지 춤추는데	漢江春暖柳傲斜
외로운 배 저어보고 수레도 타본다네.	或棹孤舟或命車
모두들 서울이 제일 좋다 하지만	共道帝鄕無限好
아이 데리고 일찍이 돌아옴만 못하네.	不如攜幼早還家79)

둔촌은 모두들 제향帝鄕(개경)이 영화롭고 좋다고 하지만, 가족을 이끌고 일찍 돌아감만 같지 못하다고 표현하였다. 한마디로 타고난 성품 그대로 살고 싶다는 뜻이었다. 그는 임금에게 중용되지 못하면서 작은 관직에 절절매어 자기의 천성을 억누르며 살기는 싫었다. 〈민중회에게 드리다 2수〉에서 그의 그런 모습을 엿볼 수 있다. 가령 "공사에 밤낮으로 딴 생각이 없으니, 천지신사天地神祀에서 복을 내리심도 많으리라. 말 한 필에 동복童僕 둘로 우설을 무릅쓰니, 높은 자리에 누워 정가庭柯나 구경함이 어떠한가"라든가, "잠을 깨니 서창에 해지는데, 용만龍巒의 청설晴雪이 주렁주렁 비치누나. 사립문[柴門]도 초가[茅屋]도 모두가 가경佳景인데, 늙은이 좋은 시 없음이 부끄럽구려"80)라고 표현한 것 등이 그러하다.

이 시는 둔촌이 제향점고관祭饗點考官이란 중요한 직임을 맡고 있던 친한 친구 민재(1339~1409)81)에게 희롱삼아 쓴 것이다. 둔촌은 그

---

79) 《遁村先生遺稿》, 〈寄廉知申事國寶 三首〉.
80) 《遁村先生遺稿》, 〈戲呈仲誨二首〉. "在公夙夜意無他 天地神祠賽與多 一馬二僮衝雨雪 何如高臥眄庭柯", "睡覺西窗正落輝 龍巒晴雪更離離 柴門茅屋亦佳景 自嘆老夫無好詩."
81) 민재는 고려 말 공민왕 대에 문과에 급제하여 國子直學을 거쳐 禮曹判書가 되었다. 조선조

시에 자신의 진심을 담았던 듯하다. 즉 눈비 속에 고생하는 것보다 누워서 정원에 있는 나무를 보는 것이 더 낫지 않느냐고 질문을 던지면서 자신의 한가함을 소개해 주었다. 즉 은거하면 자신처럼 늦잠을 자고 청설晴雪과 시문모옥柴門茅屋에 말로 형용할 수 없는 여유와 정취를 즐길 수 있다는 것이었다.82)

다른 시에서도 보이는 파리한 말[瘦馬], 파리한 아이[羸僮], 찬바람[朔風]83)과 이 시에서 '말 한 필에 동복과 우설을 무릅쓴 모습'은 둔촌에게 비친 쓸쓸하고 고된 생활상을 표현한 것이었다.84) 그렇다면 그가 바란 생활상은 무엇이었을까? 둔촌의 다음과 같은 시를 주목해 볼 필요가 있다. "관물재 안에는 봄 날씨 따뜻한데 퇴식하여 조용히 책을 베고 졸고 있겠지[觀物齋中春日暖 從容退食枕書眠]",85) "나는 지금 만사를 잊은 터이니 조용함 취하여 산거나 지킴이 합당하다오. 상공은 어떻게 도선이야 하려 했겠는가 다만 군왕의 소명이 있을까 봐 두려워서 그런 것이지[萬事吾今已謝除 投閑便合愛山居, 相公豈肯逃禪去 猶恐君王有簡書]",86) "세상 일 겪다 보니 머리 다 세었는데 먹고 자는 일 밖에는 다른 일 다시 바랄 것 없네[世事看來白了頭 故將眠食更無求]",87) "돌아가 도령과 함께하고 한가할 때 원공을 찾으리라[歸去偕陶令 安閑訪遠公]"88) 등이 그것이다.

이들 시를 통해 볼 때 둔촌은 '투한投閑', '도선逃禪', '귀거歸去', '퇴

태종의 國舅로서 여흥백에 봉해졌다. 즉 조선조 세종의 외할아버지였다.

82) 주 76) 참조.
83) 《遁村先生遺稿》, 〈漢陽途中〉.
84) 《遁村先生遺稿》, 〈發京日書陶齋〉. "一馬二僮風雪惡."
85) 《遁村先生遺稿》, 〈立春日書懷三首寄京都故舊〉. "別來江外送殘年 念昔回頭已枉然 觀物齋中春日暖 從容退食枕書眠."
86) 《遁村先生遺稿》, 〈復賦前韻三首〉.
87) 《遁村先生遺稿》, 〈次郭政堂立春韻二首〉.
88) 《遁村先生遺稿》, 〈復用前韻呈諸君子〉.

식退食' 등을 빈번히 사용하여 과거의 미련을 버리고 관직을 떠나 은 둔하는 뜻을 표현하였다. 그는 책을 베고 누워 자고[枕書眠], 잠자고 음식 먹는 것 이상 더 바라는 것이 없는[故將眠食更無求] 기본적인 경제생활을 유지하면서, 한가히 기거하며 스님을 만나[安閑訪遠公], 조용함과 한적함을 즐기는 그런 전원생활을 바란 것으로 보인다. 이처럼 둔촌은 은둔생활을 즐거이 누린 듯이 보인다.

둔촌은 만년에 집을 떠나 개성에 머물렀다. 그러나 그는 고달픈 나그네 생활에 지쳐 다시 스스로 강변에 은거해서 자기의 즐거움을 찾겠다고 하였다. 그는 어쩔 수 없는 자신의 심정을 아래와 같이 토로하였다.

고달픈 나그네 유유한 행로 어렵구나. 갖옷 해지고 말 여위어 벼슬살이 마저 지쳤도다. 한적한 곳에 옮겨 살면 시끄러운 시정의 소리를 멀리하겠는데, 돌아갈 계획은 어긋나고 날씨만 차갑네. (큰) 홍곡鴻鵠 새야 쉽게 천리라도 날겠지만, (작은) 초료鷦鷯 새는 원래 작은 나뭇가지 하나에서도 편안히 쉴 수 있다오. 한두 칸 모옥茅屋이면 내가 살기에 족할 텐데, 여울 가에 집 짓고 은거의 낙을 즐겨 볼까나.89)

즉 자신은 홍곡처럼 멀리 날 수 있는 새에 견줄 수 없으니, 초료 같은 새처럼 초옥에 거처하면서 물가에 살고 싶다고 하였다. 또한 비록 동반자도 없이 외롭고 초췌한 모습이겠지만, 그의 뜻은 고결하여 영원히 변치 않으며 소박한 산간에 은거하여 만족하고 싶다는 것이었다.

---

89) 《遁村先生遺稿》,〈自詠〉.

이상에서 보듯이 둔촌이 '출사와 은둔' 사이에서 얼마나 많은 방황과 고민을 했는지 짐작할 수 있다. 그러나 결과적으로 그가 은둔 생활을 하면서도 그렇게 꿋꿋하게 살고 인정을 받을 수 있었던 것은 그에게 벗이 있었기 때문이다.

5. 둔촌의 문인 벗과 승려들

1) 둔촌과 문인 벗들의 교유

인생에는 친구들과의 교유가 없을 수 없다. 쓸쓸한 은자도 붕우에 대한 갈망은 있었다. 벼슬길에서 별달리 큰 공을 세울 수 없었던 둔촌에게 즐거움과 위안을 준 사람은 그의 친구들이었다. 《둔촌선생유고》에 실린 시들을 보면, 둔촌과 시문을 주고받은 인물은 70명 정도이다.90) 그 가운데 삼은 곧 포은, 목은, 도은과 척약재惕若齋에게 준 시가 가장 많아 약 107수 정도에 이른다.91) 이 밖에도 환란 가운데서도 구원의 손길을 내민 동년들이 있다.

둔촌의 첫 번째 벗은 최원도崔元道였다. 최원도는 둔촌이 가장 어려웠을 때 위험을 무릅쓰고 그의 온 가족을 도와주었고, 둔촌의 부친이 사망했을 때는 자신의 선영에 묏자리를 쓰도록 도와주었다. 이집이 최원도에게 쓴 시 하나가 있는데, 그것은 척원도의 죽음을 애도한 것이다. 그는 둔촌과 금석과 같은 우의를 다진 인물이었다.92)

---

90) 朴東煥, 〈遁村 李集의 詩文學 硏究─교유시를 중심으로─〉, 동국대 석사논문, 2002의 〈표 1〉 참조.
91) 朴東煥, 위의 글, 〈표 3〉 참조.
92) 《遁村先生遺稿》, 〈贈遁村〉.

그러나 아깝게도 최원도는 50세 때 파직당하여 물러나 있다가 병을 얻어 세상을 떠났다.[93] 더욱 아쉬운 것은 둔촌과 최원도 사이에 많은 시들이 오갔겠으나 거의 모두가 유실된 점이다.

둔촌의 이웃 가운데서 가장 가까운 이는 척약재惕若齋 김구용金九容이다. 둔촌은 척약재를 지기知己로 일컬었다.[94] 김구용은 1367년 성균관 중건 이후 정몽주, 이숭인, 박상충과 함께 성리학을 연마했다. 김구용과 둔촌은 같은 해에 과거에 합격한 사람, 즉 동년이었다. 김구용은 1375년 이인임李仁任에게 죄를 얻어 죽주竹州에 유배를 가다가 어머니의 고향인 여주에 가서 7년 동안 한거하였다. 1382년 대사성大司成이 되고, 1384년 행례사行禮使의 신분으로 명나라에 갔는데, 명 태조의 노여움을 사서 대리大理(운남의 한 지역) 땅으로 유배를 가다가 길에서 죽었다. 향년 47세였다.[95]

김구용이 일찍이 죽었기 때문인지 그가 기록한 둔촌의 인물평은 남아 있지 않다. 그러나 그들 사이에 오고간 시문을 보면, 둔촌은 김구용이 사는 육우당六友堂 부근에 살았는데, 그곳은 강 건너 십여 리 떨어진 곳에 있었다.[96] 그들은 함께 어부와 나무꾼의 생활을 즐겼다. 늦은 밤까지 이야기를 나누고, 같이 달밤에 배를 타고 놀이를 즐겼다. 이들은 함께 산사에 가서 차를 끓여 마시기도 했다.[97] 김구용은 관직 때문에 강남과 강북을 전전하며 3년 동안 집에 오지 못했지만, 둘은 언제나 서로 걱정하며 그리운 마음을 실어 시를 지어 보냈다.[98] 그들은 같이 과거에 합격하여 근 26년 이상 우정을 유지하였

---

93)《遁村先生遺稿》,〈哭同年崔散騎〉.
94)《遁村先生遺稿》,〈贈金敬之〉. "勝山南畔知音在."
95) 田祿生,《壄隱文集》,〈尊慕錄附〉에 실린 金九容 참조.
96)《遁村先生遺稿》,〈寄敬之〉.
97)《遁村先生遺稿》,〈次敬之韻四首〉.
98)〈寄敬之三首〉외에도《遁村先生遺稿》53~58쪽에 둔촌과 김구용이 우정을 나눈 시들이 있다.

다. 아쉽게도 김구용은 중국에서 죽었고, 이후 둔촌이 김구용의 죽음
을 애도한 시문도 발견할 수 없다. 시문이 남아 있다면 두 사람의 우
정과 간절한 애도의 정이 더욱 잘 드러나 보일 것이다.

둔촌이 은거하던 천녕川寧은 정몽주의 등신장登神莊과 20리 거리에
있었기에 두 사람은 자주 왕래할 수 있었다. 그들은 비 오는 날 잡담
을 하고 시를 읊고 술 마시며, 서로 따뜻하게 우정을 나누었다.99) 정
몽주는 명나라에 사신으로 갔을 때 둔촌과 도은, 삼봉을 그리워하는
시를 남겼다.100) 포은과 둔촌 사이에는 30년 이상의 교유가 있었
다.101) 포은은 20세 후반에 이색李穡의 문하에서 성리학을 배웠다.
앞에서 언급했듯이, 정몽주는 둔촌을 위해 둔촌권자遁村卷子, 호연권
자浩然卷子를 써 주었다.

둔촌의 큰 아들 지직之直이 정몽주에게 학문을 배우고 뒷날 과거
에 합격하자 정몽주는 지직에 대해 기대가 컸다. 그는 둔촌 못지않
게 기뻐했고, 아들을 낳으면 이집의 아들처럼 길러야 한다고 했
다.102) 포은은 둔촌의 기분이 울적할 때 그에게 노년에 시문이 출중
하고, 아이들이 큰 성취를 이루었으니, 어떤 부귀한 사람도 그대만
못하다고 위로해 주었다.103) 포은은 둔촌과 마음속의 이야기를 나눌
수 있는 사람이었다.

삼은 가운데 목은牧隱 이색李穡은 둔촌보다 한 살 아래였다. 목은은
성균관 대사성으로 재임했을 때, 학관學官 정몽주, 김구용, 이숭인 등
과 함께 학칙을 제성하고, 성리학을 언미하여 성리학을 크게 발전시

---

99) 〈癸卯五月初二日有雨獨坐李遁村適來〉, 《圃隱集》(《高麗時代漢詩文學集成》 5, 민창문화사, 1994), 140쪽.
100) 鄭夢周, 《圃隱集》, 〈有懷李陶隱鄭三峰李遁村三君子〉.
101) 《遁村先生遺稿》, 〈哭李浩然〉.
102) 《遁村先生遺稿》, 〈次李太常韻賀李遁村子之直登第三首〉.
103) 《遁村先生遺稿》, 〈和元日見寄詩以發一粲二首〉.

켰다. 이색은 공명과 시명이 모두 높았으나 둔촌에게는 공경하는 태도로 대하였다. 그것은 둔촌의 높은 기상과 큰 뜻을 존경했기 때문으로 여겨진다.

둔촌은 빈궁한 속에서도 자신이 지키려는 도덕과 원칙을 지키면서, 심리적인 균형을 잘 유지하였고, 그의 고결한 정신은 당시 고관 문사와 어울려 지내면서도 전혀 굴한 기색이 없이 오히려 당당하였다. 목은이 늘 허리가 아파 고생하자 둔촌은 그에게 지팡이를 보내주었다. 목은이 술을 많이 마시자 둔촌은 그에게 해장용으로 검정콩〔黑豆種〕을 보내주기도 하였다.104) 목은은 둔촌에게 〈둔촌기〉, 〈호연자명〉, 〈이씨삼자명자설〉을 써 주었다. 둔촌은 그에게 21수의 시를 보냈고, 목은도 이에 화답하여 시 23수를 보냈다.105)

한편 도은 이숭인은 자신의 지기知己가 둘이 있다고 하였다. 바로 척약재와 둔촌이다. 척약재는 강개경인慷慨驚人의 구절, 둔촌은 청신절속淸新絶俗의 시편을 잘 썼다. 바쁜 도은은 강촌에 은둔한 둔촌을 특히 부러워했다고 하였다. 도은은 둔촌의 든든한 정신적 후원자였다고 할 수 있다. 도은은 성균관에서 공부하는 둔촌의 두 아들의 선생이기도 했다. 도은은 둔촌의 아들들에게 칭찬을 아끼지 않았고 기대도 컸다. 그는 둔촌을 위해 〈명자서名字序〉와 〈제둔촌권후題遁村卷後〉를 써 주었다. 도은은 둔촌보다 22세 연하의 인물이지만, 둔촌은 그를 '소년노성少年老成', '문채풍류文采風流'라고 칭찬하며106) 항상 예를 갖추어 대하였다.107)

---

104)《遁村先生遺稿》,〈奉謝遁村送黑豆種〉.
105) 朴東煥, 앞의 글,〈표 5〉참조.
106)《遁村先生遺稿》,〈復用前韻呈諸君子〉.
107)《遁村先生遺稿》,〈寄陶隱〉. "家僮來報判書來 顚倒開門掃綠苔 極目江天終不至 從今便覺棄非材"에서 자신을 非材로 자칭하며 겸손함을 보이고 있다.

그 밖에 둔촌은 우현보禹玄寶, 임심부任深父, 이달충李達衷, 이무방李茂方, 정추鄭樞, 정지鄭地, 전록생田祿生 등 당시의 문장가와 덕이 높은 두문동 72현에 소속된 인사들과 교유하였다.

둔촌의 친구들은 신진세력으로서 권신과 마찰을 빚고 있었다. 이들은 친명파였기에 친원파와 정적관계에 있었다. 그들은 동문수학한 붕우로서 이인임 등 친원파에 대한 반감도 공유하고 있었다. 이들 집단은 이처럼 시국에 대한 생각도 일치하였고 기질도 비슷하였다. 그래서 20~30년 동안 벗이 될 수 있었다. 이러한 벗들의 고무와 격려는 은둔생활을 하던 둔촌에게 큰 위안이 되었다.

2) 둔촌과 승려의 교유

둔촌의 시집에는 승려에게 지어 보낸 시가 적지 않다.108) 이로써 이집이 승려와 깊은 교분을 쌓고 있었음을 알 수 있다. 그러나 그가 시를 지어 승려에게 보낸 것은 실려 있지만, 어떤 이유인지 승려가 그 시에 대해 화답한 것은 보이지 않는다. 아마도 조선 초기에 이집의 시가 간행될 당시 승려와 주고받은 시들을 누락시킨 것은 아닌지 추측된다. 사실이라면 아마도 조선 초기 불교에 대한 탄압과 관련이 있지 않을까 생각된다. 구체적인 이유야 어떠하든 승려들이 분명 이집과 나누었을 시들을 볼 수 없는 것은 매우 아쉽다. 그렇다면 이집이 승려에게 보낸 시에서는 주로 어떠한 소재를 다루고 있는가.

둔촌과 승려의 교제를 살펴보면, 한편으로는 둔촌의 둔세 사상과 종교 관계를 이해할 수 있고, 다른 한편으로는 당시 문인과 승려의

---

108) 둔촌의 승려 친구는 12명이다. 朴東煥, 〈遁村 李集의 詩文學 硏究-交遊詩를 中心으로〉, 동국대 석사논문, 2002 참조.

교제 형태를 알 수가 있다. 가령 금생사의 점상인, 형암의 천택상인
과 같은 경우는 모두가 젊을 때부터 아는 사이였다. 용두주지는 그
가 은거해 있던 도미사를 창건한 인물이었다.109) 천태天台 원장로圓
長老는 목은의 친구이고, 안화사의 중암과 환암110)은 당시의 명승들
이었다.

둔촌은 이들 승려에게 20수의 시를 썼다.111) 이것은 현존 시 295
수의 약 15분의 1에 달한다. 둔촌과 승려의 잦은 교류를 짐작하게 한
다. 이를 통해 둔촌이 불교에서 마음의 위안을 삼은 것은 아닐까 추
측할 수 있다. 몇 수를 살펴보면 이러하다.

나직한 산 솔밭 끝 중이 사는 집	淺山松末有僧家
맑은 내 건너면 비탈길이지.	過了淸川一徑斜
여긴 내 아들이 글을 읽던 곳	此是吾兒讀書處
깊은 밤 정담 속에 촛농 다했지.	夜深情話落燈花
졸립도록 친구와 얘기해 볼까	思與高人對榻眠
해 질 무렵 유유히 말 타고 왔지.	悠悠跨馬夕陽邊
인생 만사 우리 다 이러했는데	吾生萬事每如此
엇갈려 못 만난들 슬퍼하겠나.	安用相違苦悵然112)

이 시에서는 다정함이 가득하고 마음의 안정이 풍부하다. 승려를

---

109) 《高麗時代漢詩文學集成》 5, 《圃隱集》, 〈次李遁村韻送龍頭講主〉, 민창문화사, 1994, 144쪽.
110) 徐居正, 《東人詩話》.
111) 《遁村先生遺稿》에 〈寄天臺圓長老二首〉, 〈送帖上人歸金生寺〉, 〈送龍頭住持〉, 〈初到道美寺寄龍頭住
老〉, 〈山寺送竹林住持〉, 〈道美寺樓上送金山新住老二首〉, 〈訪天王堂頭不遇戲作〉, 〈贈天臺僧〉, 〈寄宋大
禪師〉, 〈送兄嚴天澤上人二首〉, 〈訪中菴於甑山寺不遇二首〉, 〈用安和寺壁上鄭狀元韻題中菴二首〉, 〈元日
敍懷呈安和中菴上人兼簡住老二首〉, 〈送幻菴寄羅州判官李〉 등이 있다.
112) 《遁村先生遺稿》, 〈訪中菴於甑山寺不遇二首〉.

찾아갔으나 만나지 못하여, 마음속의 고뇌를 떨쳐버리지 못하고 흥이 날 듯하다가 다시 흥이 사그라져, 미련도 없고 활달한 마음 상태를 드러내고 있다. 중암中菴은 둔촌과 오랜 친구였다. 특이한 것은 중암이 일본인이었다는 사실이다. 이들은 서로 고마워하고 즐길 수 있는 관계였다. 둔촌은 구정[元日]에 집안 사람과 모일 때 시를 써서 중암을 위로하였다.113) 둔촌은 도은(원문에는 陶菴)과 함께 구정에 중암을 찾아가 적막하고 조용히 은거하고 있는 이방인 승려를 위무하고 함께 시문을 주고받곤 하였다.

새벽 종소리에 청산이 밝아오고	鍾動靑山曉
붉은 단풍 사이로 분주한 스님.	錫飛紅樹秋
새 절의 주지로 떠나는 죽림	竹林是新住
금동은 내가 전에 머문 곳이오.	金洞已前遊
길 멀어도 달빛은 비춰줄 거고	路遠月相照
한가로운 마음은 구름 떠 있듯.	心閑雲共浮
양양 고을 조 태수	襄陽趙太守
나의 안부 물을 게요.	應問李寧州114)

이 시는 약간의 소개 편지 성격을 갖고 있지만, 자연을 읊은 것으로서 그의 풍류를 엿볼 수 있다. 이 시는 그가 영주(지금의 천안) 태수였을 때 지은 것으로 한직한 정회를 가득 담고 있다.

이처럼 둔촌은 승려들과 교유했지만, 그는 티끌 같은 세상의 공명을 버릴 수는 있어도 자신이 불자가 되고 싶지는 않았던 듯하다. 그

---

113) 《遁村先生遺稿》, 〈元日敍懷呈安和中菴上人兼簡住老〉.
114) 《遁村先生遺稿》, 〈山寺送竹林住持〉.

가 목은에게 써 보낸 아래의 시 2수에서 이런 모습을 잘 보여주고
있다.

내 지금 용수산 아래 앓아누웠건만	臥病如今龍首下
쇠한 이 늙은이 아무도 찾지 않네.	無人喚起一衰翁
요새는 나도 세상사 잊고	我亦年來忘世事
밝은 가르침 모든 인연 끊고 싶다네.	願承明教斷諸緣
향산거사 나를 몹시 비웃겠지만	香山居士眞堪笑
늘그막에 불경이나 읽어 볼까나.	晚歲區區學佛書115)
나 지금 능엄회에 가지 못해도	我今未赴楞嚴會
절 가면 언제고 좋은 인연 있겠지.	隨喜他時有勝緣
......	......
나 지금 세상만사 잊으려 하니	萬事吾今已謝除
한가히 산사 지킴이 좋지 않겠나.	投閑便合愛山居
상공이야 절에 와서 참선하겠나	相公豈肯逃禪去
임금님 호출할까 두려움겠지.	猶恐君王有簡書116)

위에서 첫 번째 시는 자신이 병으로 누워 은거한 뒤 자신을 불러
주는 사람이 없는 외로움을 표현하고 있다. 그는 불교를 배우고 티
끌 같은 세상의 여러 인연을 끊어 버리려고도 생각하는 마음을 표현
하고 있다. 하지만 두 번째 시에서 자신이 인연에 따라 수도하려고
하니, 자신은 불법에 귀의하고 싶은 생각이 당장은 없다고 하고 있

115) 《遁村先生遺稿》, 〈九日敍懷三首呈牧隱〉.
116) 《遁村先生遺稿》, 〈九日敍懷三首呈牧隱〉.

다. 두 번째 시에서는 만사를 담담하게 보고 산림에 한가로이 은거하려 한다면서도 목은에게 당신은 임금이 언제든 부를 수 있으니, 그대야 어찌 세속을 떠나 선가에 귀의할 수 있겠는가 하고 반문하고 있다.

둔촌이 불교에 귀의하지 않은 것은 천태 장로와의 교유에서도 보인다. 천태 장로는 이집의 좋은 벗이었다. 둔촌은 천태의 장로를 자주 만났다. 천태의 장로는 둔촌에게 부처님의 도리에 관해 밤새도록 이야기했다. 그러나 둔촌 자신은 불문에 들어가려는 생각을 접고 있었다. 이것은 그의 일관된 생각이었다.

둔촌은 천태 장로와 불교의 도리를 얘기하며 세속의 번뇌를 떨쳐버릴 수는 있었지만, 불교 자체가 그에게 정신적 귀의처가 될 수는 없었던 것 같다.[117] 그렇다면 둔촌은 불문에 귀의하고 싶은 마음이 없으면서 어떻게 불가의 승려들과 교유하였는가? 아마도 승려들은 자연에 묻혀 살면서 무위의 생활을 하는 한가한 도인인 데다가, 은일의 선비와 상종할 수 있는 지식인들이었기 때문일 것이다. 더욱이 산사의 젊은 수도승과 절의 장로들은 속인이나 범부가 아니고 신선과 같은 풍모를 지닌 이들이었다.[118]

많은 승려들은 재예가 있었다. 중암中庵은 안화사에 있을 때 꽃을 심고 대나무도 키워 정원을 잘 가꾸었다. 둔촌은 그를 고인高人이라 일컬었다. 둔촌은 은둔생활을 하면서 중암에게 자주 찾아가 함께 즐겼으며, 중암과 함께 있던 승려 또한 인물 그림을 잘 그리는 사람이었다. 또한 환암이란 장로가 있었다. 그의 글씨는 당대 최고였다. 일찍이 속세의 일을 잊고, 한유에게 태전사太顚師라는 큰 스님이 있었

---

117) 《遁村先生遺稿》, 〈贈天台僧〉.
118) 《遁村先生遺稿》, 〈用安和寺壁上鄭狀元韻題中菴二首〉.

듯이 둔촌에게는 환암幻菴119)이 있었다.

둔촌이 승려와 친구가 될 수 있었던 까닭은 물론 위에 언급한 승려들의 인품 및 재능과 깊은 관계가 있었다. 그러나 그 외에도 당시 둔촌과 문단의 친구들의 모임이 산사에서 있었던 것과도 관련이 있지 않을까 생각된다. 〈염석일수정제군자念昔一首呈諸君子〉에서 산사에서 경신날 밤[庚申夜] 고승이 삼매경에 이르고 사미승이 차를 달여주는데, 거기서 어울려 놀던 모든 이가 훌륭한 문인 벗들이었다. 둔촌은 단오에도 사찰에 찾아가곤 하였다.120) 가을에도 산사에 찾아가 놀고 차도 마셨다.121) 둔촌은 기분이 울적할 때도 오래된 절을 찾아갔다.122) 불국사나 중암의 거처였던 증산사에서 둔촌의 큰아들이 유숙하며 공부한 적도 있다.123)

둔촌은 은거생활을 할 때 가끔 찾아와서 글을 묻는 스님들이 반가웠다.124) 둔촌은 세상을 피하려 할 때나, 늙어서 모든 번뇌를 끊고 싶을 때 승려들에게 의탁하기도 하였다.125) 그는 여름의 무더위를 피하여,126) 또는 동년회의 모임을 열 때도 사찰을 찾아갔다.127)

이상으로 보면 둔촌은 유학자이면서도 사찰을 즐겨 찾아가 승려들과 불도를 논한 인물이었다. 그러나 그의 좌주 이공수가 불도에 깊이 빠지지 않았듯이 그 또한 불도에는 빠지지 않았다. 그러면서도

---

119) 《遁村先生遺稿》, 〈送幻菴寄羅州判官李〉. 환암은 보각국사普覺國師를 말함. 《國譯屯村先生遺稿》 (廣州李氏大宗會, 1992)의 〈送幼菴寄羅州判官李〉에서 幼菴은 幻菴의 착오임.

120) 《遁村先生遺稿》, 〈酬和 次呈圃隱三首〉. "明朝端午是 擬約訪禪林."

121) 《遁村先生遺稿》, 〈次敬之韻四首〉. "山秋遊寺卽煎茶."

122) 《遁村先生遺稿》, 〈次牧隱〉. "紅葉蒼苔尋古寺."

123) 《遁村先生遺稿》, 〈長兒遊學佛國寺以詩示之〉, 〈訪中菴於甁山寺不遇二首〉.

124) 《遁村先生遺稿》, 〈用前韻呈李中書蔡判書二首〉. "只喜隣僧來問字."

125) 《遁村先生遺稿》, 牧隱, 〈附次韻〉. "避世却投僧"; 〈九日敍懷三首呈牧隱〉. "顧承明敎斷諸緣, 晩歲區區學佛書."

126) 《遁村先生遺稿》, 圃隱, 〈附次韻〉. "衣冠縛束二毛翁 觸熱行香佛寺中."

127) 《遁村先生遺稿》, 〈訪權葵軒於彰聖寺不遇三首〉.

목은처럼 승려들과 자주 왕래하면서 속세로부터의 해방감과 함께 정신적인 교감을 기대한 측면도 없지 않다. 위에서 보았듯이 둔촌이 승려들과 벗을 한 것은 산사 자체가 둔촌 자신에게 편안하고 한적한 분위기를 제공해 주는 데다가 승려와 교류하면서 심신의 안정을 꾀할 수 있었기 때문으로 보인다.

6. 맺음말

둔촌의 시는 주로 평범하고 세세한 일상, 그리고 자연경관을 보고 우러나는 감정을 읊은 것들이다. 둔촌이 지은 시는 주로 타인과 교류 속에 오고간 것들이다. 그는 은둔생활을 하면서도 관직생활을 하는 벗이나 산사에서 지내는 승려 등과 허물없이 자연스러운 교류를 즐겼음을 알 수 있다. 그의 시는 대체로 이야기 식의 서술형이다. 자신에게 또는 다른 사람에게 말하는 형식으로 되어 있다. 이 글에서는 주로 그의 시에 등장하는 인물과 그의 실제 생활이 얼마나 직접적 관련과 영향이 있는지를 살펴보았다. 그의 시를 통해 볼 때 다음과 같은 특징을 이야기할 수 있다.

첫째, 둔촌은 내면적으로는 의기가 충만한 사람이었다. 그는 신돈과 같은 권력 있는 인물을 비판하다가 결국 솔가하여 은둔해 살아야 했다. 그의 이름을 원령元齡에서 집集으로 바꾼 것이나, 호를 둔촌으로 바꾼 것 모두가 신돈에 대한 비판과 그로 말미암은 피난생활의 결과로 이루어진 것이었다. 그만큼 그와 가족이 입은 일생의 시련과 고통은 컸다. 그렇지만 그런 것이 둔촌의 생애 전반에 흐르는 그의 기개나 지조를 크게 바꾸지는 못하였다. 한마디로 둔촌은 외로운 은둔생활 속에서도 초지일관 자신의 기개를 잃지 않고 뜻을 굽히지 않으며 유유자적한 삶을 살아간 인물이라 하겠다.

둘째, 둔촌의 생애를 한마디로 표현하면 '높은 뜻, 불우한 삶'이었다. 그는 벼슬길에서 크게 현달하지 못하고 주로 은둔생활을 이어갔다. 그 까닭은 내우외환으로 어지러웠던 고려 말의 시대 환경, 화려하지 않은 향리 출신이라는 가문 배경, 상대적으로 뜻이 높고 호연했던 둔촌의 개성 등이 두루 작용한 결과였다.

둔촌은 의관이나 외형에 크게 구애받지 않는 자연인이었지만, 그의 머릿속에는 비단 같은 시문이 가득 차 있었다. 그가 지은 시에 대해 당대 명사들의 다양한 평가가 있다. 그러나 선비로서 부모에게 효도하고, 벼슬길에 나아가 가문을 빛내고 나라에 충성한다는 것이 당시의 일반 사류들에게 보편적인 희망이었듯이, 이집에게도 마찬가지였다. 그럼에도 이집은 은둔생활을 하는 시기가 많았고, 부친도 피난처에서 생을 마치는 불행을 겪었다. 이 모두는 이집이 자신의 성격을 굽힐 수 없어 가져온 일이었지만, 결국은 부친에게 불효를 했다고 자책하지 않을 수 없었을 것이다. 이 점이 둔촌의 일생 동안 자식된 도리로서, 그리고 유자로서 가장 한스러운 일이었을 것이다.

셋째, 둔촌은 은둔생활을 즐겼지만, 관직생활을 하던 벗이나 산사의 승려 등 교유 범위가 다양했다. 이들과의 교류에 나타난 둔촌의 인격상 특질은 문인과 시인 앞에서 자신만만했다는 점이다. 한 예로 그는 1385년(우왕 11) 가을, 명나라 황제의 조서를 가지고 온 사신 장부張溥와 주탁周倬의 송별시회에서 포은, 권근 등과 함께 시를 써 주었다. 그때 둔촌은 아무런 관직도 없을 때였다. 그럼에도 둔촌은 장부에게 써 준 시에서 자신의 인격과 학문에 대한 자신감을 충분히 보여주고 있었다. 당시 모든 사람은 경학에 유명했던 장부의 학문에 탄복하였지만, 둔촌은 만약 당신이 뒷날 나를 기억한다면, 나에게 편지를 써 보내라고 자신있게 시를 통해 표현하였다. 고명사 주탁에게는 황제께서 고려의 정황을 물어보면 나 대신 말을 전해달라는 뜻으로 시를 썼다.

넷째, 시는 마땅히 기절氣節을 우선으로 하고, 그 다음이 문조文藻라 했다. 둔촌이 당대에 많은 이들로부터 존경을 받을 수 있었던 가장 중요한 이유는 바로 그의 기절과 문장 때문이었다. 시를 지을 때는 구절마다 전고가 있어야 했고, 그러면서도 창의적인 면이 있어야 했다. 때문에 예로부터 그 조건에 부합하기란 쉬운 일이 아니었다. 그러나 둔촌은 전고를 적당히 인용하고 소화하여 자신의 글로 담담하게 풀어냈다. 거기서 그의 문학적인 소양을 볼 수 있다. 아울러 그의 훌륭한 시들은 둔촌 자신의 삶을 투영한 것이자, 거기서 배태된 인고의 결정체였다.

다섯째, 비록 둔촌 자신은 뜻을 크게 펴지 못하고 운둔 속에서 불행하게 생을 마친 셈이지만, 그의 다음 대로부터 가문이 크게 발전을 이루었다. 그것은 이집이 생전에 쌓은 덕의 결과가 아니었을까 생각된다. 특히 《서경》과 《맹자》의 가르침을 평소 몸으로 실천하면서 보여준 자식에 대한 가르침, 그리고 이집이 교유한 수많은 벗들과의 우정과 신의로 말미암아 그의 자손이 은덕을 입게 된 것이라고 보아도 무리가 아닐 것 같다. 고려 말 향리 출신이던 미미한 가문이 조선조를 거쳐 새 왕조의 현달한 명문가로 성장하는 과정에는 바로 둔촌이라는 인물의 존재와 그의 후광이 매우 중요한 바탕을 이루었다고 하겠다.

여섯째, 고려시대의 시풍은 송시의 영향을 많이 받았다. 특히 소동파의 영향이 컸다. 서거정의 《동인시화》에는 '과거 합격자의 방이

붙으면, 사람들은 33명의 소동파가 나왔다고 한다'고 표현하였다. 둔촌도 문과 출신으로서 소동파의 시에서 많은 영향을 받았을 것이다. 그러나 둔촌과 교류한 인물들은 기상이 높은 성당盛唐의 시문을 중시하면서 새로운 변화를 추구하는 모습도 보여주고 있다. 둔촌의 아들 지강도 성균관에서 도은에게 사서를 배우는 한편, 한유의 원도原道를 자습하였다. 목은, 도은, 척약재 등도 둔촌에게 준 시에서 모두 약속한 듯이 당시唐詩와 한유의 고문을 읽고 있다고 한 구절들이 보인다. 고려 말의 격동기에 역성혁명에 가담하지는 않았다 하여도 그들도 변화를 바란 것은 마찬가지가 아니었나 생각한다.

■ 참고문헌

《論語》 衛靈公
《高麗史》
權近, 《陽村先生文集》
《三峰集》(《高麗時代漢詩文學集成》 5, 민창문화사, 1994)
《牧隱集》(《高麗時代漢詩文學集成》 4, 민창문화사, 1994)
《圃隱集》(《高麗時代漢詩文學集成》 5, 민창문화사, 1994)
《全唐詩》 卷373, 孟郊
《全唐詩》 卷573, 賈島
徐居正, 《東人詩話》(《高麗時代漢詩文學集成》 5, 민창문화사, 1994)
曹伸, 《諛聞瑣錄》
田祿生, 《埜隱文集》(경인문화사 刊)

呂運弼, 《高麗後期 漢詩의 硏究》, 도서출판 월인, 2004.

하정승,《고려조 한시의 품격연구》, 도서출판 다운샘, 2002.

李楠福,〈遁村李集硏究〉,《韓國中世史硏究》 4, 도서출판 늘함께, 1997.
閔丙河,〈遁村李集先生〉,《廣李會報》 卷2, 1988.
박동환,〈遁村 이집의 시문학 연구-교유시를 중심으로-〉, 동국대 석사논문,
　　　2002.

둔촌 이집 및 칠곡 문익공文翼公가의 고문헌 연구

김 문 택

서울역사박물관

1. 머리말

둔촌遁村 이집李集(1327~1387)은 여말의 정치가이자 삼은三隱과 교류하던 학자로 이름을 떨쳤다. 그의 후손들은 조선조에 들어와서는 국가적인 명가名家가 되었다. 성현의 《용재총화慵齋叢話》에서는 "지금 문벌의 성함은 광주이씨가 가장 앞서며 그 다음으로는 우리 성씨 같음이 없다"고 언급하였고, 또한 《기년편고紀年偏攷》에서는 이집의 아들 이지직李之直에 대해서 청백리이면서 '3자8손구문과三子八孫具文科'라고 하였으니, 이를 통해서도 광주이씨는 조선 전기에 벌열이면서 가장 많은 과거 합격자를 낸 가문이었음을 짐작할 수 있다.

이러한 명가에서는 당대에 많은 기록물들을 생산하고, 이를 후세에 남겼을 것이다. 이들 문헌 가운데는 국가로부터 받은 것들도 있을 것이려니와 내부적으로는 가계와 문중을 운영하면서 남긴 것들도 많았을 것이다. 그런데 현재로서는 세전되는 것이 그리 많지 않은 형편인데, 이는 다른 집안의 경우와 비슷하다고 할 수 있다.

우리나라는 조선조에는 임진왜란, 현대에 들어와서는 한국전쟁과 같은 전란을 겪으면서 수많은 문화유산들이 소실되었고, 그에 따라 문헌들도 상당 부분 사라졌다. 그나마 경상도 지역을 중심으로 옛 문헌들이 많이 남아 있는데, 이들 가운데에서도 임란 이전의 것들은 매우 희귀한 편이다.

더욱이 기호 지방은 한국전쟁을 겪으면서 영남이나 호남보다 더욱 피해가 심하였으며, 특히 서울 북쪽 지역에서는 어느 문중에서건 고문서 한 장도 찾아보기 어려운 실정이다. 양주, 파주, 포천과 같은 격전지가 이에 해당한다.

이러한 현상은 광주이씨 문중도 예외는 아니었다. 기호 지역에 있던 문중들의 문헌은 찾기가 매우 어려우나 영남으로 내려가면 그나마 다소의 자료들을 찾을 수 있다. 현재 광주이씨에서는 칠곡의 문익공文翼公 이원정李元禎 종가에서 가장 많은 문헌들이 발견되었다.[1] 따라서 둔촌 이집 후손가의 문헌을 소개하면서 부득이 이 종가에 비중을 두지 않을 수 없었다.

그런데 이집은 한때 영남으로 피난 가서 거주한 적이 있었고, 부친의 묘소가 영남에 그대로 남아 있기에 초기부터 영남과 매우 인연이 깊었다. 그리고 뒷날 일부 후손들이 15세기 무렵 영남에 정착하여 살게 되면서[2] 두 지역은 활발하게 교류하였던 것으로 보인다.

이 글에서는 먼저 둔촌의 문집인 《둔촌잡영》에 대해서 소개하고,

---

1) 문익공 이원정 종가의 문헌들 가운데 상당수는 2002~2003년 사이에 걸쳐 서울역사박물관에 기증, 보관되어 오고 있다.
2) 광주이씨 가문에서 영남 칠곡에 처음 정착한 이는 둔촌의 고손인 薱인데, 그가 칠곡에 사는 영천최씨댁에 장가들면서 이곳에 정착하게 되었다. 그런데 그의 장인인 崔河는 바로 둔촌이 영남에 피신했을 때 그를 숨겨주었던 최사간과 같은 영천최씨였으니, 광주이씨와 최씨 사이의 인연이 매우 깊었음을 알 수 있다.

이어서 둔촌이 영남으로 내려간 것과 관련하여 산견되는 문헌들에
대해서도 검토해보고자 한다. 그리고 문익공 이원정 종손가의 문헌
에 대해서는 대표적으로 고신 약 3백 장과 승정원사초에 대해서 살
피고자 한다.

2. 둔촌선생 관련 문헌

1) 《둔촌잡영遁村雜詠》 간행

《둔촌잡영》은 1410년(태종 10) 그의 아들 이지직李之直에 의해서
처음 간행되었고, 이후 1916년에 이르기까지 모두 아홉 차례 발간되
었다. 이들 간본 가운데 초간본을 비롯하여 조선 후기에 간행된 것
들 중 일부가 현존하나, 이른 시기의 것은 사라진 것들도 있다. 여기
서는 이들 간행본에 대하여 간행과 관련되어 문헌에 나타나는 순차
적인 간행 기록, 그리고 몇몇 간행본에 대한 체제상의 특징 등에 대
해서 살피고자 한다.

초간본이 간행되던 1410년은 국가 차원에서 도서와 불경의 간행
이 주류를 이룰 때이며, 개인문집의 발간은 매우 어려운 시기였다.
따라서 이 무렵 문집의 발간은 중요한 의미를 지니고 있다. 당시 개
인문집으로 판각, 인쇄된 것은 삼은三隱 등 명인에 한정되었는데, 현
재까지 전해지는 것은 그리 많지 않다.3)

---

3) 고려 말 삼은과 같은 명현의 문집은 조선 초기에 들어와 간행된 바 있다. 먼저 《圃隱集》은
1439년에 처음 발간된 것으로 알려지는데, 현재는 전해지지 않고 있다. 《牧隱藁》는 1404년
에 발간되었는데 현재 후쇄본으로 보이는 것이 고려대 만송문고에 소장되어 있고, 《陶隱
集》은 1406년에 초간본이 발간되었는데, 현재 성암고서박물관에 보관되어 있다.

《둔촌잡영》초간본은 본문이 상하권 2책으로 되어 있고 앞부분에 하륜河崙(1347~1416)의 서문이 있다. 서문에는 간행에 대한 사연과 감회 등이 적혀 있다. 내용에 따르면, 처음 하륜은 포은 정몽주의 소헌小軒에서 둔촌을 만났는데, 이때는 둔촌이 신돈의 화에서 벗어났다가 남방에서 돌아왔을 때였다고 하였다. 이후 두 번째는 목은 이색의 초창草廠에서 만났는데, 이색은 삼가 서로 대하며 날을 새우기에 본인은 그 옆에서 여러 이야기를 들을 수 있었다고 하였다. 그 뒤 이웃 마을에 살면서 선생께서 시를 지어주시면 본인이 화답했다고 서술하였다.

이후 둔촌이 병으로 세상을 떠났고, 포은圃隱 정몽주(1337~1392)와 도은陶隱 이숭인(1347~1392), 그리고 목은牧隱 이색(1328~1396) 선생마저 세상을 등지고 말았다고 한다. 이들 사후에 삼은의 시문은 간행되어 세상에 알려졌는데, 둔촌은 홀로 없어서 몹시 괴이하다고 여겼다. 그러다 선생의 아들 형조참의 지직이 그 유고를 받들고 와서 하륜에게 보여주며 서문을 써 주기를 청하여 짓게 되었다고 한다.

《둔촌문집》은 초간본 이후 여러 차례 중간이 이루어졌다. 지금까지 아홉 차례 간행된 것으로 알려져 있는데, 이에 대해서는 〈표 5-1〉로 정리해 볼 수 있다. 발간횟수가 많았던 것과 달리, 이에 대한 문헌 기록은 그리 체계적이지 않다. 여기서는 문헌에 나타나는 발간기록을 소개하여 전체적인 이해를 돕고자 한다. 순차적인 발간기록은 1686년본과 1916년본 두 군데에서 나타난다. 그런데 이곳에서도 약간의 한계가 있었으니, 이전의 간행 사실을 모르고 한두 차례 누락시키곤 하였다.

표 5-1. 《둔촌문집》의 발간 내역

명칭	발간횟수	간행자(간행처)	편찬 형식	관련 문헌 기록		소장처
				1686년본 重刊跋	1916년본 重刊凡例	
둔촌 잡영	一刊本 (1410년)	之直(公州)	上下2冊	○	○	아단문고 (보물1218호)
	二刊本 (1451년)	仁孫(尙州)		○	○	
	三刊本 (1589년)	士溫·尹斗壽(平壤)			○	
	四刊本 (1632년)	如圭(尙州)			○	
	五刊本 (1686년)	厚遠(寶城 鳳岬寺)	不分卷1冊, 附錄		○	장서각, 국립중앙도서관
	六刊本 (1846년)	鎭翰(寶城 永慕齋)	不分卷1冊, 附錄, 補編			규장각, 장서각, 서울역사박물관
둔촌 선생 유고	七刊本 (1916년)	泰會(龍城 中峴里)	4卷2冊			장서각, 고려대학교
	八刊本 (1916년)	秉爀(龍城 栗里)	2卷1冊			장서각
	九刊本 (1962년)	熙載	4卷1冊			고려대학교, 국립중앙도서관

(1) 1686년본 발문跋文 기록

1686년본은 봉갑사鳳岬寺에서 간행되었는데, 여기서 후손 이후원李厚遠이 끝에 발문을 붙이면서 중간重刊 사실을 언급하였으니, 그 내용은 다음과 같다.

우리 《둔촌선생유고》는 일찍이 간행된 것이 두 번이었는데, 이번에 간행하면 세 번째이다. 1간一刊은 공주公州에서 간행되었는데, (둔촌의 아들) 우리 참판조參議祖(형조판서 지직)가 공주 판관判官 최진성崔進誠에게 위촉하여 간

행하게 하였다. 공주목사 정진鄭津이 그 일을 도왔고 호정浩亭 하륜河崙이 서
문을 썼으니, 영락 8년(1410, 태종 10) 경인년庚寅年 가을 7월이었다. 2간二刊
은 상주尙州에서 간행되었는데, 우리 충희공조忠僖公祖(인손)가 경상도관찰사
겸상주목사 때에 간행한 것이다. 스스로 발문을 썼으니 경태 2년景泰二年
(1451) 신미년辛未年 봄 정월이었다. 지금의 3간三刊은 내가 낙남落南하여 여
러 종인宗人들과 함께 간행하였으니, 산양군山陽郡(보성군) 봉갑사鳳岬寺에서
출간하였는데, 그 연월일은 실로 숭정기원후崇禎紀元後 병인년丙寅年(1686) 여
름 첫 달이었다.4)

후원厚遠의 발문에 따르면, 문집 발간 때인 1686년을 기준으로 그
이전인 1410년과 1451년 두 차례에 걸쳐서 발간한 사실을 언급하면
서, 당시의 것은 3간으로 인식하고 있었다. 그는 2간 이후 1589년과
1632년에 두 차례 더 간행된 사실을 모르고 있었던 것이다.

이 간행본의 발문에서는 편찬체제에 대해서도 기술하였으니, 이
또한 참고할 만하다. 내용에 따르면 선생은 당시의 명인들과 시로
수창酬唱하였는데, 이들은 목은, 포은, 도은, 척약재惕若齋(김구용) 등
이니, 이들의 전고를 간추려서 곳에 따라 본권의 각 편 아래에 실었
다고 하였다. 또 본권에서 원시原詩가 유실된 것은 별도로 권卷을 만
들어 부록에 넣고, 여기에 애사哀辭, 기記, 설說, 서序, 서書를 함께 기
록하였고, 아울러 영천의 최원도崔元道와 한수韓脩 양현兩賢의 시 한두
수를 부록에 실었다고 하였다.5) 따라서 이때에 이르러 본문에 삼은

---

4) 《遁村雜詠》遁村雜詠附錄〈遁村雜詠重刊跋〉. "曰我始祖遁村先生遺稿, 曾入刊者有二, 而今又刊卽三重刊
也. 一刊, 刊于公州, 乃我僉議祖囑州判崔侯進誠誠使之刊, 而領牧鄭公津相其役, 浩亭河公崙序文之, 在永樂
八年庚寅秋七月日也. 二刊, 刊于尙州, 亦我忠僖公祖, 觀察嶺南兼領尙牧時所刊, 而自爲跋跋之, 在景泰二
年辛未春正月日也. 今之三刊, 我落南諸宗人之所同刊, 刊在山陽郡鳳岬寺其年月日, 實崇禎紀元後歲丙寅夏
孟月有日也……."

5) 《遁村雜詠》遁村雜詠附錄〈遁村雜詠重刊跋〉. "……且當時號名人, 而與之酬唱者何限, 獨牧隱・圃隱・陶

의 시를 추가하고 처음으로 부록을 만들었음을 알 수 있다.

(2) 1916년본 범례凡例 기록

2간 이후의 중간 사실에 대해서는 그보다 훨씬 뒤인 1916년《둔촌 선생유고》가 간행되면서 보다 자세히 알려졌다. 이때는 용성龍城의 중현리中峴里에서 태회泰會의 주도로 목활자로 발간되었는데, 당시에는 남은 시와 여러 현자들의 기록을 더 찾아내 4권 2책으로 편집하고, 《둔촌선생유고遁村先生遺稿》라고 하였다. 도서의 앞부분 범례에 순차적인 간행 사실이 기록되었다.

범례에서는 먼저 이후원의 발문과 마찬가지로 1간一刊과 2간二刊에 대해서 언급하고, 그 다음에 "3본三本은 만력萬曆 기축년己丑年(1589)에 선생 8세손 사온士溫과 8대 외손 윤두수尹斗壽가 평양에서 활자로 인쇄하였고, 4본四本은 숭정崇禎 임신년壬申年(1632)에 선생의 9세손 여규如圭가 상주尙州에서 수령을 맡고 있을 때 간행하였다"[6]고 하였다. 아울러 5간본은 1686년에 후원이 주관하여 간행하였다는 사실도 언급해 두었다. 따라서 이 시기에 이르러서 이전에 이후원이 미처 파악하지 못한 1589년본과 1632년본의 편찬자와 편찬처, 그리고 간행 방법까지 알게 되었다.

(3) 1846년본

그런데 1916년본 범례에서도 누락된 간본이 있었으니, 1846년 진

隱·惕若齋四先生, 其道義相響之切, 志節交孚之密, 雖金利蘭臭, 猶未足以喩其至.……肆閱四先生全稿, 而撫取相與贈和詩, 隨附於本卷各篇下, 其遺亡於本卷者, 別爲卷附之下, 而哀辭及記說序書, 亦並錄焉. 至如崔·韓兩賢詩一二首, 間附附卷者, 取其事奇而蹟古, 欲令彰徹有聞於世也已. 十代孫厚遠謹跋."

6) "……三本, 萬曆己丑, 先生八世孫士溫·八代外孫尹公斗壽, 活印於平壤而識其事. 四本, 崇禎壬申, 先生九世孫如圭, 出守尙州時所刊也……."(《國譯 遁村先生遺稿》,〈遁村先生遺稿重刊凡例〉, 광주이씨대종회, 1992).

한진한鎭翰의 주도로 보성寶城의 영모재永慕齋에서 발간한 것이다.7) 여기에서 기백基白이 쓴 발문에 따르면 "《둔촌시고遁村詩稿》가 세상에 간행된 지 오래되었다. 구본舊本이 있었으나 가히 상고할 수 없고 오직 갑사岬寺의 중간본만이 있는데, 또한 2백 년이나 되었다. 후손들 가운데 이 땅에 거주하는 자가 적지 않은데 세대가 멀어져서 문헌으로 상고할 수 없다.……이에 족숙 진한鎭翰씨가 여러 종인들과 의논하여 약간의 재물을 얻어서 이에 인출印出하는 역사를 이룩한 다음 나에게 그 일을 쓰라고 하였다"고 하였다.

아울러 문집을 편집할 때, "선생의 유적遺蹟이 나타나는 여러 집안의 문장文章, 묘갈墓碣, 연원淵源(사우연원록), 원우院宇에 대한 글을 종류에 따라 보충하였다"고 하였으니,8) 바로 해당 간본의 맨 뒤에 실린 '둔촌잡영보편遁村雜詠補編'을 일컬은 것이었다. 보편은 바로 이때에 추가된 것이었다. 이 도서는 상대적으로 간행된 지 오래되지 않아서인지 국내에 여러 책이 보관되어 있다. 서울대학교 규장각,9) 한국학중앙연구원 장서각, 그리고 서울역사박물관에 각각 보관되어 있어서 둔촌의 시문을 세상에 알려주는 데 가장 요긴한 판본이 되고 있다.

결국 1846년본이 있음으로 해서 이때의 것이 6간본이 되고 1916년본은 7간본으로 보아야 할 것이다. 이 밖에도 같은 해인 1916년에 병혁秉爀의 주도로 용성龍城 율리栗里에서 목활자로 발간이 이루어진 바

---

7) 이때 만들어졌던 목판은 뒤에 문중에서 국립중앙도서관에 기증하였다고 한다.

8) 《遁村雜詠》遁村雜詠補編〈遁村雜詠重刊跋〉. "遁村詩稿之行于世久矣, 公尙舊本今不可考, 而惟此岬寺重刊, 亦且二百年于玆矣. 遺孫之居此土者不爲多, 而華冑旣遠, 文獻無徵.……乃者族叔鎭翰氏謀於諸宗, 辦得若干財, 設此印出之役, 而命余識其事, 謹按先生遺蹟之見於諸家文字者及墓碣淵源院宇之文, 隨類別附, 以補其編……."

9) 규장각본은 1988년 민족문화추진회에서 간행한 '한국문집총간(v.3)'에 둔촌잡영이 영인, 수록될 때 저본이 되었다.

있으니, 이는 8간본이라고 할 수 있다. 결국 둔촌선생문집은 1410년 부터 20세기 초에 이르기까지 여덟 번이나 간행되었는데, 1간~6간 까지는 《둔촌잡영遁村雜詠》이란 명칭으로, 7간부터는 《둔촌선생유고 遁村先生遺稿》란 이름으로 간행되었음을 알 수 있다. 아울러 1962년에 도 석인본으로 한 차례 더 간행되었으니, 이는 9간본이 된다.

　지금까지 둔촌의 문집에 대한 발간본을 모두 정리해 보았다. 이들 은 현재 아단문고를 비롯하여 장서각, 규장각, 국립중앙도서관 등에 보관되어 있다. 다만 아쉬운 점은 이들 가운데서 2간인 1451년본, 3 간인 1589년본, 그리고 4간인 1632년본이 아직 발견되지 않았다는 것이다. 다행히 초간본이 남아 있어서 국가문화재로 지정된 점은 매 우 반가운 일이기는 하나,10) 차후에 좀 더 세부적인 조사를 통해서 소실되었던 간본들이 발견되었으면 하는 바람이다.

2) 둔촌과 최사간 관련 문헌

　둔촌이 영남지방과 맺은 인연에 대해서는 '둔촌선생과 최사간'이 란 이야기로 후손들에게 구전되었으며 일반인들에게도 알려져 있다. 둔촌이 고려 말 신돈辛旽(?~1371) 집권기에 화를 피하여 멀리 영천으 로 아버지를 모시고 내려갔고, 그곳에서 최사간11)의 도움으로 안전 하게 피신하였으며 얼마 뒤 부친이 돌아가시자 바로 최사간 댁의 터 전에 장례까지 지내게 되었다는 내용이다.12) 이 이야기는 역신을 피

---

10) 1995년도에 아단문고 소장 《둔촌잡영》이 보물 1218호로 지정되었다.
11) 최원도는 1355년(공민왕 4) 둔촌과 함께 급제한 것으로 보이는데, 이후 그는 벼슬하지 않았으며 司諫으로 불렸으나 오지 않았다고 한다(《東史綱目》第16 下, 丁卯年 前廢王禑 13年 참조).
12) 구전에 따르면 개성에서 몸을 피해 경상도로 가기 전에 서울의 둔골(현 강동구 암사동 인근)에 잠시 몸을 피하였다가 좀더 안전한 곳으로 가기 위해 영천으로 옮겼다고 한다.

해 도망간 둔촌과 이를 도와준 친구의 진한 우정을 보여주는 하나의
사례로 사람들의 입에 오르내렸다. 필자는 광주이씨 관련 문헌을 조
사하면서 '둔촌선생과 최사간' 이야기가 구전으로만 전해지는 것이
아니라 성현의 《용재총화》를 비롯한 몇 가지 문헌에 기록된 사실을
확인할 수 있었다. 확인된 자료를 바탕으로 여기서는 《용재총화》와
《둔촌선생유고》, 그리고 최근에 발견된 고문서古文書인 '통문通文'에
있는 내용을 살피고자 한다.

먼저 성현成俔(1439~1504)의 《용재총화》에 실려 있는 내용은 다음
과 같다.

> 둔촌선생은 문장으로 이름이 나서 사귀는 사람은 모두 당시의 영웅호걸
> 이었다. 일찍이 세상일을 비방하다가 그 말이 신돈에게 들어갔다. 신돈이
> 몰래 해치려 하자 선생은 아버지를 모시고 도망갔다. 과거에 함께 급제한
> 사간司諫 최원도崔元道가 영천에 거주한다는 것을 듣고 드디어 찾아 가니,
> 원도가 공손히 접대하길 후하게 하여 삼년 동안 나아가지 못하게 하였다.
> 선생의 부친이 돌아가심에 원도는 빈렴殯斂 등 여러 일을 갖추어 하되 자신
> 의 아버지같이 대하고는 그 어머니 묘소 옆에 장례 지내주었다. 그리고는
> 시를 지어주며 위로하기까지 하였다.[13] 지금까지도 사람들은 그의 신의를

---

13) 《용재총화》에 실린 최사간이 지은 시에서는 둔촌의 국가를 위한 충심, 부모에 대한 효도
의 마음을 담고, 아울러 지금은 한산(서울)으로 돌아가지 못하고 부친을 타향에 모시게
된 치지이지만 우리의 우정은 잘못된 세싱에서도 변하지 않을 것이리라고 하였다. 시의
내용은 다음과 같다.

잘못된 시세를 개탄하며 눈물은 옷깃을 적시는데	慷慨傷時淚滿襟
나그네의 효도와 정성은 저승까지 이르는구나.	流離孝懇達幽陰
한양은 아득히 멀어 구름과 연기로 가로막히고	漢山迢遞雲煙阻
묘소 주위는 길게 돌아 풀과 나무가 무성하도다.	羅峴盤回草樹深
하늘이 앞뒤의 말갈기 봉우리를 점지하였으니	天占後先雙馬鬣
누가 군과 나 두 사람의 마음을 알리오.	誰知君我兩人心
원하건대 세세토록 길이 이와 같이 하여	願焉世世長如此

칭송하고 있다. 장례를 지낸 나현羅峴은 이전에 어머니를 모신 곳이었는데, 지세가 도내 으뜸이었다. 그 뒤에 최씨는 쇠하고 이씨는 성하자 사람들은 객이 주인의 기운을 빼앗았다 하였다.14)

당시 둔촌은 고려 말 시세가 혼란한 때에 집안이 몰살당할 위기에 처하자 부친을 모시고 옛 동료를 찾아 나섰던 것이다. 그리고 그로부터 매우 융숭한 대접을 받으며 지냈고, 부친이 돌아가자 동료는 마치 자신의 아버지처럼 극진한 예우를 해주었던 것이다. 그 뒤 둔촌은 무사히 서울에 돌아왔고, 이후 자손들은 크게 번성하게 되었다.

이 이야기는《둔촌선생유고》〈유사遺事〉에 더욱 자세히 실려 있으니, 앞의《용재총화》에서 언급하지 않은 내용을 중심으로 소개하면 다음과 같다.15)

둔촌선생은 일찍이 송경松京 용수산龍首山 아래에 사셨는데 신돈의 문객인 채판서蔡判書란 자와 한 마을이었다. 선생은 신돈의 잘못을 분히 여겨 대중 앞에서 큰소리로 그 죄상을 꾸짖었더니, 채가蔡哥가 암암리에 사람에게 사주하여 해를 가하려 하였다. 그때에 부친께서 매우 연로하시어 선생은 밤을 타고 남몰래 등에 업고 새재를 넘어 남으로 내려가 영천의 최사간의 집을 찾아갔다.

마침 그날 최공崔公의 집에서는 작은 술 잔치가 있어 온 마을 사람들이 모두 모였는데, 선생은 곧바로 그 집의 사랑에 들러 잠깐 쉬고 있었다. 최

모름지기 우리 우정 단금처럼 될 것이라.　　　　　　　　　　　　須使交情利斷金

14) "遁村先生以文章著名於世, 所交皆一時英傑, 嘗譏謗世事, 語觸辛旽, 旽欲陰中之, 先生奉父逃竄, 聞同年崔元道居永川, 遂往投焉. 元道供接甚厚, 三年不許出, 適先生之父死, 元道備殯斂諸事, 一如其親, 令葬於其母墳側. 詩贈之曰,……至今人皆稱其信義, 羅峴卽葬母之處, 龍虎爲道中第一. 其後崔氏微, 而李氏貴盛, 說者云, 客奪主氣也."(《慵齋叢話》第9卷)

15)《國譯 遁村先生遺稿》附錄(下)〈遺事〉, 광주이씨대종회, 1992.

공은 이 사실을 알자 거짓 놀라고 노한 척하며 이르기를 "이것은 화를 싣고 와서 서로 함께 하자는 것이다"하고 몸소 일이나 내쫓고 사랑채까지 불태워 버렸다. 선생은 쫓겨 나와서 5리쯤 가니 한 숲이 있기에 잠깐 쉬면서 스스로에게 말하기를 "최우崔友는 나와는 잘 아는 사이로 지금 내가 궁해서 왔다고 해서 괄시는 않을 터인데, 이번 일은 나를 위해서 하는 짓이리라"하고 오랫동안 머물러 밤이 되기를 기다렸다.

밤이 깊어지자 최공이 지팡이를 끌고 그 숲으로 와서 부르기를 "이우李友는 여기 있는가, 없는가?"하니 선생이 나와 대답하였다. 최공은 드디어 얼싸안고 집으로 돌아가서 낮에는 다락 위에서 거처하고 밤에는 규중에서 자게 하였다. 신돈은 영천에 관문關文을 보내어 빨리 체포하라 하였으나, 고을에서는 글을 올려 당초에 쫓아 보낸 사연을 아뢰니 일은 드디어 무사해졌다.

전통시대를 대표하는 이 훈훈한 우정 이야기는 《용재총화》뿐만 아니라 김시양金時讓의 《자해필담紫海筆談》, 안정복의 《동사강목東史綱目》 등에 소개되어 사람들의 입에 오르내렸다. 또한 오늘날 일부 동화책에 실려서 어린이들에게 읽히기도 하였다.16)

뿐만 아니라 광주이씨 문중에서 작성한 고문서에도 이와 관련된 기사가 실려 있다. 이 고문서에는 1893년 문중회의에서 영천에 있는 시조의 묘소 일대를 정비하기 위해 협의한 내용과 함께 최사간 이야기가 기록되었다.

1893년 4월 원근遠近에 있는 여러 종인宗人들이 영모각永慕閣에 모여서 시조 묘소가 지난 가을 홍수로 말미암아 원각院閣과 위토位土,

---

16) 이종란, 《전래동화속의 철학》 2, 〈둔촌선생과 최사간—사람이 살아가는 데 믿음이 없다면?〉, 철학과 현실사, 2003.

그림 5-1. 고문서-통문(서울역사박물관 소장)

그리고 묘막墓幕이 침몰하여 훼손되고 말았으니, 이를 경향京鄕간의
사람들이 힘을 모아 정비하자는 것이었다. 이때 모임에 참석한 이들
은 전 한성좌윤漢城左尹 원회元會, 전 호조판서戶曹判書 정래正來, 전 병
조참판兵曹參判 관회觀會 등 24명이었는데, 참석자들 가운데 기호 지
방 사람들이 많았던 것으로 보인다. 당시 이들은 의결한 내용을 각
도에 통문通文으로 보낸 듯한데, 본 문서는 바로 전라도에 보내려고
작성한 것이었다.

이 통문에서 언급하고 있는 둔촌과 최사간 관련 사실을 소개하면
다음과 같다.

……둔촌 선생은 시조가 된다. 홍무洪武 무신년(1368, 공민왕 17)에 선생이
역적 신돈의 화를 피하려고 부친을 모시고 낮에는 숨었다가 밤길을 달려
영천의 최사간崔司諫 원도元道의 집으로 갔다. 이듬해인 을유년乙酉年에 불행
히도 (부친이) 돌아가시어 군의 남쪽 나현羅峴 자좌원子坐原에 장례를 지냈
고, 오백 년을 수호하였다. 원각院閣과 위토位土가 생각지 않게 작년 가을 홍
수로……17)

17) "遁村先生爲始祖, 而洪武戊申, 先生避賊辛旽禍, 負父畫伏夜行, 避禍于永川崔司諫元道家, 而翌年己酉,

영천 시조묘를 정비하고자 묘소의 역사와 의미를 설명한 것인데, 여기에 둔촌의 도피에 대한 생생한 기록이 담겨 있었다.

둔촌과 최사간 이야기는 선조들의 우정과 의리를 보여주는 대표적인 일화라는 점에도 의미가 있지만, 광주이씨 가문을 두고 보면 조선시대 한 명가의 태동과 발전이라는 측면에서 매우 중요한 의미를 지닌다.

둔촌은 신돈이 죽자 영천에서 돌아왔다. 돌아온 즉시 본인은 죽었다가 다시 살아난 것 같으니 옛 이름을 쓸 수 없다 하고, 이름과 자字, 호號를 한꺼번에 고쳤는데, 본래의 이름인 원령元齡은 집集이라 바꾸고, 자는 호연浩然, 호는 둔촌遁村이라고 하였다. 둔촌은 그 뒤 세상에 뜻을 끊고 여주驪州의 천녕강川寧江에 우거하면서 만년을 보냈다고 한다.

3. 경상도 문익공 종가 문헌

1) 문익공 이원정李元禎 등 3대 고신류 3백 장

광주이씨 문익공文翼公 종가에는 고문서·전적류 약 2천 5백 점이 보관되어 왔다. 여기서는 이들 문서들을 일일이 소개하기보다는 대표적인 두 종류를 골라서 소개하고자 한다. 먼저 이 집안에는 3대에 걸쳐 고신류告身類(혹은 敎旨類) 3백 장이 전해내려 왔다. 개인 당 1백 장 정도의 고신을 갖추는 일은 간혹 있기도 한데, 3대에 걸쳐 꾸준하

不幸卒逝, 因葬于郡南羅峴子坐原, 而五百餘年守護者, 院閣與位土矣. 不意昨秋潦漲……”(《通文》, 서울역사박물관 소장).

게 관직생활을 하고, 또 지금까지 이를 소장해 온 일은 매우 드물다. 여기서는 현재 남아 있는 문익공 이원정, 아들 이담명, 그리고 문익공의 부친인 이도장의 고신을 통해서 이들의 관직 진출 과정과 특징을 살피고자 한다.

먼저 문익공 이원정李元禎(1622~1680)은 경상도에서는 드물게 이조판서까지 오르고,18) 당대 남인을 대표하는 인물이었다. 그는 121장의 고신을 남겼는데, 이를 통해서 그가 오래도록 관직생활을 하였음을 알 수 있다. 아울러 아들 이담명李聃命(1646~1701)도 이조참판에까지 이르면서 101장의 고신을 남겼다. 그리고 이원정의 아버지인 이도장李道長(1603~1644)은 아들이나 손자에 견주면 상대적으로 적지만 43장의 고신을 남겼다. 그 밖에 이도장의 유지有旨, 차첩差帖 10점, 이원정의 시호교지諡號敎旨, 시호서경諡號署經, 유지 등 9점, 이담명의 홍패紅牌, 유지, 차첩, 녹패祿牌 등 11점, 그리고 이들 선대의 추증교지追贈敎旨 5점이 있다.

이처럼 고신류를 한 가문이 많이 소장하고 있다 보니, 문헌학적 또는 역사학적 측면에서 몇 가지 특징을 발견할 수 있다. 먼저 이도장, 이원정, 이담명의 관직 진출 과정이 잘 나타난다. 아울러 이러한 직위들은 모두 개인의 노력만으로 얻은 것은 아니었으니 처음에는 장인이나 부친의 은덕으로 말미암은 대가代加로 진출하였다가, 그 다음부터는 자력으로 승진해 나아갔음을 알 수 있었다. 여기에다 이도장의 고신에는 통상적으로 써 온 중국식 연호가 보이지 않는다는 특징이 있다.

먼저 이원정의 관직 진출 과정을 소개하면 다음과 같다. 그는 21

---

18) 임진왜란 이후 경상도 출신으로 이조판서에 오른 인물은 이원정 외에 鄭經世(1563~1633)와 李玄逸(1627~1704)뿐이었다.

세이던 1642년 4월 정9품 종사랑從仕郎에 올라서 처음으로 품계를 취득하였다. 이를 받을 수 있었던 까닭은 장인이던 벽진이씨 이언영李彦英의 별가別加 2회분을 대가代加로 이어받았기 때문이었다.[19] 이어서 같은 달에 다시 장인의 2회분 대가를 얻어서 정8품 통사랑通仕郎이 되었다. 그러다가 30세가 되던 1651년 5월에 무공랑武功郎(정7품), 선교랑宣敎郎(종6품)으로, 10월에는 승의랑承議郎(정6품), 봉직랑奉直郎(종6품)으로 올랐다. 12월에는 마침내 대가의 한계인 통덕랑通德郎(정5품)에 이르렀다. 장인의 은덕으로 대가로 올라갈 수 있는 최고의 등급까지 오른 것이다. 장인인 이언영(1568~1639)은 1603년 문과에 장원하였고, 그 뒤 사간원 장령, 승정원 좌부승지, 청주목사, 선산부사 등을 지내면서 관직생활을 하였다. 그의 오랜 관직생활은 사위가 관직에 진출할 수 있는 밑거름이 되었던 것이다.

이에 보답이라도 하듯이 이원정은 이듬해인 1652년(31세) 문과에 급제하였다.[20] 그는 당시 33명의 합격자 가운데 갑과2인甲科二人, 즉 차석으로 합격하였다. 우수한 성적 덕에 곧바로 상의원尙衣院 직장直長(종7품)에 임용되었는데, 품계는 봉정대부奉正大夫(정4품)를 받았다. 이전에 대가로 이미 통덕랑에 올랐기 때문에 초사자로는 매우 높은

---

19) 조선조에는 양반들이 그들 계층의 신분을 후대까지 지속하기 위해서 자신이 받은 품계를 아들이나 손자, 조카, 사위 등에게 이전할 수 있었다. 이때 이전이 가능한 것은 別加에 해당되었는데, 별가는 나라에 경사가 있거나 큰 행사를 치른 뒤에 관원들에 대해서 내려지는 별도의 은전으로, 품계를 한 단계 올려주는 것이있다. 그런데 정3품 당하관 이상이 되면 별가로 받은 품계를 본인에게 더할 수 없었고, 대신 이를 아들, 손자, 동생, 사위 등에게 양도할 수 있었다. 그런데 대가로 품계를 얻는 것은 무한히 올라갈 수는 없었으니 通德郎(정5품)까지 한정하였다. 이러한 별가는 뒤에 관직자에게 내려지는 특전으로 작용하면서 그 자손들에게 양반이란 특권을 유지하고 나아가서는 이를 통해 더 빨리 승급할 수 있는 계기가 될 수 있었다. 결국 代加制는 전통시대 신분제사회의 한 양상이었던 것이다. (崔承熙, 〈朝鮮時代 兩班의 代加制〉, 《震檀學報》 60, 1985 참조).
20) 이원정은 이미 1648년에 생원시에 합격한 바 있다. 그러나 당시 합격증인 백패와 1652년 문과 합격 때의 홍패는 아쉽게도 현재 남아 있지 않다.

품계에 이른 것이다.

이후 지속적으로 승진을 거듭하여 1656년 세자시강원世子侍講院 설서設書, 1657년 예조좌랑, 병조좌랑, 1660년 사헌부 장령, 그리고 1664년에는 좌부승지에 이른다. 이어서 1664년에는 좌승지, 1666년 형조참의, 호조참의, 우승지가 되었다. 1669년 공조참판, 그리고 1673년 도승지가 되고, 1677년 사간원 대사간, 1678년 성균관 대사성, 1679년 공조판서, 1679년에 이르러서는 자헌대부 이조판서에 이르렀다. 이원정은 이조판서에 있으면서도 여러 직책을 겸하면서 1680년(숙종 6)까지 여섯 장의 고신을 더 받았으니, 이를 통해 그에게 차츰 많은 권한이 부여되었음을 알 수 있다. 마지막으로 그해 3월 이조판서 겸 판의금부사判義禁府事를 끝으로 고신이 마무리된다. 이 해에 경신환국으로 남인이 대거 물러나고 서인이 집권하게 되는데, 이때 그는 초산으로 유배 갔다가 뒤에 다시 불려와 장살당하고 말았다. 그가 남긴 121장의 고신을 통해, 21세이던 1642년 장인의 도움으로 처음 품계를 받기 시작하여 1679년 이조판서를 정점으로 1680년에 이르기까지 거의 40년에 걸쳐서 관직 진출 과정이 자세하게 나타나고 있었다.

이원정의 아들 이담명李聃命은 21세인 1666년 생원시生員試에 입격하면서 관직생활의 기반을 닦았다. 이때 그의 성적은 1등 제5인, 즉 전체 100명의 합격자 가운데 5등으로 매우 우수하였다. 이어 1670년에는 문과文科 을과乙科 제1인으로 급제하였으니 이 또한 좋은 성적이었다.

그는 1671년에 성균관成均館 학유學諭(종9품)가 되어서 관직생활을 시작하였다.21) 이때 그는 여러 차례 아버지 이원정의 별가를 받아서

---

21) 이때의 성균관 학유에 대한 고신은 현재 남아 있지 않다.

품계를 몇 단계 올릴 수 있었다. 그는 종사랑(정9품) 성균관 학유이던 1673년 2월에, 부친이 전주판관이던 1657년 12월[22]과 1658년 3월에 얻은 2회의 별가를 대가로 받아서 통사랑(정8품)이 되었다. 또 같은 달, 부친이 장성부사 때인 1659년 5월과 12월에 얻은 2회의 별가를 받아서 무공랑(정7품)이 되었다.

이어 다음 달인 3월에는 한꺼번에 네 차례에 걸쳐 별가를 받게 되었다. 역시 부친이 강릉부사 때인 1661년 2월과 같은 해 7월 동래부사 때의 별가로 선교랑(종6품 상위직)이 되고, 같은 달에 두 차례 추가로 얻은 별가로 승의랑(정6품 상위직)에 이르렀다. 뿐만 아니라 이 달에 한 번 더(4번째) 별가를 얻었는데, 이때의 것과 또 다음 달인 8월에 얻은 별가를 합쳐서 봉직랑(종5품 상위직)이 되었다. 그리고 부친이 1665년 전주부윤일 때와 1666년 우부승지일 때의 별가로 통덕랑(정5품)에 이르게 되었다.

그 뒤 그는 1673년 성균관 학록學錄이 되고,[23] 1675년에 승정원承政院 주서注書, 사간원 정언이 되었고, 이듬해엔 사헌부 지평에 이르렀으며, 같은 해 이조좌랑이 되었다. 이어 1678년에는 승정원 동부승지, 우부승지에 이르렀고, 이듬해에는 병조참의, 우승지를 거쳐 사헌부 대사간을 역임하였으며, 이어서 예조참판, 승정원 도승지에 이르렀다.

1690년에는 경상도관찰사로 나아갔다. 이때에 경상도에서 큰 기근

---

22) 그런데 이원정은, 그의 교지에 따르면, 1658월 1월에도 종3품 중직대부에 머물렀는데, 어떠한 연유로 이전인 1657년 12월에 대가하였는지에 대해서는 의문의 여지가 남는다. 조선도 대가제는 정3품 당하관 이상이 되면 가능한 것으로 알려져 있는데, 이러한 규정에 따른다면 당시의 대가는 예외적인 일이라고 할 수 있다.

23) 이때에도 행장에 따르면 1673에 學錄兼奉常寺奉事가 되는 것으로 나오는데(《靜齋文集》卷8, 行狀 참조), 남아 있는 고신을 통해 볼 때에는 1674년 정월에 성균관 학록으로 재직한 것으로 나타난다. 아마도 1673년 학록으로 올라갈 때의 고신이 유실된 듯하다.

이 일어나자, 그가 조정에 보고하지 않고 다른 도의 곡식을 사용하여 기근에 처한 백성을 구한 일화는 매우 유명하다. 훗날 고을 백성들은 그를 위해서 영세불망비永世不忘碑를 세워서 지금까지 전해오고 있다. 1691년에는 다시 서울에 올라와 성균관 대사성, 이듬해에는 사헌부 대사헌이 되었다. 그리고 1693년에는 이조참판에 이르렀다.

다음으로 이원정의 부친이자 이담명의 조부인 이도장의 고신에 대해 살펴보자. 그는 1630년 문과에 급제하고 바로 승문원承文院 권지정자權智正字로 임용되었다.24) 이어 같은 해 승문원 부정자副正字를 거쳐 1638년에는 성균관 전적, 사헌부 지평, 이어서 사간원 정언, 이조좌랑을 역임했다. 이듬해에는 이조정랑이 되었으며, 1641년에는 사간원 사간에 이르렀다.

그가 남긴 고신에서는 1637년과 1639년, 1642년에 이르기까지 11장의 고신이 모두 청나라의 연호를 사용하지 않은 채 간지만 표기되어 있는데, 시기별로는 1637년(5월 22일)에 1장, 1639년(3월 19일)~1641년간(8월 7일) 9장, 1642년(1월 22일) 1장이었다.

이때는 바로 1636년 병자호란이 일어나고 이듬해 정월 강화조약을 맺은 직후였다. 강화조약의 기본원칙에는 명의 숭정崇禎이란 연호를 버리고 숭덕崇德이란 연호를 사용해야 한다는 조항이 있었다. 그리고 다음부터는 각종 문서에 모두 숭덕이란 연호를 쓰라는 국왕의 지시가 있기도 하였다.25)

그런데 이런 시기에도 고신에 당시 청의 연호인 '숭덕'을 쓰지 않고 간지만 쓰는 경우도 있었다. 한 연구에 따르면, 여러 집안의 고신

24) 이때 문과에 급제하고 받은 홍패나 승문원권지정자로 임용되면서 받은 교지는 현재 남아 있지 않다.
25) 《인조실록》 권34, 인조 15년 2월 28일 무술.

가운데서 병자호란 직후 몇 년 동안 간지만을 쓴 사례는 총 44건이 조사되었는데, 시기별로 보면 1637년에는 12월을 제외한 모든 달에 간지를 사용하고, 1639년 6월부터 1641년까지는 모든 고신에서 간지를 썼다고 하였다. 이와 달리 1638년에 발급된 고신은 또한 모두 숭덕이란 연호를 썼다고 하였다.[26]

그런데 고신에 간지만을 표기한 사례가 광주이씨 한 집안에서만 11건이나 보이니 한 집안치고는 매우 많다고 할 수 있다. 이 시기 11건에 대해서 간지 표기 행태를 살피면 〈표 5-2〉와 같다.

〈표 5-2〉에 따르면, 1637~1642년 사이에 대체로 1638년에만 청나라 연호를 쓰고 다른 시기에는 혼용되는 모습을 보여준다. 이를 선행 연구와 비교해 볼 때, 1638년에는 항상 청나라 연호를 썼다는 점은 같지만, 1639~1641년 사이에 두 번의 연호 사용 사실이 확인되며,

표 5-2. 1637년~1642년 사이 간지 및 '숭덕崇德'연호 표기 형태

	간지 표기		'숭덕'연호 표기	
	횟수	월별	횟수	월별
1637년	1	5월	4	7월~12월
1638년			13	4월~12월
1639년	3	3월~12월	1	2월
1640년	2	11월~12월		
1641년	4	2월~8월	1	12월
1642년	1	1월	4	4월~5월
계	11		23	

---

26) 유지영, 〈조선시대 임명관련 敎旨의 문서형식〉, 《古文書硏究》 30, 한국고문서학회, 2007. 2. 이 논문에서 조사된 44건에는 광주이씨의 것은 포함되지 않은 것으로 보인다. 그런데 이 논문에서는 44건의 고신에 대하여서는 연도별 수량이 소개되지 않고, 아울러 문서의 수취인과 발급 시기 등에 대해서는 언급되지 않아서 보다 구체적인 사실은 알 수 없었다.

아울러 1642년에는 한 번 간지를 쓰고, 네 번 연호를 사용하였다.

결국 이 시기는 명나라 연호에서 청나라 연호로 바뀌는 과도기로 서, 강화조약이나 그 이후의 왕명으로 발급되는 교지에서 최소 몇 년 동안은 간지를 쓰면서 반발했음을 알 수 있다. 이를 통해 시대성 을 반영하는 고신 발급의 특징이 매우 잘 나타남을 알 수 있다.

지금까지 광주이씨 문익공 종가 고신에 대해서 살펴보았다. 이 문 서들을 통해서는 먼저 이원정과 그 아들 이담명이 모두 문과에 합격 한 인재임에도, 각각 장인이나 부친의 별가를 대가의 형태로 받아서 최고 한도인 통덕랑까지 올랐음을 알 수 있다. 그리고 그 뒤에는 본 인의 능력으로 고관직에까지 이르렀으니, 조선시대 명가의 경우에는 관직생활에서 선대의 은덕을 입은 경우도 있다는 사실을 알 수 있었 다. 아울러 이원정 부친 이도장의 고신으로는 1636년 이후 왕명으로 공식 발급되는 고신에서조차 청의 연호를 사용하지 않았음을 알 수 있었다.

2) 〈승정원사초承政院史草〉

그 밖에 숙종조 남인을 대표하는 인물인 이담명이 남긴 〈승정원 사초〉가 있다. 이 사초는 이담명이 국왕 앞에서 그날그날의 국정을 기록한 내용으로 《승정원일기》의 근간이 되는 자료이다. 그리고 이 는 뒤에 《조선왕조실록》을 편찬하는 데에도 기초가 되기 때문에 연 대기 가운데서 가장 일차적인 중요 자료인 것이다.

이 사초는 이담명이 1672년부터 1675년까지 승정원 주서를 역임하 면서 남긴 기록이다. 총 163책에 이르는 방대한 분량으로, 지금까지 알려졌던 사초와는 비교가 되지 않을 정도로 많다. 각 책의 장수는

3~5장 정도가 많고 간혹 20~30장이 되기도 하는데, 크기는 각 책마다 조금씩 달라서 세로는 17~20센티미터 정도이고, 가로는 14~15센티미터이다.

작성자인 이담명은, 앞에서도 언급하였듯이, 1670년에는 문과에 합격하여 관직에 진출하였고 1671년에는 성균관 학유學諭가 되었다. 그는 이 해나 아니면 이듬해에 승정원에 들어간 것으로 보이는데, 실제로 1672년에는 승정원 가주서假注書로 재직하고 있었음이 확인된다.27) 이어 그는 1673년과 1674년에 걸쳐 성균관 학유, 학록學錄, 학정學正 등의 직책에 있었는데, 이때에도 승정원에서는 가주서로 국정에 참여하였음이 확인되고 있다. 그러다가 1675년에는 주서 또는 기사관으로 참여하고 있었다.28)

승정원에서 작성하는 사초는 국왕과 신하들이 정사를 하면서 그날그날의 일을 자세히 기록하는 데 일차 목적이 있다. 그리고 무엇보다《승정원일기》작성에 가장 기초적인 자료가 됨은 물론이고, 훗날 해당 시기의 왕조실록인《현종실록》이나《현종개수실록》을 작성하는 자료가 되기도 하였다.29)

이제 본 사초의 역사적 가치와 성격에 대해서 살펴보고자 한다. 이 사초는 본래 승정원에서 주서가 작성하였기에 〈주서일기注書日記〉

---

27) 고신에 따르면, 1672년 6월에 그는 이미 승정원 가주서로 재직하고 있었음을 알 수 있다. 이外 관련히여 승정원사초는 1671의 것은 1책만 있고, 이후로는 1672년 6월부디 있는데, 그의 이름은 1672년 6월 23일 것부터 확인되고 있다.

28) 승정원사초는 1672년 6월 23일 것부터 1675년 1월 19일 것까지 23차례에 걸쳐 '가주서假注書'란에 그의 이름이 확인되고, 1675년 2월 18일 것부터 그해 윤5월 1일 것까지는 11차례에 '기사관記事官'란에 그 이름이 보이고 있다. 이로서 그가 이 시기 동안 승정원 등에 재직하였음을 알 수 있으며, 아울러 1675년에는 주서로 있으면서 춘추관 기사관을 겸임하였음을 알 수 있다.

29) 본 사초와《현종실록》및《현종개수실록》과의 비교는 金慶洙, 〈조선후기 이담명의 注書日記에 대한 연구〉,《한국사학사학보》12, 한국사학사학회, 2005. 12에 소개된 바 있다.

라고도 할 수 있는데,30) 더 학술적인 면에서 본다면 승정원 주서가
작성한 초책草冊이라고 할 수 있다.31) 그런데 이 자료가《승정원일
기》나《조선왕조실록》을 만드는 데 사용되었던 1차 자료였고, 또 당
대에 이를 사관史官의 사초史草와 마찬가지로 사초의 범주에 넣기도
하였다는 점을 감안하여 본 글에서는 〈승정원사초承政院史草〉라고 이
름 붙였다.32) 이 사초는 실제로 당시의 원본이 확인되는 것은 많지
않으며, 따라서 이 자료에 대한 소개는 그 자체로서 커다란 의미를
지닌다고 보인다.

현재 국내에는 사초류에 속하는 자료로 몇 가지가 알려져 있다.33)
이들 가운데서 이 사초와 가장 비슷한 것으로는 서울대학교 규장각
의《인조무인년사초仁祖戊寅年史草》(37책, 작자 미상) 등이 있다.34) 이
사초는 1638년(인조 16) 6월 13일에서 7월 17일까지 매일 1책씩 구성

---

30) 金慶洙, 〈조선후기 이담명의 注書日記에 대한 연구〉,《한국사학사학보》12, 한국사학사학
회, 2005. 12.
31) 鄭萬祚,《《承政院日記》의 作成과 史料的 價値》,《한국사론》37 - 승정원일기의 사료적 가치
와 정보화방안 연구, 국사편찬위원회, 2003에는 주서에 의해서 주도된《승정원일기》의 작
성 과정이 자세히 언급되면서 아울러 초책에 대해서도 잘 소개되어 있다.
'金慶洙, 위의 글'은 본 자료를 대상으로 작성된 것으로 해당 내용이 상세하게 소개되어
있다. 아울러 필자는 본문의 서술 과정에서 해당 자료를 '사초'라고 표현하기도 하고, 또
조선조에 실록 등 관찬사서의 편찬에 이용된 일체의 자료는 사초라고 정의할 수 있다는
점에서 이 또한 사초라고 보아도 무리가 없을 것이라고 하였다.
32) 조선왕조실록에서는 본 자료와 같은 주서의 초책을 사초로 명명한 바 있다.
《선조실록》 권30, 선조 30년 9월 3일 경인;《숙종실록》 권15, 숙종 10년 3월 18일 갑신.
33) 이와 관련된 자료집으로《조선시대사초》Ⅰ·Ⅱ(국사편찬위원회, 1995·1996)가 있다.
34) 기존에《仁祖戊寅史草》에 대해서는 가장사초家藏史草라는 견해가 있고(규장각), 또는 시정
기를 작성할 때 깨끗하게 정서한 정본 외에 초서로 된 부본을 1부 더 만들어 두던 '비초飛
草'라는 등의 견해가 있다(국사편찬위원회). 필자는 이 자료가 별도의 표지도 없이 적은
페이지로 그날그날 작성되었다는 점에서 위의 견해와는 달리 초책인 것으로 파악하였다.
이 사초가 만일 가장사초라면 매일 별도의 책자로 만들어 표지도 없이 두지는 않았을 것이
며, 시정기를 베낀 비초였다면 역시 매일 별도로 성책해 둘 이유도 없었을 것이다. 이 같은
형태의 자료는 이것이 어디에서 누구에 의해 작성되든지 일단 초본이라고 할 수 있으며,
승정원의 주서 등이 쓴 초책일 가능성이 높은 것이다. 더욱이 광주이씨가에 세전되어서
이담명이 작성한 것으로 확인되는 본 자료와 그 형식이 같다는 점에서 그 성격은 더 분명
해진다.

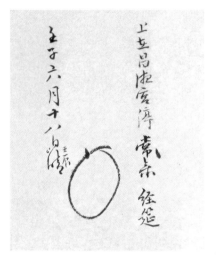

그림 5-2. 승정원사초 -1672년 6월 18일-
(서울역사박물관 소장)

되어 있는데, 책 당 3장~5장 정도씩이며, 모양과 크기(18.2×13.4cm)를 고려해 볼 때35) 본 자료집과 매우 유사하다.

그 밖에는 의성김씨가에 세전된 운천雲川 김용金湧의 사초가 있다. 이 자료는 김용이 1615년 윤8월 6일부터 이듬해인 1616년 6월 18일 까지 쓴 것으로, 뒤에 후손들이 표구를 하여 별도의 책으로 만든 다 음에 표제명을 부여하여 《운천선조경연주대雲川先祖經筵奏對》라고 하 였다. 전체 천天·지地·인人 3책으로 구성되어 있다. 또, 이류李瀏 (1662~1716)의 《츈추관일기》가 있는데, 이는 그가 춘추관 기사관 시 절에 작성하였고, 구성상 매일 분책되어 있다는 점에서 이 또한 본 자료와 유사하다.36) 현재까지는 이 세 종류가 본 자료와 가장 비슷

한 것이다.37)

아울러 내용상 본 자료가 주서에 의해 씌어졌다는 점에서는 점필 재佔畢齋 김종직金宗直의 《필재당후일기畢齋堂後日記》와도 유사하다. 그런데 김종직의 일기는 크기 39×34.5cm, 1책 44장으로 구성되었다는 점에서 형식상 이 자료집과는 성격이 다르다. 즉 이 자료나 규장각 소장 자료 등이 국왕을 모시고 작성된 원본이라면, 김종직의 일기는 다른 장소에서 나중에 정리된 것으로 추정된다.

자료의 형태에 대해 더욱 자세히 서술하면 다음과 같다. 먼저 자료의 겉장에는 왼쪽에 한 줄로 '壬子六月十八日壬辰晴(1672. 6. 18)'등으로 연간지·월일·일간지·날씨가 차례로 써 있고, 때로는 시간을 표기하기도 하였다. 여기에는 "……入侍草冊"(1672. 6. 23), "……入侍日記"(1673. 7. 5) 등 국왕 앞에 입시하여 쓴 일기라는 표현을 쓰기도 하였다. 이러한 형식으로 볼 때 이 일기가 국왕 앞에서 작성한 생생한 기록이라는 것이 확인된다.

또 표지에는 대개 붓으로 원을 그려 두었는데, 이를 통해서도 초본이라는 점이 확인된다. 통상 조선조 선비들은 원본을 필사해 둘 때, 그 여부를 표기하는 방법으로 문서의 앞부분에 둥그런 표기를 하여 작업이 끝났음을 확인하는 관습이 있었다. 표지에 나타난 원은 바로 이러한 흔적으로 추정된다. 위의 증거들로 보아 이 자료는 초본이면서 초책草冊(혹은 本草冊)38)인 것이다.

그런데 이 가운데는 간혹 중초中草 또는 정원일기政院日記라고 쓰인

---

37) 이들 자료에 대해서는 원본의 형태와 내용에 대하여 더욱 철저한 검토가 필요할 것으로 여겨진다.

38) 鄭萬祚, 앞의 글, 14쪽에서는 탑전에서 바로 쓰인 것은 본초책이라 하고 그 다음 단계를 초책이라고 하였다고 언급되어 있다. 이러한 논지에 따른다면 여기서 표지에 별도의 언급이 없는 것은 본초책, 중기나 정원일기라고 쓰인 것은 초책에 가깝다고 보인다.

것들도 포함되어 있다. 중초나 정원일기는 보통의 초책보다 작은 글자로 기록되어 있으며 분량이 많은 편이다. 이 자료들은 초책을 다시 정리한 것으로 추정된다. 이러한 중초를 초본과 자세히 비교해 보면, 필사 과정에서의 수정 및 교정 내역을 알 수 있을 것이다.

요컨대 〈승정원사초〉는 조선 현종조 승정원 주서가 국왕 앞에서 작성한 기록물로, 현전하는 유사한 자료에 견주어 상대적으로 방대한 분량이고 이러한 점에서 의미가 크다고 할 수 있다. 아울러 이 자료의 형식과 내용에 대해서는 앞으로 더욱 잘 정리, 연구되길 기대한다.

4. 맺음말

지금까지 광주이씨 둔촌 이집과 관련된 자료와 아울러 그 후손가에 남아 있던 문헌들에 대해서 살펴보았다. 먼저 이 글의 작성 시기나 지면의 한계로, 더 구체적이고 자세한 내용을 싣지 못하였음을 밝힌다. 지금까지 본문에 소개한 내용을 정리하면 다음과 같다.

먼저 국내 각 기관에 소장된 《둔촌잡영》에 대한 정보와 문중에서 발간된 자료들을 참고로 하여 살펴보았다. 이를 위해 기존에 간행된 문집의 범례凡例나 발문跋文 등에 있는 내용을 검토하여, 시기적으로 중간重刊 횟수를 알아보고 도서 편집상의 변화도 살펴보았다.

다음으로 둔촌의 행적과 관련하여 영천의 최사간과의 이야기에 대해서는 관련 사료를 조사하여 정리하였다. 통상 문중에서 시조나 선대에 대하여 구전되는 이야기들은 후대에 미화나 조작되었다는 혐의를 가질 수도 있는데, 이 글에서는 《용재총화》와 같은 자료에 나타나는 내용을 소개하여 더욱 학술적으로 접근할 수 있었다. 문중에서 구전되는 이야기들은 자칫 무시될 소지도 있는데, 이러한 이야기들에 대해서는 관련 자료를 찾아서 정리하는 일이 매우 중요하다고 여겨진다. 아울러 거기에 담겨 있는 역사성이나 문화성에 대해 신중한 고려가 있어야 할 것으로 생각된다.

　이어서 경상도 칠곡 문익공 종가의 문헌에 대해서는 그 분량이 매우 방대하기 때문에 특징적이라고 여겨지는 대상을 중심으로 소개하여 보았다. 이도장, 이원정, 이담명으로 이어지는 3대 약 3백 장의 고신을 통해 당대 관직 진출 상황을 이해할 수 있었으며, 고신의 문헌적 특징 또한 살펴보았다. 아울러 승정원사초에 대해서는 그 가치와 성격을 자세히 소개하여 현존하는 사초류 가운데서 가장 방대한 자료라는 점을 상기시켜 보았다.

　끝으로 광주이씨가와 같은 조선조 명문가에 대해서는 기존에 발견된 자료를 체계적으로 정리 분석하고, 조선왕조실록과 같은 연대기 자료 등과 함께 꾸준한 연구가 있어야 할 것으로 보인다. 문중은 조선조 사회의 가장 기초 조직이면서 연속성이 강하다는 점에서 중요한 연구 주제라고 할 수 있다.

　이와 관련하여 지속적인 문헌의 발굴과 연구는 아무리 강조해도 지나치지 않는다. 조상들이 남긴 문헌들은 우리에게는 더없이 중요한 문화유산이며, 이의 수집과 연구를 통한 집적과 계량화 등은 소중한 문화적 자산으로 이어진다. 오늘날 널리 언급되는 문화콘텐츠는 바로 조상이 남긴 문헌 속에 간직되어 있다는 것을 유념해야 할 것이다.

■ 참고문헌

《遁村雜詠》(寶城 鳳岬寺, 1686)

《國譯 遁村先生遺稿》(광주이씨대종회, 1992)

《慵齋叢話》

《東史綱目》

《靜齋文集》(이담명 저)

〈通文〉(서울역사박물관 소장)

《선조실록》

《인조실록》

《숙종실록》

《仁祖戊寅史草》(서울대학교 규장각)

《조선시대사초》Ⅱ(국사편찬위원회, 1996)

金慶洙, 〈조선후기 이담명의 注書日記에 대한 연구〉, 《한국사학사학보》12, 한국사학사학회, 2005.

유지영, 〈조선시대 임명관련 敎旨의 문서형식〉, 《古文書研究》30, 韓國古文書學會, 2007.

鄭萬祚, 〈承政院日記의 作成과 史料的 價值〉, 《한국사론》37−승정원일기의 사료적 가치와 정보화방안 연구, 국사편찬위원회, 2003.

崔承熙, 〈朝鮮時代 兩班의 代加制〉, 《震檀學報》60, 1985.

탄천 이지직의 관직생활과 조선조 청백리

김 문 택

서울역사박물관

1. 머리말

성남시 수정구에는 탄천炭川이 있다. 탄천은 성남시 중심부를 가로
지르는 하천으로 용인에서 발원하여 성남을 통과한 다음 한강으로
흘러들어간다. 그런데 이 탄천을 호로 삼은 이가 있으니 바로 청백
리淸白吏 이지직李之直이다. 그의 호가 탄천인 까닭은 아마도 이 근처
에 살았기 때문이었을 것이다.

탄천 이지직은 여말에 태어나서 주로 조선 초기에 관직생활을 하
였던 사람으로 태종조 8명의 청백리 가운데 한 사람이다. 그런데 안
타깝게도 그와 관련된 기록은 매우 적다. 다만 청백리에 선정된 관
계로 《증보문헌비고增補文獻備考》를 비롯하여 《청선고淸選考》, 《전고
대방典故大方》 등에 성명이 등재되고, 《승정원일기》에서도 청백리라
는 사실이 언급되고 있으며,1) 조선왕조실록에는 그의 관직활동에
대한 기록이 전하고 있다.

그가 청백리로 등재된 《증보문헌비고》는 고종조에 완성된 도서로, 영조·정조조에 걸쳐 국가적 차원에서 만든 《동국문헌비고東國文獻備考》, 《증정문헌비고增訂文獻備考》의 내용을 보완하여 발행하였다. 이들 도서는 역대 전장典章과 제도를 파악하려고 만든 대작이어서 그 신빙성은 매우 높다고 할 수 있다.2)

《동국문헌비고》에 따르면, 이지직은 1401년(태종 1)에 청백리로 초선抄選되었음을 알 수 있다. 그런데 당시 어느 관직에서 정확히 어떠한 사유로 선정되었는지는 알려지지 않았다. 다만 초선 이후의 정치활동에 대해서는 《태종실록》에 실린 기사를 통해서 부분적인 파악이 가능하다.

한편 청백리라는 말은, 최근 관직자들의 부패와 함께 널리 알려졌다. 현재 몇몇 지식인들은 전통시대 청백리를 매우 적극적으로 평가하면서 요즘 관료들의 부패상을 공격하기도 한다. 그러나 필자의 생각으로는 과거의 역사적 인물들에 대해 정확한 근거 없이 감정이 앞선 상태에서 내린 평가는 정치적인 의미는 있을지언정, 학문적인 성과는 기대하기 어렵다고 본다. 그리고 문화적인 성숙에도 큰 도움이 되지는 않을 것으로 생각된다.

이 글에서는 이러한 점을 감안하여 먼저 청백리 탄천 이지직의 관직활동을 살펴보고, 아울러 조선조 청백리에 대해 관련된 역대 자료들에 수록된 인원을 파악한 다음, 이를 근거로 청백리의 성격에 접근하고자 한다.

---

1) 《承政院日記》현종 원년 7월 3일 병진 기사에서 새로 제수된 康陵參奉 李斗翼에 대해 언급된 부분에서 그가 태종조 청백리 이지직의 直孫임을 소개하고 있었다.
2) 영조·정조 대부터 만들어지기 시작한 '문헌비고'의 성격과 가치에 대해서는 朴仁鎬, 〈朝鮮後期 歷史地理學 硏究-文獻備考 輿地考를 중심으로-〉(한국정신문화연구원, 박사논문, 1996)에서 상세하게 연구된 바 있다.

2. 이지직의 가계와 관직생활

1) 이지직의 가계

이지직은 광주이씨로 둔촌遁村 이집李集(1327~1387)의 아들이다. 이집은 고려 말의 학자이자 문인으로 문장이 좋고 지조가 있었던 것으로 유명하다. 충숙왕 때 과거에 급제하여 관직에 진출하였는데, 신돈辛旽의 등장과 함께 신변에 위협을 느껴서 영천으로 도피하였다가 우여곡절 끝에 살아남았다고 한다.

신돈이 주살된 뒤 이집은 다시 중앙으로 돌아왔는데, 이후에는 여주 천녕현(지금의 여주군 금사면 일대)에서 시를 지으며 묻혀 살다가 생을 마쳤다고 한다. 그는 시를 자연스럽게 지었고 이 때문에 교류범위도 넓었다고 하며, 특히 이색李穡, 정몽주鄭夢周, 이숭인李崇仁 등과 친분이 깊었다고 한다. 그의 문집인《둔촌유고遁村遺稿》에는 삼은의 글들이 실려 있어서 그들 사이에 밀접한 교류가 있었음을 알려주고 있다.[3]

광주이씨는 이집의 아들 대부터 매우 발전하였다. 아들 이지직은 태종조에 청백리로 선정되며 형조참의에 이르렀고, 이른바 '3자8손 구문과三子八孫俱文科'라고 하여 세 아들과 여덟 명의 손자가 문과에 올랐던 사실로써 유명하다.[4] 적어도 조선 초기 과거급제에서는 이 집안과 대적할 만한 가문이 없었던 것이다.

아울러 공신도 적지 않게 배출하면서 가문의 성세가 이어졌다. 성

---

3) 李容春,《廣州李氏史記》, 2003 참조.
4) "李之直集子字伯平, 辛禑庚申, 以典厩署丞登科, 入我朝官止刑議, 選清白吏, 三子八孫俱文科."(《紀年便攷》)

현成俔은 《용재총화慵齋叢話》에서 "지금 문벌의 성함은 광주이씨가 가장 앞서며 그 다음으로는 우리 성씨 같음이 없다"고 소개하였고, 또 '문자문손 나열숭반文子文孫羅列崇班'이란 말도 유행하여 이 가문에서 과거에 합격한 자손이 매우 많은 것으로 알려졌다. 그런데 광주이씨는 이 같은 위치에 있으면서도 국혼을 치른 사례는 드물어 사대부가의 순수한 입장을 지키는 편이었다고 평가된 바 있다.[5]

그럼 성현의 칭송이 사실인지 알아보자. 먼저 이지직의 아들은 장손長孫, 인손仁孫, 예손禮孫 세 명이고, 손자는 장손의 아들 극규克圭, 인손의 아들 극배克培, 극감克堪, 극증克增, 극돈克墩, 극균克均 다섯 명, 예손의 아들은 극기克基, 극견克堅 등 두 명이다. 그런데 이들 가운데 세 아들은 모두 문과에 급제하였고 손자들도 극견을 제외하고는 모두 문과에 올랐다.[6] 그렇다면 정확하게 3자7손구문과인 셈이다. 그러나 지직의 동생 지강之剛, 지유之柔가 문과에 올랐고 또 지유의 아들 중원中元, 정원貞元이 문과를 하였으니 근친간에 문과급제자만 자그마치 14명에 이르렀다. 과연 조선 초기 문과급제자 집안이라고 할 수 있다.

그런데 이처럼 유명한 집안도 하마터면 그 모습을 볼 수 없었을지 모른다. 둔촌 이집이 고려 말 신돈 집권기에 그야말로 구사일생으로 살아났기 때문이다. 당시의 이야기는 '둔촌선생과 최사간'이란 일화로 후세에 전해오고 있다. 이 이야기를 요약 소개하면 다음과 같다.

고려 말 신돈 집권기에 이집은 그의 비행을 논박하다가 채판서의 밀고로 화가 미칠 것 같아 나이 많은 부친을 업고서 천리 먼 길을 피신하여 영천

---

5) 李泰鎮, 〈15世紀 後半期의「鋸族」과 名族意識〉, 《韓國史論》3, 서울대 국사학과, 1976.
6) 한국학중앙연구원, 조선조방목 참조(www.aks.kr).

에 다다랐다. 천신만고 끝에 영천의 최사간 집에 도착하니 마침 이 집에서
는 생신잔치가 있어서 사람이 많았다. 찾아온 이집을 최사간은 매몰차게
내쳤다.

해가 저문 뒤 최사간은 이공을 찾아와서, 낮에는 사람들의 눈이 있어서
별수 없이 그랬다고 하면서 아무도 모르게 본인 집 다락에 이들을 숨겨주
었다. 최사간은 자신이 밥을 많이 먹는 척하면서 들어온 밥을 다락으로 올
려주었다. 그런 지 얼마 후 밥을 나르는 제비라는 여종이 이 사실을 알아버
리고 말았다. 그래서 최사간은 비밀이 새어나가지 않도록 여종의 혀를 자
르고는 자결케 하였다. 이러한 사연을 지닌 채 이공은 살아남게 되었고, 뒤
에 신돈이 제거된 다음에는 중앙에 올라올 수 있게 되었다. 그리고 이집의
부친은 당시 영천에서 사망하여 최사간댁 묘산에 장사지내게 되었다.7)

선조先祖 대에 이 같은 사연이 있었던 광주이씨가는 조선 초기 서
울의 명문가로 명성을 떨쳤으며, 세조 대에 이르러 더욱 발전하였다.
이때에는 지직의 둘째인 인손의 아들들이 공신이나 고관으로 진출
하였다. 먼저 극증이 익대공신으로, 극배, 극증, 극돈이 좌리공신에
훈록되고, 또 극배, 극균이 정승이 되면서 명문가로서 입지를 확고히
하였다.

---

7) 이집의 부친 이당李唐의 산소는 지금도 자리를 지키고 있고, 이씨가의 성지처럼 잘 단장되
어 있다. 그리고 묘소 아래쪽에는 아주 조그마한 봉분이 있는데, 이는 당시 광주이씨 부자
때문에 억울하게 죽은 제비의 무덤이라고 한다. 무덤 주변에는 철이 되면 누가 심었는지
제비꽃이 만발하였다.
'둔촌선생과 최사간'의 이야기는 특히 영남에 거주하는 광주이씨가 사람들에게 구전되어
잘 알려져 있다. 그런데 아쉽게도 정작 당시 도피한 사람을 숨겨주고 묏자리까지 제공해
준 영천최씨 가문은 쇠퇴하여 그 후손조차 찾기 어려운 형편이라고 한다. 이러한 까닭으
로 광주이씨 사람들은 지금도 영천최씨댁에 고맙고도 미안한 마음을 간직하고 있다고 한
다. '둔촌선생과 최사간' 일화는 성현의 《용재총화》, 《둔촌선생유고》에도 전해지고 있다.

2) 청백리로서의 관직생활

앞서 언급하였듯이, 이지직의 일생에 대해서는 자세한 내역은 알
수 없고 다만 조선왕조실록 등에 일부 내용이 보인다. 부족한 자료
이지만 몇몇 기사를 통해서 관직생활 동안의 활약상을 서술해 보고
자 한다.

그는 고려조인 신우辛禑(우왕) 경신년庚申年에 전구서승典廐署丞으로
서 등과하였다.8) 그 뒤의 그에 대한 이력은 자세하지 않고, 다만
1401년(태종 1) 청백리로 초선된 내역이 전하고 있다. 그리고 같은
해 강원도안렴사로 나아간 사실이 확인되고 있다.9)

조선왕조실록에 실린 그에 대한 기록은, 1402년(태종 2) 4월 내서
사인으로 재직할 당시 전가식田可植과 함께 태종을 심하게 질책하는
상소를 올린 것을 계기로 여러 차례 등장한다. 그리고 이 일을 빌미
로 다른 편당의 공격을 받아 다음 달인 5월 파직되기도 하였다.

1404년(태종 4) 2월에는 사헌집의로 복직하였고,10) 어느 때인지 알
수 없으나 형조참의까지 이르렀다. 이어 1409년(태종 9) 3월에는 성
주목사에 제수되었는데 부임하지 않는다 하여 평택에 유배되기도
하였다.11)

무엇보다도 그의 관직생활에서 두드러진 사건은 앞서 언급한
1404년(태종 2)의 상소 사건이었다. 이는 언관직에 종사한 관직자의
표상이며, 청백리로서의 기개를 보여준 사례라고 할 수 있다.12)

---

8) 《紀年便攷》 '李之直'; 《淸選考》 卷7 '淸白'.
9) 《太宗實錄》 卷1, 태종 원년 1월 23일 갑신.
10) 《太宗實錄》 卷7, 태종 4년 2월 13일 갑신.
11) 《太宗實錄》 卷17, 태종 9년 3월 3일 병오. 한편, 이날 기사에서는 이지직이 전 형조참의로
   기록, 그가 태종 4년과 9년 사이에 형조참의로 재직하였음을 알 수 있다.
12) 《太宗實錄》 卷3, 태종 2년 4월 1일 계축.

그가 올린 상소문의 내용을 검토해보면 다음과 같다. 상소문은 편의상 서문과 본문으로 구분할 수 있는데, 서문에서는 상소를 올리게 된 사유를 밝혔고, 본문에서는 국왕으로서 해야 할 정책 과제를 열거하였다.

서문에서 그는 국왕의 바르지 못한 행실을 공박했다. 먼저 중국 성군들의 예를 들며 이를 본받아야 한다고 언급했다. 성탕成湯과 문왕文王은 새벽에 일찍 일어나 간하는 말을 따랐고, 또 조심하여 좋지 않은 옷을 입고 밭일에 나감으로써 정사를 널리 보셨다고 하였다.

이와 달리 태종은 이를 지키지 않는다는 것이었다. 그가 지적한 군왕의 잘못을 분석해 보면 네 가지로 나눌 수 있다. 첫째, 아름다운 옷을 입으시기를 좋아하고, 둘째, 제도를 따르지 아니하고, 셋째, 대간의 말이 뜻에 거슬리면 엄하게 견책하시며, 넷째, 매와 개를 좋아하고 성색聲色을 즐겨하심이 아직도 여전하다고 지적하였다.

다음으로 본문에서는 군정 및 대외관계에서 우선인 과제를 제시하였다. 내용을 요약하면 첫째, 군수軍需를 갖추지 않을 수 없다고 하였다. 당시 군사를 위해서는 군량을 충분히 확보해야 하는데, 저화로 무역함으로써 군량이 모두 장사치들에게 흘러들어 간다고 하였다.

둘째, 군정에서 말[馬]의 중요성을 강조하였다. 특히 이 부분에서는 중국과의 대외관계 속에서 말을 헌납하는 경우가 많은 점을 지적하였다. 중국으로부터 사치스런 물건을 받고 그 대가로 말을 주는 것을 지적하면서 하루빨리 이를 시정하도록 당부하였다.

셋째, 중국과의 관계와 관련하여 요동이나 심양에서 망명하는 백성들을 받아들이지 말도록 하였다. 도망하여 오는 자를 붙잡아 곧바로 돌려보내야 한다고 하였다.

이 같은 내용을 골자로 한 그의 상소문은 외교와 군사 문제에 관한 나름의 의견을 개진한 것이었다. 그런데 조정에서는 그가 제시한 정책은 뒤로한 채, 서문에서 국왕의 처신을 공박한 것만 문제 삼는 이들이 있었다.

상소 내용 가운데서도 국왕이 사치스럽고 즐기기를 좋아한다는 지적이 화근이 되었고, 매와 개를 좋아하고 성색을 즐겨한다는 내용은 더욱 문제가 되었다. 더욱이 성색을 즐겨한다는 지적은 태종의 자존심을 매우 상하게 하였다.

당시 이러한 사실을 간파한 몇몇 신하들은 이를 문제 삼아 꾸준히 이지직 등을 공격하였다. 태종은 자신의 인격에 상처를 입어서 기분이 상했지만, 처음에는 이들의 의견을 못들은 척하였다. 그러나 이지직을 처벌해야 한다는 청이 계속되자 상소가 있은 지 5일 뒤인 4월 5일, 국왕은 이지직 등을 불러 출사하지 말 것을 명하였다.

그런데 사건은 여기서 마무리되지 않았다. 다음 달인 5월 3일에는 사간원에서, 그리고 다시 의정부에서 연이어 이지직을 처벌해야 한다는 청이 올라왔다. 결국 5월 11일, 이지직은 파직되기에 이르렀다.13)

2년 뒤인 1404년(태종 4)에는 다시 사헌 집의로 복직하여 관직생활을 이어갔다. 그렇지만 이전의 상소 사건은 항상 그가 정치적으로 공격당하는 빌미가 되어 관직생활에 장애가 되곤 하였다.

1408년(태종 8)에는 국왕의 외척인 민무구閔無咎, 민무질閔無疾이 제거될 때 태종은 직접 두 형제의 죄목을 열 가지로 정리하여 교서를 내렸는데, 이 가운데 한 가지는 바로 이지직 등을 사주하여 국왕이 성색과 매·개를 좋아한다고 무함하였다는 것이었다. 이러한 지적이

---

13) 《太宗實錄》卷3, 태종 2년 4월 5일 정사; 《太宗實錄》卷3, 태종 2년 5월 3일 을유; 《太宗實錄》卷3, 태종 2년 5월 11일 계사.

나온 까닭은 아마도 이지직과 민씨 형제의 관계보다는 당시 이지직을 따라서 함께 상소를 올린 전가식이 민씨 형제의 부친인 민제閔霽 (1339~1408)의 문인이기 때문이었던 것으로 보인다.14) 이런 이유에 서인지 모르나 민무구, 무질의 옥사가 있었지만 이지직은 크게 화를 입지는 않았는데, 오히려 뒤에 석연찮은 이유로 유배를 가기도 하였다.15)

이지직이 당대 정치적 숙청이 난무하는 상황에서도 크게 피해를 입지 않은 것은 당시 그를 비롯한 광주이씨 가문이 주로 문과를 통해서 관직에 진출하면서 비교적 순수하게 사대부의 지위를 지켰던 결과가 아닌가 생각된다. 그리고 이지직의 청렴한 행적은 뒤에 그의 자손들이 오히려 크게 성공하는 바탕이 되었던 것으로 보인다.

지금까지 조선 초기 청백리였던 이지직의 가문인 광주이씨 가계와 그의 정치활동에 대해 살펴보았다. 앞에서 이 가문은 이집과 아들 지직의 청렴한 행적, 자손들의 성공으로 말미암아 조선 초기 명문가로 성장했음을 알 수 있었다. 그러나 이지직 본인은 청백리에 선정되었음에도 그에 대한 기록은 많지 않다. 조선왕조실록에서는 그가 올린 상소문이 소개되고, 이에 대한 다른 이들의 비판, 탄핵 요구 등의 내용이 소개될 때 그의 성명이 언급되곤 했는데, '청백리'라고 거론한 기사는 확인되지 않았다. 다만 앞서 말했듯이《승정원일기》에서 현종조에 그의 후손에 대해 언급하면서 이지직이 '청백리' 였다는 기사가 한 번 등장할 정도였다.

이러한 사실을 통해 볼 때, 이때만 하여도 청백리는 요즈음의 인

---

14)《太宗實錄》卷16, 태종 8년 10월 1일 을해.
15) 태종 9년 3월 이지직은 성주목사로 임명되었음에도 부임하지 않는다 하여 평택으로 유배 가게 되었다. 이때의 유배가 민씨 형제와 연관이 있었을 가능성도 생각할 수 있다.

식과는 달리 비중이 크지 않았던 것으로 이해된다. 또 이지직뿐 아
니라 당대의 다른 청백리들도 조선왕조실록에서 확인되는 사례는
없으니, 이는 조선 초기 청백리에 대한 시대적 성격을 알 수 있는 근
거가 된다.16)

3. 조선의 청백리와 그 성격

1) 자료에 나타난 조선의 청백리

조선의 청백리는 관직자로서 청렴결백했던 이들을 가리킨다. 그러
니 관직생활을 한 당사자뿐만 아니라 후손들에게도 상당한 영광이
될 수 있다. 조선의 청백리는 최근 공직자들의 부패상이 다수 고발
되면서 그 위상이 더욱 높아졌다. 그리하여 이와 관련된 책자들도
발간되고 현재의 고위 공직자들에게 경종을 울려야 한다는 의견도
적지 않다. 공직자 부패에 대한 고발이 청백리라는 칭호를 얻은 옛
선조들을 더욱 존경하는 계기가 된 것이다.

현재 청백리에 대한 인식은 학자에 따라서 약간의 차이가 있다.
먼저 청백리를 전통시대 관리의 표상으로 매우 중요하게 인식하는
경우가 있고,17) 이와는 달리 청백리를 하나의 제도적인 관습으로서

---

16) 조선왕조실록에서 청백리 선정에 대한 기록은 연산군 9년 2월 11일에 獻納 崔淑生에 대한
   포상논의가 처음이었으며, 이후 중종, 명종조에 들어와 점차 늘어나게 되었다. 결국 태
   조~성종조까지는 조선왕조실록에서는 청백리로 확인되는 인물은 없었던 것이니, 조선왕
   조실록의 청백리 기록이 체계적이지 않았음을 알 수 있다.

17) 이영춘 외, 《조선의 청백리》, 가람기획, 2003; 金成俊, 〈沙溪 金長生의 生涯〉, 《백제연구》
   6, 충남대 백제연구소, 1975; 韓鍾萬, 〈韓國淸白吏像硏究−李朝의 代表的 淸白吏를 중심으로−〉,
   《圓大論文集》 11, 원광대학교, 1977.

그 내면에는 허실이 함께 있다고 보는 견해도 있다. 후자는 더 나아
가 이른바 청백리로 알려진 인물 가운데는 초선抄選 사실이 조선왕
조실록 등에 기록되지 않기 때문에 현재 알려진 인물들 가운데는 진
정한 청백리인지 믿기 어려운 인물도 있다고까지 하였다.18)

　여기서 전자의 견해는, 앞서 언급한 바 있듯이, 청백리는 정치적·
학문적인 업적이 높은 인물과 유사한 뜻으로 인식되어서 본래의 사
실보다는 다소 부풀려 보는 입장이라고 할 수 있다. 이와 달리 후자
의 견해는 기존의 청백리를 단순하게 평가하던 단계에서 한 발 더
나아가 적어도 숫자상 지나치게 많은 인물이 등재된 기록에 대해 비
판하고, 여기에 허구적인 면이 있을 가능성을 제기하였다. 그러나 이
또한 청백리를 유명 인물과 관련시킴으로써 자칫 역사에서 잘 알려
져 있지 않은 인물에 대해서는 의심의 잣대를 대는 결과를 가져올
수도 있다. 따라서 이에 대해서는 신중한 검토가 있어야 할 것이다.

　이처럼 청백리에 대한 인식이 정립되어 있지 않고 또 기록에 나타
난 청백리에 대하여 의구심을 갖게도 하는데, 이렇게 된 가장 큰 원
인은 청백리로 소개된 인물의 숫자가 자료마다 큰 차이를 보이기 때
문이다. 대표적인 몇 가지를 들면, 먼저 다산茶山 정약용丁若鏞(1762~
1836)의 《목민심서牧民心書》에는 110명이라고 소개하고 있는데19) 《전
고대방》에는 무려 218명을 수록하고 있다. 그 편차가 자그마치 100
명이 넘는다. 그 밖에 많이 언급되는 자료로 《청선고》가 있는데, 여
기에도 186명의 청백리가 소개되었다.

---

18) 李章熙, 〈淸白吏制度의 史的 考察〉, 《近世朝鮮史論考》, 아세아문화사, 2000; 오수창, 〈조선시대
　의 淸白吏 선발과 贓吏 처벌〉, 《한국사시민강좌》 22, 일조각, 1998.
19) 《牧民心書》에는, 조선 건국 이후 정조 때까지의 기록을 살펴보면 태조로부터 성종 사이에
　45명, 중종으로부터 선조 사이에 37명, 인조로부터 숙종 사이에 28명, 도합 110명의 청백리
　가 나왔다고 하였다. 이 기록은 《청선고》 등에 비하여 약간 적은 수를 언급하였는데, 구체
　적으로 인명을 거론하지 않아서 아쉬움을 남긴다(《牧民心書》 〈淸心〉).

이러한 상황에서 청백리에 대해 객관적으로 파악하려면 이 자료
들에 대해서 더 포괄적인 안목에서 그 성격을 파악한 다음, 종합적
인 평가를 내려야 할 것으로 보인다. 필자는 조선조 청백리에 대한
이해를 위해서 먼저 영조조에 간행된 《동국문헌비고》에 주목하였
다. 《청선고》나 《전고대방》 같은 기록은 그저 왕대별로 이름만을
기록하였고, 정약용의 《목민심서》는 단지 인원수만을 언급하였다.
그러나 1770년(영조 46)에 간행된 《동국문헌비고》는 왕대별로 청백
리에 뽑힌[抄選] 시기와 명단을 함께 기록하고 있다.20) 이 도서는 정
조 대에 이만운李萬運에 의해서 《증정문헌비고》로 보완되었고, 나중
에 현재의 《증보문헌비고》가 되었다.21)

그렇다면 청백리의 수에 대해서는 영조조에 간행된 《동국문헌비
고》를 살펴보고, 나아가 최종본인 《증보문헌비고》와 대조해본다면
더욱 정확한 사실을 알 수 있을 것이다. 《동국문헌비고》에는 청백리
로 87명이 있었는데,22) 고종조에 만든 《증보문헌비고》에는 모두 111
명에 이르는 청백리가 소개되었다. 영조조에서 고종조에 이르는 사
이 24명의 인원이 추가된 것이다. 이에 대해서는 〈표 6-1〉에 왕대별
로 수록된 인원수와 추가 인원을 소개하였다.

또한 다산 정약용의 《목민심서》에 나오는 110명이란23) 인원수는,

---

20) 현재까지 청백리에 대해서 언급한 연구자들은 《東國文獻備考》에 대해서는 전혀 관심을 가
   지지 않았고, 뒤에 간행된 《增補文獻備考》에 대해서도 크게 주의를 기울이지 않았다. 현재
   장서각 소장 《동국문헌비고》는 표지와 서문에 '御製東國文獻備考'라고 되어 있으니, 이를 통
   해서도 자료의 가치와 신빙성을 확인할 수 있다.
21) 朴仁鎬, 앞의 글.
22) 한국학중앙연구원 장서각 K2-2075, 《東國文獻備考》.
23) 〈표 6-1〉의 《증보문헌비고》(이하 '비고')의 기록을 《목민심서》(이하 '심서')와 비교하면
   '심서'에서는 먼저, 태조~성종을 45명이라고 하였고, '비고'에서는 이때의 인원수가 46명
   이어서, 1명이 많다. 또 '심서'에서는 중종~선조간에 37명이라고 하였고, '비고'에서는 40
   명이어서 3명이 많고, 또 '심서'에서 인조~숙종간에 28명이라고 하였는데, '비고'에서는 25
   명으로 3명이 적다. 전체적으로 이 시기 '심서'가 110명이고, '비고'는 111명으로 겨우 1명

표 6-1. 《문헌비고》에 기재된 청백리

왕조별	시기	인원수		비고
		《東國文獻備考》	《增補文獻備考》 추가 인원	
태조	2년(1393)	2		
태종	원년(1401)	8		
세종	22년(1440)	11	3	1(改作)
세조	8년(1462)	5	2	
성종	21년(1490)	15		
중종	27년(1532)	14		
명종25)	원년(1546)	7	3	2(抄啓)26) 〈43(廉謹吏)〉(補)
선조27)	35년(1602)		16	
인조	25년(1647)	8		
숙종28)	21년(1695)	17		〈3(廉謹吏)〉
정조	20년(1796)			
소계		87	24	
합계		111		

어떠한 자료를 근거로 제시하였는지는 알 수 없으나, 《동국문헌비고》의 기록보다 23명이 많은 숫자이다. 결국 영조조에 87명으로 파악된 청백리가 정조~순조조 인물인 정약용에게서는 23명이 증가한 상태로 인식된 것이다. 따라서 자료에 나타난 청백리 숫자의 차이는 시기에 따른 결과물로 이해할 수 있다.

시기에 따른 인식의 차이는 《청선고》나 《전고대방》을 보면 더욱 분명해진다. 1906년 무렵에 간행된 것으로 추정되는 《청선고》에는24) 《목민심서》보다 두 배 이상 증가한 186명의 청백리가 소개되

의 차이만 있다. 결국 두 자료의 통계는 신빙성이 높다고 할 수 있다.
24) 한국학중앙연구원 장서각의 '한국학전자도서관'에서는 《淸選考》에 대하여 K-2 603, 奎章

고, 이보다 더 뒤인 1924년에 나온 《전고대방》에서는 청백리의 숫자가 자그마치 218명이 된다.

　이러한 상황에 대하여 이 글에서는 시기에 따른 청백리의 증가를 더 자세하게 파악하고자 《동국문헌비고》, 《청선고》, 《전고대방》에 소개된 인물을 왕대별로 정리하여 부록으로 '문헌으로 비교해보는 왕대별 청백리'를 덧붙였다. 여기에서는 자료마다 기록된 인명과 인원수를 소개하여, 왕대에 따른 인원 및 증가 수, 추가된 인명 등을 알 수 있다.

　그리고 이 같은 문헌에 따른 숫자의 증가는 시기에 따라서 청백리에 대한 관련 자료의 재조사를 통한 추가기록, 그리고 의식의 변화 때문이라고 생각된다.[29] 먼저 20세기에 간행된 《청선고》와 《전고대방》에서는 기존의 역사 기록물에서 청백리로 언급이 되었지만 《문헌비고》에 빠진 인물, 그리고 《문헌비고》 등에서 염근리廉謹吏로 포함된 인물, 또 처음 추천되었으나 국왕의 허가를 받지 못했던 인물 등도 청백리로 인정, 포함한 것으로 보인다. 여기에다가 근대에 이르

閣(朝鮮) 補寫, 光武 10(1906)頃寫로 소개하고 있다.

25) 명종 7년에는 염근리로 李浚慶 등 40인을 뽑았다고 하였다. 그런데 '輔(증보)'된 기록에 나오는 명단을 세어보면 총 43인에 이르렀다.

26) 당시 기록 가운데 "明宗元年 政府禮曹同議抄啓淸白吏 朴守良 金洵 等……"이라고 하여 박수량, 김순에 대해서는 초계하였다고만 되어 있는데, 이에 대해서도 뽑힌 것으로 해석, 통계에 포함시켰다.

27) 이때에는 《증보문헌비고》에는 본문에서 처음 10명이 뽑히고, 추가[補]로 6명이 뽑힌 것처럼 서술되어 있는데, 실제로 《동국문헌비고》(장서각 소장)를 확인해 본 결과 당시의 기록은 발견되지 않았다. 아마도 책 편집 시 오류가 생긴 것으로 추정된다.

28) 이때에는 남구만의 상소로 이미 죽은 이는 청백리, 살아있는 이는 염근리라고 하여 구분하여 뽑았다. 그리하여 청백리로 17명을, 염근리로 3명을 선정하였다. 이렇게 구분한 것은 이준경이 명종조에 염근리가 되었다가 선조조 죽은 다음 청백리로 되었다는 사례 등에 근거하였다. 숙종 22년에는 역시 남구만이 상소하여 판서 南銑 등 8명에 대해서 청백리로 뽑을 것을 건의한 바 있는데, 이때에는 국왕의 허가 기록이 없어 통계에는 넣지 않았다(이상 《增補文獻備考》 選擧考 '薦用' 참조).

29) 《청선고》나 《전고대방》에서는 당시 어떠한 이유로 추록하였는지에 대한 설명이 없어서 추록의 성격과 정당성 등에 대해서는 더 분명하게 제시하지 못하는 아쉬움이 남는다.

러 조선조 관료의 청렴성에 대해 좀더 적극적으로 해석하면서 기존
의 정치적·학문적으로 공이 큰 인물들을 더욱 관대하게 청백리에 포
함시켜 그 수가 매우 늘어나게 된 것으로 여겨진다.[30]

더 구체적으로 〈부록〉에 제시된 결과를 보면, 《청선고》에서 늘어
난 인원수는 상당수가 중종·명종조 인물이었음을 알 수 있다. 《동국
문헌비고》에서 87명이던 숫자가 《청선고》에 이르면 186명으로 거의
100명 가까이 많아지는데, 이 가운데 중종·명종조가 59명에 이른다.
그리고 이 가운데도 명종조에 39명이 늘어나 최고조에 이르렀다. 따
라서 이때의 급격한 증가는 일단 새로운 자료조사에 따른 것도 있지
만 의식의 변화로 말미암은 숫자의 증가가 더 큰 원인이 되지 않았
는가 생각된다.

중종·명종조는 정치적이나 학문적으로 볼 때, 조선 후기보다는 상
대적으로 활력이 넘치는 시기였다. 정치적으로는 지방 사림들의 중
앙 진출이 늘어나고, 학문적으로는 성리학에 대한 이해가 깊어지는
즈음이었다. 물론 이러한 정치사회적인 변화가 직접 청백리의 증가
와 연관된다고 장담할 수는 없으나, 이러한 상황이 자료의 기록에
큰 영향을 미친 것으로 보인다. 이 무렵에 등재된 인물의 면면을 보
면, 대개 정치·학문적으로 비중이 있는 사람이었다.

이와 달리 그 이전에는 상대적으로 무명의 인물들이 등재되는 경
우가 많았다고 할 수 있다. 《동국문헌비고》에 실린 인물 가운데 특
히 태조~중종조까지는 생몰년이나 행적을 알 수 없는 인물이 많고,
심지어는 성명이 분명하지 않은 인물도 있었다. 이 때문인지 뒤에

---

30) 예를 들면 임란 동안에 국가를 위기에서 구한 柳成龍이나 성리학자로 유명한 金長生 등은
《증보문헌비고》에는 그 명단이 올라가 있지 않다. 유성룡은 《청선고》부터 이름이 등재되
고, 김장생은 《전고대방》에 처음 이름이 오르게 되었다.

간행되는《청선고》나《전고대방》에서는 기록된 성명에서 한자가 수정되기도 하고, 또 이름이 고쳐져 실리는 경우도 여러 차례 나타나며, 심하게는 성씨가 수정되어 등재되기도 하였다. 그뿐만 아니라 동일 인물임에도 성과 이름이 모두 바뀌어 실리기도 하였다(세종조 金淡 → 柳琰). 이 같은 현상은 결국 이들에 대한 신상파악이 잘 되지 않았음을 보여주는 극명한 사례이다.

결국 조선조 청백리 가운데는 무명이면서 그 행적이 분명하지 않은 사람들도 상당수 있었는데, 뒤에 새로운 인물이 추가되면서부터는 오히려 유명 인물이 늘어나게 된 것으로 보인다. 또한 20세기에 들어 청백리에 대한 확대 해석이 강해지면서 그 숫자가 매우 늘어나고, 이러한 양상은 일제강점기에도 꾸준히 이어졌음을 알 수 있었다. 또 이처럼 증가한 데는 국가가 위기에 처하거나 식민지시대라는 시대적 상황도 크게 작용하였던 것으로 생각된다.

2) 조선조 청백리의 성격 변화

조선조 청백리에 대한 인식은 초기인 15세기보다 그 뒤에 좀더 강화된 면이 보이고 있다. 그런데 이러한 추세가 일정하지는 않았고 왕대별로 약간씩 차이가 있었다. 예를 들면 중종조나 숙종 때에는 청백리를 강조하는 움직임이 일어났으나, 영·정조 대에 이르러서는 상대적으로 중요하게 다루어지지 않은 것으로 보인다.

역대 왕대별로 청백리 초선의 사례와 성격을 살피면 다음과 같다. 먼저《동국문헌비고》를 바탕으로 태조, 태종조에 청백리에 초선된 인물을 살피면, 태조조는 2명, 태종조는 8명의 인물이 뽑혔다. 뽑힌 명단을 보면 태조조에는 안성安省, 우현보禹玄寶가, 태종조에는 경의慶

儀, 이지직李之直, 김약항金若恒, 이백지李伯持, 최유경崔有慶, 이원李原, 박서생朴瑞生, 최사의崔士儀였다. 그러다가 《청선고》에서는 태조조에 유구柳珣가 추가되고, 《전고대방》에 이르면 태조조에 길재吉再, 서견徐甄이 추가된다. 이유는 알 수 없으나 태조조에만 3명이 더해진 것이다.

그리고 초기에 청백리에 초선된 인물들 가운데는 후대에 널리 알려진 유명 인물들이 많지 않다. 《동국문헌비고》에 실린 인물 10명 중 우현보 정도가 잘 알려져 있을 뿐 나머지는 이지직을 포함해 널리 알려진 인물은 아니었다. 그러다 《청선고》나 《전고대방》에서는 길재 등 3명이 추가되었는데, 이들은 상대적으로 지명도가 높은 인물이라고 할 수 있다.

결국 조선조 태조나 태종조, 특히 태종조에 청백리로 뽑힌 인물들은, 적어도 필자가 생각하기에는 고급관료나 영향력이 강한 벌족 등에서 선정되기보다는 그야말로 순수하게 관직자로서 자신의 소명을 다한 인물 가운데서 선발된 것이 아닌가 여겨진다. 그러다가 세종조에 이르러 황희黃喜, 맹사성孟思誠 등이 청백리로 뽑히면서 그 의미가 좀더 강화된 것으로 추정된다.

이후 중종조에 들어와서는 송흠宋欽 등이 청백리로 뽑히면서 '가선嘉善'으로 가자되었고, 또 청백리인 구치관具致寬, 김전金詮 등의 자손을 관직에 채용하도록 지시된 바 있다.[31) 이때에는 청백리 본인과 후손에 대한 포상이 논의되고, 그 기사가 조선왕조실록에 기록되면서 청백리의 위상이 높아지게 되었다.[32)

---

31) 이 시기에 청백리로서 자손들에게 포상이 언급된 인물 가운데 상당수가 《증보문헌비고》에도 나타나지 않는데, 이러한 인물들은 뒤에 《청선고》에 수록되고 있었다.
32) 《中宗實錄》 卷73, 중종 27년 4월 20일 무술.

그리고 명종, 선조조에도 청백리는 후대의 기록에서 차츰 많아지고 있다.《동국문헌비고》를 보면, 앞의 〈표 6-1〉에서 나타나듯이, 명종조에 7명이 기록되었는데, 선조조에는 한 명도 보이지 않는다. 더욱이 뒤에 청백리로 평가된 명종·선조조의 이황李滉, 유성룡柳成龍 등은 당시 기록에서는 보이지 않고《청선고》에서 처음 나타나고 있다.[33] 이러한 현상은 청백리 선정에서 뒤의 기록에 유명 인물이 포함되는 단적인 사례인데, 앞에서 언급하였던 중종조에 유명 인물이 나중에 청백리로 추가되는 현상과 같은 맥락이라고 할 수 있다.

숙종조에 이르러서는 박세채朴世采, 남구만南九萬 등에 의해 청백리가 더욱 강조되었다. 박세채는 청백리 선정을 적극적으로 할 것을 청하였고, 남구만은 청백리를 염근리와 구분하여 살았을 때 피선된 이는 염근리, 죽은 다음 피선된 인물은 청백리로 부르자고 제안하였다.[34] 남구만의 이러한 구분은 청백리에 대해 죽은 뒤에야만 얻을 수 있는 명예로운 칭호로 그 의미를 한층 더 격상시킨 것이다. 이러한 의견 때문인지 숙종조에는 17명에 이르는 인물을 청백리로 뽑고, 3명을 염근리로 선정하였다. 다른 국왕 때보다 많은 인물이 선정된 것이다.[35] 또 이만성李晚成에 의해서 청백리 자손에 대하여 녹용錄用

---

33) 이와 관련하여 〈표 6-1〉에서 보이는 바와 같이《동국문헌비고》에는 어떤 이유에서인지 모르나 선조조에는 아예 청백리를 뽑은 예가 보이지 않는다. 이황과 유성룡은 모두《청선고》에 처음 소개되었는데, 다만 유성룡의 경우에는 선조조에 염근리廉謹吏로 선정된 사실을 확인할 수 있었다. 아울러 '《宣祖修整實錄》卷35, 선조 34년 5월 1일 무술'에 따르면, 당시 처음에는 청백리로 선정할 것을 논의하였으나 천자나 피천자 모두 이를 부담스럽게 여겨서 최종적으로는 '염근'으로 선발하였다. 이에 대해서 청백리로 뽑힌 것으로 이해하는 경우가 많은데, 이는 자료를 눈여겨보지 않은 결과라고 하겠다.

34) 남구만의 이 제안이 이후 조선 말기까지 공식적으로 적용되었는지에 대해서는 의심이 남는다. 그의 말대로라면 당대에 염근리로 선정된 인물(李世華, 姜世龜, 尹推)들은 뒤에 청백리로 등재되어야 하는데,《증보문헌비고》에는 이들 인물이 기록되지 않았고,《청선고》에서 비로소 등재되기에 이르렀다.

35)《增補文獻備考》卷199, 選擧考16, 薦用2.

을 하자는 의견이 제시되기도 하였다.[36]

   그런데 그 뒤로는 조선왕조실록 등에서 청백리에 대해 그다지 중
요하게 다룬 기사가 나타나지 않는다. 이러한 사실은 정약용이 청백
리의 숫자를 언급하면서 정조조를 기준으로 하면서도 숙종조까지만
그 숫자를 밝힌 것이나,[37] 정조조에 정존겸鄭存謙이 청백리 선정이
열성조에서 거행한 법인데, 시행하지 않고 있으니 이를 시정하자고
한 사실들로써 영·정조에 들어와서는 청백리에 대해 크게 비중을 두
지 않았음을 알 수 있다. 실제로 《문헌비고》를 보아도 영·정조 이후
로는 공식적으로 기록된 인물이 없다. 이 무렵에는 청백리 선정에
대한 의식이 약해진 것이다.

   결국 청백리 초선에 대한 시기적인 추이는 일관성을 갖기 보다는
당대 국왕이나 신하들의 성향에 따라 차이가 있었던 것으로 보인다.
왕대별로 보면 중종, 명종, 그리고 숙종조에 강조되었음을 알 수 있
다. 시기적으로 이러한 차이를 보이는 원인에 대해서는 좀더 세밀한
연구가 있어야 할 것이다.

   한편, 이들 청백리가 자료에 기재되는 성향을 보면, 자료의 기록자
들은 청백리를 뛰어난 일반 관료와 견주어 크게 비중을 둔 것 같지
는 않다. 먼저 《증보문헌비고》에는 청백리와 이들의 선정에 대한 기
록이 별도의 항목으로 분류하지 않고 〈선거고選擧考〉의 '천종薦用'조
에 기록되어 있다. 또 여기에서도 왕대별로 관리를 천거 등용하는
내용에 포함되고 있었다. 즉 유일이나 추천 등으로 새롭게 보임된
인물을 기록하면서, 그 속에 청백리 관련 내용이 드문드문 보이고
있는 것이다.

---

36) 《肅宗實錄》卷53, 숙종 39년 2월 5일 계축.
37) 《牧民心書》〈淸心〉.

또한 《청선고》나 《전고대방》 같은 기록에서도 청백리에 대해서는 다른 관직자들을 열거하면서 한 부분을 할애하여 해당 인물들을 소개하고 있다. 이들 자료 또한 《증보문헌비고》와 유사한 취지로 기록한 것 같다. 따라서 일단 조선조의 청백리는 우리가 현재 짐작하는 것보다는 순수한 의미의 선정이었다고 보인다.

청백리라는 의미는 적어도 조선조에는 글자 그대로 관직생활을 부패 없이 한 이들을 일컬었고, 또 이들에 대한 순수한 차원의 칭호였던 것이다. 따라서 청백리가 당연히 조선왕조실록 등의 기록에 초선 사실이 기재되고 여러 자료에서 많이 찾아볼 수 있는 유명 인물만은 아니었던 것임을 알 수 있다.

4. 맺음말

탄천 이지직에 대해서는 《태종실록》에 몇 차례 등장하는 기사를 통해서 그의 관직생활의 일면을 알 수 있었다. 그가 청백리로서 당시 태종과 같은 강성 군주에게 굴하지 않고 직간한 모습은 매우 인상 깊은 처신이었다. 《동국문헌비고》에 소개되어 있듯이, 이지직이 태종 1년(1401) 청백리로 선정되었다면, 이는 그가 태종에게 직간하였던 사실 때문이었다고 여겨진다. 더욱이 그의 상소는 상대방을 공박하는 정치적인 것이 아니라 순수하게 국가를 위한 정책을 제시한 것이었다는 점에서 그 의의는 크다고 할 수 있다.

그러나 당시 몇몇 관료들은 왕권에 편승하여 이를 국왕에 대한 인신공격으로 몰아 그를 제거하려는 움직임을 보였으니, 안타까운 일이었다. 이러한 까닭으로 한때 관직에서 물러나기는 하였지만 얼마 뒤 복직하여 꾸준히 관직생활을 이어나가기도 하였다.

이 같은 그의 청렴하고도 강직한 생활 태도는 그가 정치권에서 순수하게 존재할 수 있게 하였고, 이러한 연유로 이른바 '3자8손구등과三子八孫俱登科'라는 영광스런 칭호를 얻게 되고, 조선 전기 광주이씨 가문이 전국적인 명문가로 성장하는 데 일정한 밑거름이 되었던 것으로 보인다.

이 글의 두 번째 주제에서는 이지직이란 인물을 바탕으로 조선조 청백리에 대해 살펴보았다. 청백리에 대해서는 먼저 영조조에 작성된 《동국문헌비고》를 분석하여 소개하였고, 20세기에 들어 편찬된 《청선고》,《전고대방》 등에는 전보다 매우 늘어난 인원수가 기록되어 있음을 알 수 있었다. 이들 자료의 간행자들은 이전에 누락된 인물을 포함시키려는 의도로 많은 인물을 추가하였는데, 그 내면에는 청백리에 대해 적극적으로 평가하였던 시대적인 인식이 포함된 것으로 판단되었다.

또한 청백리에 대한 자료를 검토한 결과, 여기에 소개된 이들은 정치사회적으로 비중이 큰 인물이 아니더라도 순수한 측면에서 뽑혔던 이들도 많았음을 알 수 있었다. 아울러 청백리에 대한 관심은 왕대별로 차이가 있었기 때문에 조선의 청백리에 대한 일관된 성격 규정이 쉽지 않다는 점도 살펴보았다.

그렇다면 현대인이 생각하는 '청백리상'은, 조선조 관리에게 필수 덕목으로 인식되었던 '청백', 즉 청렴결백 이념이 청백하고 유능한 관리를 길러내고, 그 결과 '청백리' 선정이 체계적으로 이루어진 것으로 오해하였기 때문에 나타난 결과가 아닌가 한다. 이와 관련하여 현재의 청백리에 대한 이해는 당대의 명신에 대한 다소 과장된 평가도 한몫한 것으로 보았다.

앞으로 청백리에 대해서 다분히 감성적인 측면에서의 접근은 지양되어야 할 것이며, 이에 대해서는 좀더 학술적인 측면의 연구와 그를 통한 명확한 이해가 있어야 할 것이다. 특히 이에 대해서는 시기나 왕대별로 선정이나 인식에 일정한 차이가 있었기 때문에 세심한 고려가 따라야 할 것이라고 생각된다.

■ 참고문헌

《承政院日記》《太宗實錄》《中宗實錄》《肅宗實錄》《宣祖修整實錄》《東國文獻備考》《增補文獻備考》《牧民心書》《紀年便攷》《淸選考》《典故大方》

李容春,《廣州李氏史記》, 2003.
이영춘 외,《조선의 청백리》, 가람기획, 2003.

金成俊,〈沙溪 金長生의 生涯〉,《백제연구》6, 충남대 백제연구소, 1975.
朴仁鎬,〈朝鮮後期 歷史地理學 研究-文獻備考 輿地考를 중심으로-〉, 한국정신문화연구원, 박사논문, 1996.
오수창,〈조선시대의 淸白吏 선발과 贓吏 처벌〉,《한국사시민강좌》22, 일조각, 1998.
李章熙,〈淸白吏制度의 史的 考察〉,《近世朝鮮史論考》, 아세아문화사, 2000.
李泰鎭,〈15世紀 後半期의 「鉅族」과 名族意識〉,《韓國史論》3, 서울대 국사학과, 1976.
韓鍾萬,〈韓國淸白吏像研究-李朝의 代表的 淸白吏를 중심으로-〉,《圓大論文集》11, 원광대학교, 1977.
한국학중앙연구원,〈조선조방목〉(www.aks.kr).

부록. 문헌으로 비교해보는 왕대별 청백리

왕대	《동국문헌비고》(1770) 수록 인물	총인원	《증보문헌비고》 추가 인물	총인원	《청선고》(1906) 추가 및 제외 인물	총인원	《전고대방》(1924) 추가 및 제외 인물	총인원
태조	安省, 禹玄寶	2		2	柳珣1) (+1)	3	吉再, 徐甄 (+2)	5
태종	慶儀, 李之直, 金若恒, 李伯持, 朴瑞生, 崔士儀	8		8		8		8
세종	黃喜, 金淡, 柳寬, 閔不貪, 柳謙, 李頣根, 孟思誠, 洪桂芳, 李知, 朴彭年, 李廷俌	11	崔萬理, 鄭陟, 黃孝源2) (3)	14	(柳珍)3), 奇虔, 金從舜 (+2)	16	金曁 (+1), 奇虔, 金從舜 (-2)	15
세조	盧叔仝, 鄭文炯, 朴薑, 李堰, 郭安邦	5	金從舜, 奇虔4) (2)	7	李樺 5) (+2), 金從舜, 奇虔 (-2)	7	奇虔 (+2), 李樺 (-2)	7
성종	林整, 成俔, 許琛, 朴說, 尹碩輔, 具致寬, 李犉, 李賢輔, 金謙光, 安彭命7), 梁灌, 朴處倫,8) 趙之瑞, 李暹暉, 李愼孝	15		15	趙彦秀, 許琮, 朴淳 (+4)	19	鄭誠謹, 李淳, 李約東, 柳珣 (+4), 趙彦秀, 趙士秀, 鄭誠謹, 朴淳 (-3)	20
중종	崔命昌, 金硡9), 曹致虞, 吳世翰, 宋欽, 韓亨元10), 申公濟, 金揚震11), 姜陽慶, 金銛, 姜叔突, 李喜茂12), 柳軒, 趙士秀13)	14		14	像儹, 李希轍,14) 鄭甲孫, 金宗直, 鄭誠謹, 鄭昌孫, 李約東,16) 李崇元, 柳濱, 金訢, 孫仲暾, 趙元紀, 梁芝孫, 朴楗, 金廷壽, 李鐵21), 尹思翼, 鄭淵,17) 李彦迪, 鄭梅臣, 趙士秀 (-1)	34	趙士秀, 李樺, 表沿沫, 魚泳, 濱 (+4), 鄭誠謹 (-3)	35
명종	朴守良, 金硡, 尹金, 鄭宗榮, 李世璋, 安玹, 金從舜	7	趙士秀, 洪暹, 李重慶 (3)	10	周世鵬, 洪鵬, 金秀文, 李榮, 安玹, 成世章, 尹春年, 金珣, 金鎧, 尹鉉, 李浚慶, 卜勳男, 任虎臣, 任輔臣, 李夢亮, 柳灌, 禹世謙, 朴水俊, 朴民獻, 安瑊, 李夢佐, 李浚慶18), 許世璘, 金彦鈞, 金彦謙19) 宋贊, 吳祥, 姜允權, 金雨, 安從琠, 金澍, 金彦默, 申瑊, 盧禛, 辛士衡, 金益 (+38), 金從舜, 趙士秀 (-2)	46	鄭淵 (+1), 金秀文, 金珣 (-2)	45

왕대	명단	인원	명단	인원	명단	인원	명단	인원
선조	金向憲, 金時讓, 閔汝任, 李安訥, 金德諴, 李命俊, 成夏宗[22], 崔震立	8	李彦憬[20], 許潛, 李友直, 盧禛[21], 沈守慶, 李巨備, 元均, 李直彦, 白仁傑, 崔興源, 金睟, 鄭崑壽, 李光庭, 李俊白, 沈喜壽 (16)	16	柳成龍, 李時彦, 張弼武, 安自裕, 李濟臣 (+5), 李後慶, 盧稙 (−2)	19	成泳, 許頊, 李有中, 崔汝霖, 金長生, 李基高, 吳億齡, 金行 (+8)	27
인조				8	李時白 (+1)	9	洪命夏, 辛慶晉, 具申源, 金藎國 (+4)	13
효종	李時白[23], 洪命夏[24], 趙絅, 趙錫胤, 姜栢年, 柳慶昌, 崔寬, 成以性, 朴信圭, 李后定, 趙涑, 洪宇亮, 姜說, 李泰英	17		17	李世華, 姜世龜, 尹推 (+3), 李時白 (−1)	19	姜裕後, 崔鳴吉, 尹趾仁, 李溟 (+4), 洪命夏 (−1)	22
경종							柳尚運, 宋廷奎, 李明俊, 金斗南, 李夏源 (6)	6
영조			鄭宇復, 韓德弼, 李秉泰, 尹趾仁[25], 許晶, 尹容[26] (+6)	6			崔有賢, 尹得載, 李謙鎭 (+4), 尹趾仁 (−1)	9
정조							李義冊, 李端錫 (2)	2
순조							南履卿, 徐箕淳, 韓金祥, 沈宜臣 (4)	4
추가인원		24		75(+83, −8)			32(+46, −14)	
총계		87		111		186		218

1) 《진고대방》에는 '柳澗'으로 표기됨.

2) 《淸選考》에는 '黃孝元'으로 표기되어 있다가, 《전고대방》에는 다시 '黃孝源'으로 표기됨.

3) 《동국문헌비고》의 김남은 《증보문헌비고》에서부터 유남으로 수정됨.

4) 金從縡, 竒度은 처음 《증보문헌비고》에는 세조조에 올랐는데, 《청선고》에서는 세종조에 들어 있다가, 《전고대방》에서는 다시 세조대에 기재됨.

5) 《전고대방》에는 중종조에 기록됨.

6) 《증보문헌비고》에서 추가된 두 명이 삭제되고 세로 두 명이 추가되어 숫자는 변화가 없음.

7) 《청선고》에는 '安彭年'으로 표기되었다가 《전고대방》에서 다시 '安彭命'으로 표기됨.

8) 《증보문헌비고》와 《청선고》에는 '朴處綸'으로 표기됨.

9) 《청선고》와 《전고대방》에는 '金城'으로 표기됨.

10) 《청선고》와 《전고대방》에는 '韓亨允'으로 표기됨.

11) 《청선고》와 《전고대방》에는 '金楊震'으로 표기됨.

12) 《증보문헌비고》에는 '李喜良', 《청선고》에는 '李善長'으로 표기됨.

13) 趙士秀는 처음 《동국문헌비고》에는 중종조에 들어 있다가, 《증보문헌비고》에는 명종조, 뒤의 《청선고》에는 성종조에 인물로 기재되어 있음.

14) 《전고대방》에는 柳希轍로 표기됨.

15) 《전고대방》에서는 성종조에 기재됨.

16) 《전고대방》에서는 성종조에 기재됨.

17) 《전고대방》에서는 명종조에 기재됨.

18) 《전고대방》에서는 '李俊慶'으로 표기됨.

19) 《전고대방》에는 '諺彦謙'으로 표기됨.

20) 《청선고》에는 명종조에 들어가 있음.

21) 《청선고》에는 명종조에 들어가 있음.

22) 《청선고》에는 '成夏宗'으로 표기됨.

23) 《청선고》에는 인조조에 들어가 있음.

24) 《전고대방》에는 인조조에 들어가 있음.

25) 《전고대방》에는 숙종조에 들어가 있음.

26) 이때 수록된 인물 가운데 윤지임 윤지인을 제외한 다섯 명의 인물은 이미 《증보문헌비고》에서 당대인 영조대의 기사에는 누락되었던 것이지만, 정조 20년 기사에서는 先朝에 청백리로 선록되었다는 기록이 있었으며, 《청선고》에서는 이러한 근거에 따라 수록된 것으로 보인다.

문숙공 이지강의 생애와 관직활동

임 선 빈

한국학중앙연구원

1. 머리말

여말선초는 동아시아 정세가 급변하는 전환기였다. 중국은 원명교체기였고, 일본은 남북조가 종식된 시기이며, 한국에서는 5세기 동안 존속했던 고려가 무너지고 새로운 조선왕조가 건국되었다. 이 글은 이와 같은 여말선초의 격변기에 40여 년 동안 관직에 몸담았던 인물 이지강에 대해 살폈다.[1]

이지강李之剛(1363~1427)은 고려 말 조선 초기의 문신으로, 본관은 광주廣州이고, 자는 중잠仲潛이며, 판전교시사를 역임한 이집李集의 아들이다. 그는 여말선초에 두 번이나 과거에 급제했고, 조선 초기 태종조와 세종 초에는 고위직에 있으면서 많은 활약을 했다. 그러나

---

[1] 이 글은 《동양고전연구》 제38집, 동양고전학회, 2010. 3에 발표한 필자의 논문 〈조선초기 한 관직자의 삶 -《실록》을 통해 본 李之剛의 生涯와 官職活動〉-을 이 책의 체제에 맞추어 수정했음을 밝힌다.

이지강에 대해서는 이러한 사전적 지식 외에는 그다지 알려져 있지
않다.

　이지강의 선대는 고려 초기에 광주에 터를 잡아 살기 시작했으며,
고려 말기에 이르면 신흥사족으로 성장하여 중앙에서도 두각을 나
타냈다. 《신증동국여지승람》 광주목 인물조에는 아버지인 이집과
함께 이지직李之直, 이지강, 이지유李之柔 등 이지강 삼형제가 모두 수
록되어 있다. 더욱이 조선 전기에는 광주이씨 가문이 매우 번성하여
《승람》 광주목 인물조에 장손長孫, 인손仁孫, 예손禮孫, 극배克培, 극감
克堪, 세우世佑, 극증克增, 극기克基, 극균克均, 세좌世佐 등 광주이씨 인
물이 대거 올라 있다. 그런데 이들은 모두가 이지강의 형인 이지직
의 직손直孫이다. 한편, 광주이씨를 당대 최고의 문벌가문이라고 상
찬한 성현成俔의 《용재총화》에서는 이집, 이지직, 이장손, 이인손, 이
예손, 이극규李克圭, 이극배, 이극감, 이극증, 이극돈李克墩, 이극균, 이
세좌 등을 거론하면서2) 이지강에 대해서는 언급조차 하고 있지 않
다. 이지강이 이집의 세 아들 가운데 가장 고위직에까지 올랐고, 《실
록》에 졸기가 실려 있으며, 세종으로부터 시호를 하사받았음에도,
성현이 이지강을 거명하지 않은 점은 의문이다.

　이지강은 무너져 가는 고려왕조를 부둥켜안고 깊은 고민을 하거
나 무너진 구왕조에 대해 절의를 지킨 인물도 아니고, 신왕조인 조
선왕조의 개창에 적극적으로 가담한 주도세력도 아니었다. 그가 살
다간 60여 년의 삶 가운데서 전반기 30년은 고려왕조의 시기이고,
후반기 35년은 조선왕조의 시기였다. 이와 같은 시대적 상황은 그가

---

2) "當今門閥之盛 廣州李氏爲最 其次莫如我成氏 廣李自遁村以後漸大 遁村之子參議之直 參議之子三 曰長孫
舍人 曰仁孫右議政 曰禮孫觀察使 舍人之子克圭今爲判決事 議政有五子 曰克培領議政廣陵府院君 曰克堪
刑曹判書廣城君 曰克增廣川君 曰克墩吏曹判書廣原君 曰克均知中樞 皆階一品 四人以功封君 廣城雖早卒
其子世佐今廣陽君 文子文孫 羅列崇班 相繼不絶."(成俔, 《慵齋叢話》 권2)

선택한 것이 아니라 그에게 주어진 것이었다. 그리고 이러한 상황에
서 대부분의 사람들이 그러하듯 그도 묵묵히 주어진 일을 수행했던
평범한 관료였다. 어쩌면 오늘날 우리가 주위에서 흔히 볼 수 있는
군상群像에 해당하는 인물일 수도 있다.

흔히 역사서술은 한 시대를 이끌어가는 주역만을 기리거나, 시대
에 적극적으로 저항한 인물을 변호하는 데 많은 지면을 할애한다.
그러나 사회 체계가 지탱되고 유지되는 이면에는 양극단의 중간에
있는 인물들의 구실 또한 중요하다. 이지강은 이와 같은 위치에 자
리매김할 만한 전형적인 인물로 여겨진다.

이지강은 조선 전기 최고의 문벌로 꼽힌 광주이씨 가문의 성장에
일정한 이바지를 했을 것으로 여겨짐에도, 그동안 세인의 관심에서
벗어나 있었다. 게다가 이지강과 관련된 자료는 현재 많이 남아 있
지 않다. 그의 문학적 소양에 비추어 보았을 때 많은 작품을 지었을
것으로 여겨지지만, 그의 문집이나 유고는 알려져 있지 않다. 여기에
서는 실록에 드문드문 보이는 기록과 《둔촌잡영遁村雜詠》 보편, 《신
증동국여지승람》에 실린 몇 편의 시 등을 최대한 습유拾遺하여 이지
강의 생애와 관직활동을 재구성해보고자 한다.3) 더욱이 실록의 기
록이 조선시대 관직자들의 삶을 살피는 데 적극 활용될 수 있음을
밝히고자 한다.

---

3) 실록과 문집 등에 흩어져 있는 이지강 관련 기사를 모아 이지강 행력을 작성, 부록으로
   제시하였다.

2. 가계와 생장

이지강은 고려 공민왕 12년(1363)에 태어나 조선 세종 9년(1427) 8월 12일(음력), 65세의 나이로 세상을 떠났다. 《광주이씨세보》에 따르면, 시조는 신라 내물왕 때 내사령을 지낸 이자성李自成이다. 그러나 내사령이란 벼슬은 고려 성종 때 종1품의 관직이고 신라에는 이러한 관직이 없었던 것으로 보아 잘못된 것으로 보고 있다.[4]

이자성의 후손들은 대대로 칠원(경남 함안)에서 살았는데, 935년 경순왕이 고려 태조에 귀부하자 그들은 이에 불복하고 절의를 지켰다고 한다. 고려 태조는 그들을 삭탈관직하고 칠원에서 회안淮安(경기도 광주 경안)으로 옮겨 살게 하였다. 회안을 본거지로 삼았던 이지강의 선대는, 처음에는 역리驛吏였으나 뒤에는 향리층으로 바뀌었다. 이지강의 조부 이당李唐이 향리였다고 기록되어 있으며, 《신증동국여지승람》 광주목 인물조에서 이지강의 부친 이집에 대해 본주의 아전으로 고려 공민왕조에 과거에 올랐다고 기록되어 있다.[5] 또한 《세종실록지리지》에도 광주의 토성으로 이씨가 올라 있다.[6]

고려시대의 향리는 세습직으로, 조선조와는 달리 사회적으로나 법제적으로 그다지 신분의 규제를 받지 않았다. 양반이 따로 존재하지 않았던 고려의 지방사회에서 향리층은 지방의 유력자였다. 지방의 유력자인 향리층은 대개 중소지주로서, 또한 지방행정의 실무담당자로서 착실히 성장하였고, 고려 말기로 접어들면서 그 자제들은 과거를 통하여 중앙관료로 진출하여 신흥사족이라는 정치세력으로 출현

---

4) 이지강의 선계에 대해서는 李楠福, 〈遁村李集硏究〉, 《한국중세사연구》 4, 1997, 164~193쪽에 비교적 자세하다.
5) 李集: 本州吏也. 高麗恭愍王朝登第……(《신증동국여지승람》 권6, 경기 광주목 인물조).
6) 《세종실록지리지》 광주목에는 토성으로 李·安·金의 3성이 올라 있다.

하게 되었다. 이지강의 선계도 이와 같은 과정을 거쳐 역사의 중심 무대에 등장하게 되었을 것으로 추측된다.

이지강의 조부 당唐은 국자감시에 합격하였고, 당의 다섯 아들 인령仁齡·원령元齡(후에 집集으로 개명)·희령希齡·자령自齡·천령天齡 등은 문과에 급제하였다. 이지강의 부친인 이집(1327~1387)은 당의 둘째 아들이며 초명은 원령이고 자는 성노成老, 호연浩然, 호는 묵암자墨巖子 또는 남천南川, 둔촌遁村이라 하였다. 충목왕 때 과거에 급제하였으며, 문장을 잘 짓고 지조가 굳기로 명성이 높았다. 이지강의 어머니는 황석범黃碩範의 딸 영주황씨였다. 이집과 영주황씨 사이에는 지직之直, 지강之剛, 지유之柔의 세 아들과 딸 하나가 있었다. 개국 2등공신 유창劉敞(?~1421)이 이집의 사위이다.

이지강은 이집이 37세 되던 해에 이집의 둘째 아들로 태어났다. 이 무렵 고려에서는 공민왕의 개혁정치가 실시되고 있었다. 공민왕 원년(1352), 5년(1356), 12년(1363)에 개혁교서가 반포되었지만, 사회 경제적 모순은 시정하지 못하였다. 그 이유는 추진세력이 가진 한계 때문이었다. 그리하여 공민왕은 신돈辛旽을 등용하기에 이르렀다.

신돈의 집권으로 신흥사족들이 그를 발판 삼아 성장하였지만, 이집은 신돈에 대한 감정이 좋지 않았다. 이집의 좌주인 이공수李公遂가 신돈이 집권하던 공민왕 15년(1366)에 면직당하고, 또 이듬해 자신과 같은 해에 과거에 급제한 동년同年인 정습인鄭習仁이 지영주사로 재임하다가 불교를 배척한 일로 처벌받았다. 이집은 좌주인 이공수의 불행과 동년 정습인의 화를 목격하고 공분하고 있던 차에 신돈이 차츰 야심과 사욕이 커져 독자적인 세력기반을 구축하면서 군소배들을 결집시키자, 신돈을 논박하고 나라의 장래를 한탄하였다.

그런데 공민왕 17년(1368)에 신돈의 문객 가운데 이집과 동향인 채판서란 자가 이 사실을 신돈에게 고자질하였다. 이집은 닥쳐올 화를 우려하여 남루한 옷차림으로 부친을 업고 처자를 데리고 낮에는 산속에 숨고 밤에는 길을 걸어 비바람과 굶주림, 온갖 고생에 시달리면서 함께 과거에 급제했던 동년 사간 최원도崔元道가 있는 멀고 먼 경상도 영천까지 피신했다. 그는 그곳에서 신돈이 주살될 때까지 4년 동안 온갖 고초를 겪으면서 피난생활을 하였다. 피난 1년 만인 공민왕 18년(1369)에 이집의 노부가 세상을 떠나자 최원도는 자신의 땅인 영천군 나현에 이집의 부친, 곧 이지강의 조부를 안장하게 하였다.

이집이 45세이던 공민왕 20년(1371) 신돈이 주살되자, 이집은 개성 용수산 아래 현화리 옛 집으로 돌아와서, 새로운 삶을 얻었다는 뜻으로 이름을 원령에서 집集으로 바꾸고 자는 호연浩然이라 하였다.[7]

이집은 공민왕 23년(1374) 48세 때에 경상도순문사 전록생田祿生을 따라 합포에 출진하였으며, 그 뒤 봉순대부 판전교시사에 제수되었다. 그러나 곧 사직하고 여주 천녕현으로 물러나 전야田野에 묻혀 살면서 독서하고 시를 지으며 일생을 마쳤다. 그는 당시 임심문任深文을 비롯한 60명에 달하는 많은 인물들과 시로써 교유하였다. 특히 이색李穡·정몽주鄭夢周·이숭인李崇仁과 친분이 두터웠다.[8]

아마 이지강은 이집의 개성집인 용수산 아래 현화리에서 태어났을 것이다.《광주이씨대동보》에 따르면, 이지강의 초명은 손遜이라고 한다. 이지강이 6세 되던 공민왕 17년에 이집이 기솔을 이끌고 영천으로 피신하였으므로, 이지강도 6세부터 9세까지는 경상도 영천에

---

7) 이상의 내용에 대해서는 삼봉 정도전이 지은 〈李浩然名字後說〉에 자세하다(《三峯集》 권4, 說〈李浩然名字後說〉).
8) 이남복, 앞의 글. 이집은 광주의 구암서원에 제향되었으며, 저서에 《둔촌유고》가 있다.

서 보냈을 것이다. 이지강의 형인 지직은 뒷날 형조참의를 지냈으며, 아우인 지유는 성주목사를 지냈다. 이들 삼형제 이름의 유래에 대해서는 목은 이색이 지은 〈이씨삼자명자설李氏三子名字說〉에 전한다.

광릉廣陵 이호연이 유사에 천거되었는데, 《서경》의 뜻을 잘 알기로 이름이 있었다. 내가 일찍이 서론을 듣기를 원하나 이루지 못하였더니, 하루는 와서 내게 말하기를, "내가 세 자식이 있으니 첫째는 지직인데 자는 백평이요, 둘째는 지강인데 자는 중잠이요, 셋째는 지유인데 자는 숙명이니, 이는 성인의 총명을 사모해서이다.

대개 세 가지 덕이라는 것은, 성인이 세상을 무마하고 사물에 응하는 것이 때에 따라 마땅함을 마련하여 백성의 풍속을 황극皇極에 끌어넣는 것이다. 사람이 날 때 하늘에서부터 품부하여 중中과 화和의 체용體用이 갖추어졌으니, 강충降衷이니 수성綏性이니 하는 말이 그것이다. 그러나 기품이 처음에 변하고, 더러운 습속이 나중에 몰려들어, 중이 되지 못하고 화가 되지 못하는 지경으로 나가지 않을 수 없게 된다. 그러므로 성인이 하늘을 이어 극을 세워서 임금으로서 다스리고 스승으로서 가르치니, 이에 삼덕의 명목이 서서 세도世道가 평강하게 되었고 사람마다 착하게 되었다. 성인이 대체 무엇을 하랴. 또한 바르게 하고 곧게 하여 상도에 순하게 할 뿐이니, 옷을 늘어뜨리고 앉아서 하는 것이 없어도 다스림을 볼 수 있다. 그러므로 내 큰 자식의 이름을 지직之直이라 하고 자를 백평伯平이라 하였으니, 요·순의 백성이 되고자 함인데, 이것은 성인이 곧은 것을 화평하고 편안한 세상에 쓴 것이다.

세도가 차차 떨어져서 백성이 침체하고 후퇴하여 중에 미치지 못하게 되었다. 이에 돕고 붙들어주어 그 퇴폐해진 기운을 진작시켜 중화로 돌아오게 하고야 마니, 이것은 성인이 강한 것을 침잠한 세상에 쓴 것이다. 그러므로 나의 둘째 자식의 이름은 지강之剛이라 하고 자는 중잠中潛이라 한 것이다.

세도가 올라가 백성이 고명해져서 중에 지나치는지라, 이에 적시고 갈고 하여 그 강하고 뻣뻣한 기운을 소모시켜 중화에 돌아오게 하고야 마니, 이것은 부드러운 것을 고명한 세상에 쓴 것이다. 그러므로 내 끝의 자식의 이름을 지유之柔라 하고 자를 숙명叔明이라 하였다.

아, 성인이 중을 백성에게 쓴 것이 이와 같으니, 백성이 진실로 중에 돌아온다면, 부모의 자식 사랑하는 마음이 조금이라도 편벽됨이 없기 때문이다. 지금 내가 내 자식을 이름 짓는 데에 반드시 이것으로 한 것은, 장차 세변世變을 살피고 성화聖化를 사모하여 견무畎畝 가운데에서 스스로 즐기려는 것뿐이니, 호정戶庭에 나가지 않고도 천하를 안다는 것이 나를 두고 한 말이다. 청컨대 선생은 설을 지으라" 하였다.

내가 말하기를, "진실로 그대가 《서경》을 잘 아는도다. 나는 늙어서 황극의 행하는 것과 삼덕의 총명을 볼 수가 없으나 그대의 아들 세 사람은 모두 훌륭한 바탕이 있으니, 훗날 성취되는 것은 진실로 측량할 수가 없을 것이다. 아버지의 가르침을 폐함이 없는 것이 나의 바람이니, 힘쓸지어다" 하였다.9)

---

9) 《牧隱文藁》 권10, 說, 〈李氏三子名字說〉, 《東文選》 권97, 說, 〈李氏三子名字說〉(번역문은 민족문화추진회의 고전국역총서 《동문선》에 따름). 원문은 다음과 같다. "廣陵李浩然擧於有司 以書義著稱 予嘗願聞緖論 而未之果 一日 來謂予曰 吾有三子 一曰之直 字伯平 次二曰之剛 字仲潛 次三曰之柔 字叔明 蓋有慕於聖人之又用焉耳 夫三德者 聖人之撫世酬物 因時制宜 所以納民俗於皇極者也 人之生 稟乎天 中和之體用具焉 降衷綏性之說是已 然氣稟變之於初 汗俗矖之於後 不得不趨於不中不和之域焉 是以 聖人繼天立極 君以治之 師以敎之 於是乎三德之目立焉 世道平矣康矣 比屋可封矣 聖人夫何爲哉 亦曰正焉直焉 順乎其常而已 垂衣無爲之治 可見矣 故名吾長子曰之直 字伯平 欲其堯舜之民也 此聖人之用直於平康之世也 世道降矣 民之潛退而不及乎中矣 於是乎輔之翼 振作其頹靡之氣 歸於中和而後已 此聖人之用剛於沈潛之世也 故名吾仲子曰之剛 字仲潛 世道升矣 民之高明而過乎中矣 於是乎漸之摩之 消耗其强梗之氣 歸於中和而後已 此用柔於高明之世也 故名吾季子曰之柔 字叔明 嗚呼 聖人之用中於民也如此 民苟歸于中 則是堯舜之世也 名之雖異 其歸則同 父母愛子之心 無或少偏故也 今吾名吾子 必以此 將以察世變慕聖化 以自樂於畎畝之中而已 不出戶庭知天下 吾之謂矣 請先生爲之說 予曰 信乎子之善說書也 予老矣 皇極之行也 三德之乂用也 不可見矣 令嗣三人 皆有美質 異日所就 誠未可量 無廢父敎 吾之望也 其勉旃."

위 글에서 말하는 황극과 삼덕은 《서경》의 주서周書 홍범洪範에 등장한다. 주나라 무왕이 은의 마지막 왕인 폭군 주紂를 베고 은나라를 멸한 다음, 주의 삼촌인 기자箕子를 찾아가 정치하는 대법을 물었다. 서로 원수사이지만 기자 또한 백성을 위하고 큰 도를 펴고자 격의 없이 홍범9주로써 가르치니, 이는 오행五行, 오사五事, 팔정八政, 오기五紀, 황극皇極, 삼덕三德, 계의稽疑, 서징庶徵, 오복五福으로 9가지라고 했다. 이지강의 삼형제 이름에 쓰인 직·강·유는 바로 이 《서경》의 홍범9주 가운데 여섯째인 삼덕과 관련된 것이다. 《서경》에 나오는 삼덕의 내용은 다음과 같다.

> 여섯째, 삼덕은 첫째는 정직正直이요, 둘째는 강剛으로 다스림이요, 셋째는 유柔로 다스림이니, 평강한 이는 정직으로 다스리고, 강건하여 화합하지 못한 이는 강건함으로 다스리고, 부드러워 화합하지 못한 이는 부드러움으로 다스리며, 잠기고 잠긴 사람은 강건함으로 다스리고, 높고 밝은 이는 부드러움으로 다스리며, 오직 임금이어야 복을 짓고, 위엄을 지으며, 옥식玉食을 하나니, 신하는 복을 짓거나 위엄을 짓거나 옥식을 하지 못하느니라. 신하가 복을 짓거나 위엄을 짓거나 옥식을 하면 그 집이 해로우며 나라가 흉해져서 사람이 기울고 고르지 못하며 백성이 참람하고 어긋나리라.10)

이와 같이 이집이 세 아들의 이름을 지직·지강·지유라 하고, 자를 백평·중잠·숙명이라고 한 것은 모두 《서경》에 근거한 것으로, 성인의 다스림을 사모하고 기대한 뜻이 담겨 있다. 이지강의 부친 이집

---

10) "六 三德 一曰 正直 二曰 剛克 三曰 柔極 平康 正直彊弗友 剛克 燮友 柔克 沈潛 剛克 高明 柔克 惟辟作福 惟辟 作威 惟辟 玉食 臣無有作福作威玉食 臣之有作福作威玉食 其害于而家 凶于而國 人用側頗僻 民用僭忒."(《書傳》 권6, 周書 洪範)

은 《서경》에 해박한 유학자였던 것이다. 이지강 또한 이러한 집안 분위기 속에서 성장하였다.

그렇다면 이지강 학문의 연원은 어디에 있을까? 《광주이씨대동보》에서는 이지강이 포은圃隱 정몽주鄭夢周의 문하에 출입하였다고 적고 있으나, 그 구체적인 내용에 대해서는 자세히 알 수 없다. 또한 그 밖의 다른 문헌에서는 정몽주의 문인이었다는 기록이 보이지 않는다. 이와 달리 세종이 이지강에게 내린 제문에서는 '일찍이 가정의 훈계를 받아 학술이 정명하였다'[11]고 적고 있다.

사실 이지강의 집안은 조부인 이당이 지방향리로 국자감시에 합격하였으며, 이지강의 부친인 이집의 다섯 형제 모두가 문과에 급제한 가문이었다. 이집은 문장을 잘 짓고 지조가 굳기로 명성이 높았다. 관력은 뛰어나지 않았지만, 목은 이색, 포은 정몽주, 도은陶隱 이숭인李崇仁, 척약재惕若齋 김구용金九容, 삼봉三峯 정도전鄭道傳, 박상충朴尙衷, 박의중朴宜中 등과 교류를 맺고 있었다. 이들은 당대의 신진관료로서 현실정치에 기여한 바가 많았으며, 고려 말 신흥사족의 중심에 있었다. 이집은 고려 말 성리학 수용기에 성리학자로서 성리학을 바탕으로 한 도덕적 삶의 실천가이며, 도연명을 사모한 은둔자로서 호방한 삶을 영위하였다고 평가받고 있다.[12] 목은 이색이 지은 〈이씨삼자명자설〉에 따르면 이집은 《서경》에 해박하였다. 이와 같은 부친 이집의 가학은 이지강에게도 그대로 이어졌을 것이다.

---

11) "早承家訓 而學術精明."(《세종실록》 권37, 세종 9년 9월 경술조)
12) 이남복, 앞의 글.

3. 출사와 실무 관직생활

이지강은 고려 말에 벼슬길에 나아갔다. 부친인 둔촌 이집은 여말
의 혼란기에 벼슬길에서 물러나 스스로 은둔의 길을 택했지만, 아들
들에게는 사환을 권유하여 삼형제 모두 과거에 급제하였다. 이지강
도 20세 되던 우왕 8년(1382) 과거에 급제하였는데, 그는 이전에 이
미 봉선고奉先庫 판관으로 재직하고 있었다.

고려의 봉선고는 선왕과 선후先后의 제사에 사용하고자 미곡을 비
축해두던 창고로 문종 때 설치되었으며, 1093년(선종 10) 광인관廣仁
館에 부속시켰다가 1391년(공양왕 3)에 혁파되었다. 관직은 사使 1명,
부사副使 1명, 판관判官 2명이 있었는데 이상의 관직들은 모두 을과의
권무 관직이었다.13) 권무관은 처음으로 정식 관직에 임명되기 전에,
다른 관직으로 옮길 때, 그리고 겸임으로 맡아보게 할 때 임시적으
로 임명하는 관직으로, 그 녹봉은 관품보다 대개 낮게 설정되어 있
어서, 봉선고 판관의 관록은 10섬 10말이었다. 이지강이 과거에 급제
하기 전의 출사는 이와 같은 권무관직이었다. 그러나 그가 권무관직
을 제수받은 배경이나 계기에 대해서는 자세히 알 수 없다.

이지강이 과거에 급제했을 때는 조선이 건국되기 10년 전이었고,
부친인 이집이 타계하기 5년 전이었다. 《국조문과방목》 고려조편에
따르면, 당시 지공거는 순흥군順興君 안종원安宗源이었고, 동지공거는
판후덕부사判厚德府事 윤진尹珍이었다. 안종원은 안축安軸의 아들로 신
돈 집권기에 아부를 하지 않았으며, 참소를 당하여 강릉부사로 좌천
되었는데 그곳에서 베푼 선정으로 백성들이 생사당生祠堂을 세워 제

---

13) 《고려사》 권77 지31 백관 2 諸司都監各色, 奉先庫.

사지내기도 한 인물이다. 이지강은 봉선고 판관으로 재직하고 있으면서 과거에 응시하여 병과 7인 가운데 5위에 해당하는 성적으로 급제하였다. 여말에는 갑과는 없이 을과 3인, 병과 7인, 동진사 23인을 선발하였으므로, 이지강은 33인의 진사 가운데 8위에 해당하는 좋은 성적이었다. 이지강의 동년 33인은 다음과 같다.14)

　　을과 3인: 산원 유량柳亮, 장자숭張子崇, 사선서령 한상경韓尙敬

　　병과 7인: 생원 이회李薈, 장복서령 우홍부禹洪富, 생원 장구張矩, 진사 이승적李升商, 봉선고판관 이지강李之剛, 전후덕부녹사 최관崔關, 전참군사 정탁鄭擢

　　동진사 23인: 별장 정준鄭浚, 충주판관 김조金肇, 사재주부 김명선金明善, 신진사 이백전李伯全, 통례판관 신권辛權, 전별장 조박趙璞, 신진사 양수梁需, 권간權幹, 후덕판관 김강金剛, 산원 홍상빈洪尙賓, 진사 변창卞昌, 전농사승 강회중姜淮仲, 진사 윤신노尹莘老, 부장 도간都衎, 박관朴貫, 전별장 이당李堂, 장복직장 권원權瑗, 내알자감 변현邊顯, 신진사 조경趙璥, 제위보부사 정상鄭尙, 낭장 이종선李種善, 전의영고직장 허해許晐, 전별장 곽종郭悰

이지강의 동년 가운데 유량柳亮(개국원종공신, 좌명공신, 우의정), 한상경韓尙敬(개국공신, 영의정), 이회李薈(사간, 八道圖의 제작자), 우홍부禹洪富(우현보의 아들, 원종공신), 이승상李升商(이달충의 손자, 익대좌명공신, 형조판서), 최관崔關(한성부윤), 정탁鄭擢(정공권의 아들, 개국공신 1등, 정사공신 2등, 우의정, 태종 묘정에 배향), 조박趙璞(조인규의 4세손, 개국공신 1등, 정사공신 1등, 좌명공신 3등, 호조판서), 권간權幹(權弘으로 개명,

---

14) 《國朝文科榜目》 高麗朝 辛禑 壬戌榜.

權溥의 증손, 영돈령부사), 이종선李種善(이색의 아들, 중추원사) 등은 조선 건국 과정과 조선 초기에 두드러진 활약상을 보였다. 한편 이 해에 태종 이방원은 16세의 나이로 성균시에서 십운十韻 아원亞元에 올랐으며, 다음 해인 우왕 9년 계해방에서 병과에 올랐다. 이와 같이 이지강이 이방원과 같은 때에 과거에 급제했다는 사실은 이후 이지강의 정치적 행보에 일정한 영향을 미쳤으리라 추측하게 한다.

20세에 과거에 급제한 이지강은 50대 초반까지 실무관료로서 바쁜 일정을 보내었다. 여말 10년 동안 이지강의 관직생활은 자세히 알 수 없다. 다만 그의 졸기에서 중서문하성 녹사錄事를 지냈음을 확인할 수 있을 뿐이다. 녹사는 종7품직에 해당하는 관직이다. 하위직에 지나지 않았기 때문인지 이지강의 행력에서 고려가 망한 뒤 고려 왕조에 절의를 지켰음은 찾아볼 수 없다. 오히려 그는 조선이 건국되던 1392년에 조선 건국에 동참하여 개국원종공신에 책봉되었다. 조선이 개국되던 당시 이지강은 30세였다. 태조 원종공신은 1392년부터 1397년까지 여러 차례에 걸쳐 책봉되었는데, 문헌상 포상 하교에 나타난 인원만도 1,698명에 이른다. 이는 신왕조 창업 유공자를 모두 받아들인 것 외에도 신왕조의 안정을 도모하고자 전 왕조의 관료계층을 회유, 포섭하려는 의도가 있었다. 원종공신 당사자에게는 '비를 세워 공적을 기록하는[立碑記功]' 영광을 주었고, 부모·처를 봉작하고, 자·손에게는 음직을 수여하였다. 또한 후손에게는 죄를 용서하는 은전과 천역에 처하지 않게 하는 명문화된 신분적 특권을 규정하였다.15)

---

15) 태조 4년(1395) 윤9월에 공신도감에서 원종공신 前左右衛保勝別將 李原吉에게 발급된 개국원종공신녹권에서 이지강도 확인할 수 있다. 서두가 '功臣都監'으로 시작되는 개국원종공신녹권은 모두 공신도감에서 발급한 것으로, 이 문서에 나오는 인명은 모두 695명이다.

조선 건국 후 이지강은 이방원의 측근으로 활약했다. 그는 태조 2년 6월 세자의 현빈 류씨의 일로 정도전 일파의 탄핵을 받아 순군옥에 투옥되기도 했다.16) 당시 이지강은 기거주起居注에 해당했다. 기거주는 문하부에 속한 정5품 벼슬이었다. 관련자들이 본향이나 지방으로 유배되었으나, 이지강은 (원종)공신이었기 때문에 유배를 당하지 않고 사제로 돌아갈 수 있었다.17)

그 뒤로 3년 동안 이지강의 사환에 대해서는 자세한 상황을 알 수 없다. 그의 졸기에는 이 시기에 의정부 사인(정4품)을 지낸 것으로 되어 있다.18) 그러나 언제부터 다시 관직에 나아갔는지는 알 수 없다. 태종 5년(1405)의 실록 기사에서는 장령掌令(정4품)으로 재임하면서 풍기단속과 공신세력 제거에 앞장서고 있었음을 확인할 수 있다.19) 아마 이방원에 의해 정도전이 제거된 뒤에 이지강도 다시 관직에 나아갈 수 있었을 것이다. 그리고 태종 초기에는 의정부와 사헌부 등에서 태종 정권의 요직을 수행하고 있었던 것이다.

이지강은 태종 7년(1407) 중시重試에 응시하여 을과 제2등으로 급제하였다. 당시 이지강은 45세였으며, 실록에 "전 사헌 장령"이라 기록되어 있는 것으로 보아 현직에 있지 않았다.20) 그가 현직에서 물러나 있었던 시기의 상황은 확인되지 않는다. 중시 합격자에게는 등급에 따라 관직이 주어졌으며, 홍패와 어사화 일산을 주어 사흘 동

---

16) 《태조실록》 권3, 태조 2년 6월 병신조.
17) 《태조실록》 권3, 태조 2년 6월 정유조.
18) 《세종실록》 권37, 세종 9년 8월 정묘조.
19) 《태종실록》 권9, 태종 5년 5월 신유조.
20) 《태종실록》 권13, 태종 7년 4월 병오조. 실록에 수록된 급제 인물은 다음과 같다.
　　乙科 第一等: 藝文館 直提學 卞季良, 吏曹正郎 趙末生, 成均學正 朴瑞生.
　　乙科 第二等: 權知成均學諭 金久冏, 禮曹正郎 朴濟, 兵曹正郎 柳思訥, 藝文檢閱 鄭招, 成均直講 黃鉉, 成均司藝 尹會宗, 前 司憲掌令 李之剛.

안 유가遊街를 하고, 제1등 제1인에게는 전지 20결을, 제1등 3인에게 전지 15결을, 제2등 7인에게 전지 10결을 주고, 또 저마다 본향의 노비 1구씩을 주었다.21) 따라서 이지강도 예문관 직제학(정4품)에 특별히 제수되면서, 전지 10결과 노비 1구를 하사받았다.

그 뒤 이지강은 판선공감사를 지낸 다음, 태종 8년(1408) 6월부터 수원부사로 재직하였다. 이는 이지강에게 최초의 목민관 생활이었다. 태종 9년에는 굶주리는 백성을 위로하고 구제할 방법을 아뢰기도 하였다.22)

한편 태종 9년 3월에는 형인 전 형조참의 이지직이 성주목사에 제수되었으나, 아내의 병을 핑계로 부임을 회피하였다 하여 평택에 유배되었다가 외방종편外方從便되었다.23) 이전에도 이지직은 태종에게 극간하다가 파직된 일이 있었다. 그러나 이때의 평택 유배는 외임을 회피했기 때문이었다. 그 뒤의 자료에서 이지직이 형조(우)참의로 기록되어 있는 것으로 보아 타계하기까지 다시는 서용되지 않은 것으로 보인다. 서용은커녕 고신도 단종 3년에 이르러서야 돌려받을 수 있었다.24) 이와 같이 수령직을 회피하여 처벌당한 이지직이 조선후기에 간행된 여러 자료에서는 청백리로 올라 있어 흥미롭다.25)

이지강은 태종 11년(1411, 49세)에 예조우참의로서 충청도·전라도 경차관敬差官에 임명되어 민정을 순찰하였다.26) 경차관은 태조 5년에

---

21) 《태종실록》 권13, 태종 7년 4월 병오조.
22) 《태종실록》 권17, 태종 9년 윤4월 갑자조. 실록의 해당 기사에는 '李之綱'으로 기록되어 있으나, 이는 '李之剛'의 오류로 여겨진다. 그는 기민을 위로하고자 양맥의 감세를 주장하였으나 도당의 논의에서 받아들여지지는 않았다.
23) 《태종실록》 권17, 태종 9년 3월 병오조; 4월 임진조.
24) 《단종실록》 권13, 단종 3년 2월 갑진조.
25) 이에 대해서는 김문택, 〈조선초기 한 인물을 통한 청백리 고찰〉, 《충북사학》 16, 2006 참조.
26) 《태종실록》 권22, 태종 11년 11월 정축조.

명나라의 흠차관欽差官에 상응하여 처음 등장한 외방사신으로, 주로 당하 참상관이 구전으로 임명되었다.27) 이지강은 전라도에서는 병마도절제사 홍유룡洪有龍의 범법행위를 들어 죄 주기를 청하였고, 임실감무 최점崔漸이 권농을 일삼지 않고 토목을 일으켰다는 이유로 장 1백 대를 때리고 파면하였으며,28) 충청도에서는 당진감무 임을생任乙生이 수령7사의 조목도 제대로 쓰지 못하고 수령의 직임에 맞지 않았으므로 정파하는 등 경차관의 임무를 수행하고 돌아왔다.29) 또한 복명 시에는 전라수군도절제사 홍유룡이 직사를 부지런히 하지 않고 육지에 영營을 지어서, 기생첩을 많이 거느리고 황음荒淫하고 사냥하기를 좋아하며 역말을 타고 자주 가향家鄕에 왕래하였다고 아뢰어 파면시켰다.30)

이지강은 경차관의 임무를 수행하고 돌아와 곧바로 보덕輔德에 임용되었다.31) 보덕은 1392년(태조 1)에 세자관속을 정할 때 좌·우보덕 각 1명을 두었는데 이지강이 보덕에 임용될 때의 세자는 양녕대군이었다. 이지강은 한때 양녕대군을 지극히 가까운 거리에서 모실 수 있었던 것이다.

태종 12년 8월에는 판상주목사가 되어 외직으로 나아갔다.32) 이는 종전의 도관찰사가 목사직을 겸하던 겸목법을 폐지하면서, 경상도 도관찰사가 겸하였던 상주목 수령직에 제수된 것이다. 그러나 태종

---

27) 경차관에 대해서는 임선빈, 〈조선초기 '外方使臣'에 대한 시론〉,《조선시대사학보》5, 1998 참조.
28) 《태종실록》권22, 태종 11년 12월 계축조.
29) 《태종실록》권22, 태종 11년 윤12월 무인조.
30) 《태종실록》권22, 태종 11년 윤12월 무인조.
31) 태종 12년 정월의 실록기사에서 보덕으로 재임하고 있음을 확인할 수 있다.《태종실록》권23, 태종 12년 정월 정유조.
32) 《태종실록》권24, 태종 12년 8월 계축조. 실록 해당 기사에는 '李之綱'으로 표기되어 있다.

13년 11월에 다시 경직으로 돌아와 예조우참의로 재직하고 있었음을 확인할 수 있는 것으로 보아,33) 상주의 수령으로 오래 머물지는 않은 듯하다. 또한 태종 14년에는 조운선이 패몰하여 죽은 자가 2백여 명에 이르자, 이조좌참의로 충청도·전라도에 가서 경기 과전 하삼도 이전 문제를 살피고 돌아왔다.34)

4. 고위 관직생활과 여유

20대부터 50대 초반까지 30여 년 동안 다양한 실무 관료생활을 경험한 이지강은 그 뒤 20여 년간 고위관직에 임용되어 인생의 여유를 즐겼다. 이지강은 태종 14년 12월에 예문관 제학에 제수되었다.35) 예문관은 교령敎命을 담당하는 관청이니 이지강의 문장 실력을 인정받은 결과라 할 수 있다. 그러나 바로 다음 달인 태종 15년 정월에 경상도도관찰사에 제수되었다가,36) 다시 며칠 만에 충청도도관찰사에 제수되었다. 이는 당시 충청도도관찰사에 제수되었던 안등安騰의 노모는 상주에 있었고, 이지강의 처부모는 평택에 있었기 때문에 서로 맞바꾼 것이다.37) 수령과는 달리 관찰사는 연고지에 임명하지 않는 상피제도가 실시되지 않았기 때문에 이와 같은 인사조치가 이루어질 수 있었다. 당시 이지강이 53세였으니 처부모의 연령은 매우 높았을 것이다. 《광주이씨대동보》에 따르면 이지강의 처가는 인동

---

33) 《태종실록》 권26, 태종 13년 11월 정유조.
34) 《태종실록》 권28, 태종 14년 8월 무오조.
35) 《태종실록》 권28, 태종 14년 12월 임신조.
36) 《태종실록》 권29, 태종 15년 정월 을축조.
37) 《태종실록》 권29, 태종 15년 2월 임신조.

장씨이다. 그러나 처부모에 대해서는 자세히 알려지지 않았다. 이지
강은 충청도도관찰사로 제수된 지 18일 만인 2월 22일에 도계진상으
로 방물을 진상하였다.38)

충청도도관찰사의 직무를 마친 다음에는 한성부윤이 되었다. 그리
하여 태종 16년에 각사노비쇄권색各司奴婢刷券色이 부활하자, 한성부
윤 직책으로 새로 부활된 각사노비쇄권색의 제조가 되었다.39) 쇄권
색은 노비를 추쇄하던 관청으로, 이지강 외에도 좌의정 유정현, 찬성
박신, 공안부윤 이발이 제조로 임명되었다.

태종 17년(1417, 55세)에는 경상도도관찰사가 되어 태종에게 팔면
수정배八面水精杯를 바치자 태종이 이를 음기飮器로 사용하였다.40) 이
지강은 경상도도관찰사로 재임할 때 도내 각 고을을 순찰하면서 문
학적 능력을 발휘하였다. 《신증동국여지승람》 경상도 예천군 풍속
조에서는 이지강의 시 편린을 인용하여 "여염에 야박한 풍속이 없다
[閭閻無薄俗]"고 하였으며,41) 영산현 풍속조에는 "생각 밖에 조그만
고을에서 음악 소리와 글 외우는 소리 들리니, 모름지기 조정에서
문화를 숭상함을 알겠도다[不圖十室聞絃誦 須信朝家正右文]"라고 묘사하
였다.42)

또한 창녕현과 문경현의 누정조에서는 다음과 같은 이지강의 시
를 소개하고 있다.

다락 위에 바람은 가볍고 해는 긴데,　　　　　　　　　　樓上風微日正長

---

38) 《태종실록》 권29, 태종 15년 2월 경인조.
39) 《태종실록》 권32, 태종 16년 7월 경자조.
40) 《태종실록》 권33, 태종 17년 3월 무신조.
41) 《신증동국여지승람》 권24, 경상도 예천군 풍속조.
42) 《신증동국여지승람》 권27, 경상도 영산현 풍속조.

장미꽃 지고 나니 나무 그림자 서늘하네.　　　　薔薇花謝樹陰涼

서늘한 기운이 사람의 뼈를 맑게 함이 괴이타 했더니,　惟[43]來爽氣淸人骨

새 대나무 천 그루가 이미 담보다 높구나.　　　　新竹千竿已過墻[44]

고을의 누각이 겹겹이 쌓인 봉우리에 의지하였으니,　郡樓依疊嶂

날아가는 새의 길이 몇 번을 따라서 돌았던고.　　鳥道幾沿廻

뜰가로 돌아드는 시냇물은 흐느끼는 듯,　　　　嗚咽緣階水[45]

마당에 얼룩진 것 가득하게 낀 이끼로다.　　　　爛班滿院[46]苔

고기잡이 등불이 시내를 건너가고,　　　　　　漁燈渡溪[47]去

나무꾼의 노래 소리 구름 속에서 나오는구나.　　樵唱出雲來

시흥이 많은 경치에 휘둘려,　　　　　　　　詩興迷多景

붓을 들고도 감히 쓰지 못하네.　　　　　　　提毫不敢裁[48]

　이처럼 경상도 각 고을에서 확인되는 이지강의 작품들은 그가 경상도도관찰사로 재직할 때 각 고을을 순찰하면서 지었을 것으로 여겨진다.

　이지강은 경상도에서 돌아와 호조참판이 되었으며,[49] 이어 형조참판이 되었다.[50] 그러나 형조참판으로 재직하고 있던 태종 18년 3

---

43) 《遁村雜詠》補編 文肅公遺稿 (諱 之剛) 題昌寧不日樓에는 '怪'로 되어 있다.

44) 《신증동국여지승람》 권27, 경상도 창녕현 누정조 不日樓.

45) 《遁村雜詠》補編 文肅公遺稿 (諱 之剛) 題聞慶慶雲樓에는 '澗'으로 되어 있다.

46) 《둔촌잡영》에는 '岸'으로 되어 있다.

47) 《둔촌잡영》에는 '水'로 되어 있다.

48) 《신증동국여지승람》 권29, 경상도 문경현 누정 慶雲樓.

49) 태종 17년 7월의 실록기사에서 호조참판에 재임 중임을 확인할 수 있다(《태종실록》 권34, 태종 17년 7월 무진조).

50) 태종 18년 정월의 실록기사에서 형조참판에 재임 중임을 확인할 수 있다(《태종실록》 권35, 태종 18년 정월 계해조).

월에 무녀 보문寶文의 치죄와 관련하여 파직당했다.51) 당시 태종의
넷째 아들인 성녕대군 이종李種이 창진에 걸려 위독하여 무녀 보문
이 궁중에서 술과 음식을 차려놓고 귀신에게 향사하고 치성드렸는
데, 이종이 졸하자 어떤 사람이 그 책임을 보문에게 뒤집어 씌워 형
조에서 치죄하게 하였다. 그러나 형조참판 이지강은 권세에 아부하
지 않고 소신 있는 판결을 한 듯하다.

이지강은 파직당한 지 3개월 만에 함길도도관찰사에 제수되었으
나,52) 사흘 뒤에 다시 호조참판 세자좌부빈객으로 제수되고 대신 이
발을 함길도도관찰사에 제수한 것으로 보아53) 함길도에 부임하지는
않았다. 당시 충녕대군이 세자로 보위에 오르기 직전이었으므로, 이
지강은 세자좌부빈객으로 서연書筵에 참여하게 된 것이다.

이지강은 태종이 세종에게 선위하면서 상왕의 존호 논의에도 참
여하였다. 이는 아직 정종이 생존해 있었기 때문에 정종과 태종 가
운데 누구를 태상왕太上王으로 정할 것인가에 대한 논의였다. 이명덕
李明德·유정현柳廷顯·박은朴訔·이원李原·박습朴習·조말생趙末生 등은 상
왕인 정종은 그대로 상왕이라 하고, 태종을 태상왕으로 일컬어야 한
다고 주장하였으나, 변계량卞季良·정역鄭易·탁신卓愼·이적李迹·이지강
李之剛·한상덕韓尙德·원숙元肅 등은 상왕을 높여 태상왕으로 하고 부
왕을 상왕으로 해야 한다고 주장하였다. 후사가 되는 것은 곧 아들
이 되는 것과 같으니, 마땅히 즉위한 선후로써 논해야 하며 공덕으
로 논할 수 없다는 이유에서였다. 이지강이 태종과 과거 동년이면서
측근으로 활약했음에도, 형세에 부합하지 않고 원칙을 주장하고 있

---

51) 《태종실록》 권35, 태종 18년 3월 을묘조.
52) 《태종실록》 권35, 태종 18년 6월 신사조.
53) 《태종실록》 권35, 태종 18년 6월 갑신조.

었음을 엿볼 수 있다. 당시 태종의 존호는 이지강이 주장했던 상왕
이 채택되었다.54)

세종이 즉위하자 이지강은 호조참판 세자좌부빈객에서 호조참판
겸 동지경연사로 고쳐 제수되었다.55) 또한 다음 달인 9월에는 하정
부사賀正副使가 되어 하정사인 형조판서 김여지金汝知와 함께 명나라
에 다녀왔다. 이들은 10월에 정조하표전正朝賀表箋을 받들고 명나라로
출발하였다.56)

하정사는 정조사라고도 하며, 신년을 축하하여 명나라에 보내던
사신이다. 2품 이상의 관원을 뽑아 보내는데, 동지와 정월이 가까운
관계로 동지사冬至使를 겸하였다. 사신의 구성 인원은 정사正使, 부사
副使, 서장관書狀官, 종사관從事官, 통사通事(통역), 의원醫員, 사자관寫字
官, 서원書員, 압마관押馬官 등 수행원 40여 명으로 이루어졌다. 이들은
일정한 공물(조공)을 헌납하고, 대가로 회사품을 받았다.

이지강을 포함한 하정사 일행은 다음 해인 세종 원년 2월 16일에
돌아왔다. 따라서 이지강도 세종 즉위년 10월 18일부터 세종 원년 2
월 16일까지 사행길에 있었다. 이 사이에 이지강의 관직 제수가 두
차례 이루어졌다. 우선 세종 즉위년 12월 7일에 이조참판으로 제수
되었고,57) 다시 세종 원년 2월 8일에 호조참판 동지경연사로 제수되
었다.58) 하정사의 일을 마치고 돌아온 뒤에는 호조참판으로 세곡의

---

54) 《태종실록》 권36, 태종 18년 8월 무자조.
55) 《세종실록》 권1, 세종 즉위년 8월 무자조. 당시 경연 관원은 領事(정1품)가 3원으로 3의
    정이 맡았으며, 知事(정2품)가 3원, 同知事(종2품)가 3원이었고, 參贊官(정3품)이 7원으로
    육승지와 홍문관 부제학이 맡으며, 侍講官(정4품), 侍讀官(정5품), 檢討官(정6품), 司經(정7
    품), 說經(정8품), 典經(정9품) 등으로 구성되어 있었다.
56) 《세종실록》 권1, 세종 즉위년 9월 신미조. 10월 갑오조.
57) 《세종실록》 권1, 세종 즉위년 12월 임오조. 실록 기사에는 '李之綱'으로 되어 있다.
58) 《세종실록》 권3, 세종 원년 2월 계미조.

수송, 기민구휼 등에 관여하였고, 동지경연사로 경연에 참여하는 등 활발한 활동을 펼쳤다.59)

이지강은 세종 원년 9월에 평안도관찰사에 제수되었다.60) 이는 평안도가 대명사신이 오가는 길목이었으므로 명나라에 사행을 다녀와 명나라 실정에 밝았던 이지강을 제수한 것으로 추측된다. 이 시기 상왕이 된 태종은 평안도관찰사 이지강에게 선온宣醞과 표리表裏를 하사하여 돈독한 후의를 보이기도 했다.61)

평안도관찰사로 재직하면서도 이지강의 시재詩才는 여지없이 발휘되었다. 《신증동국여지승람》평안도 영유현 형승조에는 이지강이 읊은 시의 일부인 "사면으로 산이 둘러 한 성을 이루었네[四面山圍作一城]"62)라는 구절이 인용되어 있으며, 상원군 제영조에는 다음과 같은 시가 소개되어 있다.63)

꽃나무 그늘지고 다시 다락이 있는데,　　　　　　　花木成陰更有樓
뽕과 삼 우거져 한 구역이 그윽하다.　　　　　　　桑麻翳翳一區幽64)
붉은 수레로 왔던 그날에 사랑을 남긴 것 없으니,　朱輪當日無遺愛
백성을 향해 옛 놀이 말하기 부끄러워.　　　　　　羞向居民說65)舊遊

이지강은 세종 2년(1420, 58세) 10월 호조판서에 제수되었고,66) 세

---

59) 《세종실록》권3, 세종 원년 3월 경술조. 4월 무인조·계미조·게사조.
60) 《세종실록》권5, 세종 원년 9월 정묘조.
61) 《세종실록》권6, 세종 원년 11월 계해조.
62) 《신증동국여지승람》권52, 평안도 영유현 형승조.
63) 《신증동국여지승람》권55, 평안도 상원군 제영조.
64) 《신증동국여지승람》에는 '云云'으로 처리되어 있으나, 《둔촌잡영》을 통해 복원한 부분이다.
65) 《遁村雜詠》補編 文㣕公遺稿. (諱 之剛) 題祥原郡에는 '話'로 되어 있다.
66) 《세종실록》권10, 세종 2년 10월 임자조.

종 3년 7월 예조판서에 제수되었다.[67] 이제 정2품 장관직인 판서의
반열에 오른 것이다. 관직에 첫발을 디딘 지 38년 만의 일이었다.

　이지강은 예조판서에 제수된 지 10여 일 뒤에 참판 하연河演, 참의
허해許晐, 병조참판 이명덕, 지신사 김익정金益精, 상지인相地人 이양달
李陽達, 고중안高仲安, 윤돈지尹敦智와 함께 상의하여 영녕전의 터를 종
묘의 담 안 태실의 서쪽에 정하게 하였다.[68] 8월에는 성균관 학생들
의 부종병浮腫病으로 말미암은 사망 대책을 논의하였으며,[69] 11월에
는 태조의 배향공신으로 남은南誾과 이제李濟를 추배하는 논의에 참
여하였다.[70] 또한 12월에는 영녕전의 제향 횟수, 찬품 정도, 풍악 설
비 논의에 참여하였다.[71]

　이때 이지강의 동생인 이지유李之柔에게 불행한 사건이 일어났다.
세종 4년 정월 성주목사로 재직하고 있던 이지유가 도성을 수축修築
하는 군사를 늦게 보내어 잡혀오게 된 것이다.[72] 이지유는 곧장 80
대를 맞고 직첩을 회수당했다.[73] 성주목사는 이지강의 형인 이지직
이 태종 9년에 제수받았으나 부임하지 않다가 유배당했던 관직이다.
그런데 13년이 지나 다시 동생인 이지유가 부임했다가 처벌당하는
악연을 맺게 되었다. 이지유의 최종 관직이 성주목사로 기록되어 있
는 것으로 보아 그 뒤로 이지유는 다시 서용되지 못한 듯하다.

　세종 4년, 태종이 승하한 뒤에는 국왕이 상중에 있을 때 명나라

---

67) 《세종실록》 권12, 세종 3년 7월 갑자조.
68) 《세종실록》 권12, 세종 3년 7월 무인조.
69) 《세종실록》 권13, 세종 3년 8월 갑인조.
70) 《세종실록》 권14, 세종 3년 11월 병인조·정묘조.
71) 《세종실록》 권14, 세종 3년 12월 임인조.
72) 《세종실록》 권15, 세종 4년 1월 경진조.
73) 《세종실록》 권15, 세종 4년 2월 갑오조. 이때 회수당한 직첩은 11월에 돌려받았다(《세종
　　실록》 권18, 세종 4년 11월 병진조).

황제에게 문안하는 일을 어떻게 해야 할지를 논의하는 흠문기거사欽
問起居事 논의에 참여하였고,74) 국장의장國葬儀仗에 대한 논의에 참여
하여 대가의장大駕儀仗을 사용하도록 하였다.75) 이지강은 세종 4년
(1422, 60세) 9월에 다시 호조판서에 제수되었다. 세종 5년 3월에는
호조에서 관장할 민간의 폐단을 제거할 조건으로 집을 짓고 배를 만
드는 데 요긴한 소나무를 홰나 기왓가마의 땔감으로 금지할 것, 전
세田稅로 바치는 흰 모시베를 11승과 12승에서 10승과 8, 9승으로 완
화하여 민간의 부담을 줄일 것, 표피의 무역을 금하고 포착한 표피
를 상납토록 하여 폐단을 감소시킬 것, 풍저창과 광흥창에 바치는
초둔의 규격 완화 등으로 민간의 부담을 경감시킬 것 등 4조목을 아
뢰어 세종이 모두 받아들였다.76)

　세종 6년(1424, 62세) 2월에는 호조판서로 진산부원군晉山府院君 하
륜河崙, 한산부원군漢山府院君 조영무趙英茂, 의정부 우의정 정탁鄭擢,
완산군完山君 이천우李天祐, 계림군鷄林君 이래李來 등 다섯 명을 태종
의 배향공신으로 정하는 논의에 참여하였다.77) 6월에는 참찬 겸 대
사헌에 제수되어78) 겸대사헌으로 진히시 도총제 권회달權希達이 북
경에서 행한 광패함과 의산군宜山君 남휘南暉의 남형濫刑 사건 등에
대해 탄핵하였으며,79) 12월 이후에는 다시 의정부 참찬에 제수되어
활약하였다.80) 세종 7년(1424, 63세) 7월 중군 도총제에 제수되었으
나,81) 다음 달인 윤7월 병으로 사직하자 세종은 이지강에게 약을 내

74) 《세종실록》 권16, 세종 4년 5월 계미조.
75) 《세종실록》 권16, 세종 4년 6월 신축조.
76) 《세종실록》 권19, 세종 5년 3월 갑신조.
77) 《세종실록》 권23, 세종 6년 2월 임자조.
78) 《세종실록》 권24, 세종 6년 6월 계해조.
79) 《세종실록》 권25, 세종 6년 7월 경인조·임진조·기해조.
80) 《세종실록》 권26, 세종 6년 12월 을사조.

렀다.82) 그 뒤 2년 동안 요양하다가 세종 9년(1426) 8월 12일에 65세로 세상을 떠났다.

세종은 이지강의 부고가 전해지자 3일 동안 조회를 정지하고 시장을 폐했다. 이지강에게는 문숙文肅이란 시호가 내려졌다. 배우기를 부지런히 하고 묻기를 좋아함을 '문文'이라 하고, 마음을 지켜 결단함을 '숙肅'이라 한 것이다. 실록의 졸기에 따르면, 이지강에게는 아들이 없었다.83) 이지강의 무후에 대해서는《만가보萬家譜》에서도 확인된다.84) 이지강은 광주廣州 고을의 북쪽 7리 되는 곳에 묻혔다.85) 세종은 이지강이 졸한 지 한 달이 지난 세종 9년 9월 25일에 이지강에게 사제賜祭하였다. 그 교서는 다음과 같다.

신하는 충성스럽고 성실한 정성을 다하고, 임금은 슬퍼하고 영화로운 은전恩典을 행하니, 이는 고금의 윤의倫義로 마땅히 행해야 할 일이다. 경은 정량貞亮한 자질을 타고났으며, 몸가짐은 단아하고 방정하였다. 일찍이 가정의 훈계를 받아 학술이 정명하였으며, 두 번이나 과거에 합격하여 문예가 성대히 나타났다. 지혜는 넓으나 요점을 터득하고 있었으며, 재주는 온전하였으나 말이 적었다. 좋은 관계를 차례로 밟아서 바쁜 임무를 거듭 맡았다. 여러 임금을 섬겨서 힘썼으며 명성과 공적이 이미 많았는데, 과인 때에 와서 몸을 바치매 임금을 도와 치적을 나타냄이 더욱 지극하였다.

이제 주석처럼 의지하고 시귀蓍龜처럼 믿으려고 하였더니, 근년에 갑자기 오래된 병 때문에 사직하도록 하여 오로지 몸조리에 힘쓰기를 바라서 이에

---

81) 《세종실록》 권29, 세종 7년 7월 임신조.
82) 《세종실록》 권29, 세종 7년 윤7월 갑진조.
83) 《세종실록》 권37, 세종 9년 8월 정묘조(前都摠制 李之剛 卒記).
84) 한편 《廣州李氏大同譜》에는 이지강의 아들 孟孫과 사위 朴好問이 기록되어 있다.
85) 《신증동국여지승람》 권6, 경기 광주목 능묘조.

한가한 곳에 처하게 하였더니, 병이 점점 더 심하게 되어 슬픈 부고가 갑자기 들리게 될 줄은 생각지도 못하였는데, 어떻게 이 지경에 이르렀는지 그 까닭을 알 수 없구나. 조회를 중단하고 시장을 폐하나 어찌 나의 슬픈 회포를 면할 수 있겠는가.

　시호를 내려 그 이름을 고쳐서 경의 정근貞勤하였음을 표한다. 지금 예관을 보내어 빈전에 나아가서 제사를 드리고 말을 진술한다. 아아, 직임을 바야흐로 융숭하게 하려 하였는데 하늘은 어찌 이 좋은 보필輔弼을 빼앗아 가는고. 추도하는 슬픔이 그지없어 예로 마땅히 구휼하는 은전을 편다.86)

위 사제문에서 '말이 적었다[寡言]'는 표현은 형 이지직이 곧은 직간을 하다가 여러 번 파직당했던 사실과 대비된다. 어쩌면 '寡言'은 예나 지금이나 평탄한 관직생활을 하는 사람에게 가장 요구되는 덕목이라고 할 수 있다. 이지강은 삼형제 가운데 유일하게 관직생활로 성공하였다. 형조참의까지 오른 형 이지직은 성주목사에 제수되었으나 부임하지 않아 고신이 회수되고 유배당했으며, 동생 이지유는 성수목사에 재직하다가 나래拏來되이 직첩을 회수당했다. 그러나 이지강은 40여 년을 관직에 몸담고 있으면서 재상까지 올라 실록에 졸기까지 수록되어 있다.

이지강의 졸기에는 '성품이 청렴하고 간략하여[廉簡] 이르는 곳마다 성망聲望과 공적이 있었다'고 기록되었다.87) 실록의 졸기에 '염간廉簡'하다고 싱찬된 인물은 10여 명밖에 되지 않는다. 조선 초기에는 황해도도관찰사를 지낸 김문발金文發(태종 18년 쭈), 좌참찬 조계생趙啓生(세종 20년 쭈), 동원군 함우치咸禹治(성종 10년 쭈), 양성군 이승소李承

86) 《세종실록》 권37, 세종 9년 9월 경술조.
87) 《세종실록》 권37, 세종 9년 8월 정묘조.

김(성종 15년 卒), 지중추부사 이약동李約東(성종 24년 卒),[88] 그리고 이지강뿐이다.

청렴했던 이지강은 "산업을 다스리지도 않았다[不治産業]"고 한다.[89] 그러나 이지강이 산업을 다스리지 않았다고 하여 축적한 재산이 없었다고 속단하기는 어렵다. 그는 관료로서 과전만이 아니라 원종공신으로 사패지를 하사받았고, 중시에 급제하여 태종으로부터 전결과 노비도 하사받았으므로, 상당한 정도의 부를 쌓고 있었을 것이다. 이처럼 이지강이 관직자로서 얻은 명성과 부는 광주이씨가 당대 최고의 문벌가문으로 떠오르는 데에도 이바지했을 것이다.[90]

5. 맺음말

이지강의 선대는 고려 말기 향리가문에서 과거를 통해 성장한 신

---

88) 이약동은 중종 9년에 좌의정 정광필이 8명의 청백리를 천거하여 그 자손들을 서용할 때에 포함된 인물이다(《중종실록》 권21, 중종 9년 12월 계축조).

89) 조선 초기의 실록 졸기에 이와 같은 내용이 실려 있는 인물은 다음과 같다. 兵曹典書 知製教 同知春秋館事 尹紹宗(태조 2년 卒, 不治生産), 領議政府事로 致仕한 權仲和(태종 8년 卒, 不治生産), 檢校議政府 右議政 盧嵩(태종 14년 卒, 不以營産爲意), 兵曹判書 李隨(세종 12년 卒, 不事産業), 驪川府院君 閔汝翼(세종 13년 卒, 不營産業), 右議政으로 치사한 柳寬(세종 15년 卒, 居家不治産業), 左議政 許稠(세종 21년 卒, 不營産業), 中樞院使 金銚(세조 원년 卒, 不營産業), 同知中樞院事 閔騫(세조 6년 卒, 不營産業), 花川君 權恭(세조 8년 卒, 平生不營産業), 吉昌府院君 權擥(세조 11년 卒, 不事家人産業), 中樞府知事 李好誠(세조 13년 卒, 不事産業), 綾城府院君 具致寬(성종 원년 卒, 不治産業), 福昌君 金壽寧(성종 4년 卒, 不營産業), 東原君 咸禹治(성종 10년 卒, 不事産業), 議政府 左參贊 李塤(성종 12년 卒, 不營産業), 西平君 韓繼禧(성종 13년 卒, 不事産業), 陽城君 李承召(성종 15년 卒, 不營産業), 綾原君 具文信(성종 16년 卒, 不事産業), 蓬原府院君 鄭昌孫(성종 18년 卒, 不營産業), 判中樞府事 魚有沼(성종 20년 卒, 居家不事産業), 延原君 李崇元(성종 22년 卒, 不事産業), 左議政 洪應(성종 23년 卒, 厭紛華不事産業), 右議政 許琮(성종 25년 卒, 平生不治産業) 등.

90) 이지강은 아들이 없었으므로 그의 재산이 조카들(이지직의 아들들)의 입신양명에 도움이 되었을 가능성이 크다고 생각된다. 앞서 언급한 것처럼 이지직은 태종조에 청백리로 뽑힌 바 있으며, 태종 9년 수령직에 제수되었으나 부임을 회피하다가 처벌받은 뒤 벼슬길에 나아가지 못했다.

홍사족이었다. 부친 이집은 여말 성리학자들과 학문적 교류를 하였고, 많은 인물들과 시로 교류하였다. 특히 《서경》에 해박했던 이집은 서경의 홍범9주에 나오는 삼덕(直·剛·柔)으로 이지강을 포함한 아들 삼형제의 이름을 지었다. 여말의 혼란기에 자신은 은둔의 길을 택하였지만, 아들들에게는 벼슬길에 나아가 포부를 실현하기를 적극 권유하였다.

이지강은 고려 말에 벼슬길에 나아갔으며, 20세 되던 우왕 8년에 과거에 급제하였다. 이지강의 동년 가운데에는 유량柳亮, 한상경韓尙敬, 이회李薈, 우홍부禹洪富, 이승적李升商, 최관崔關, 정탁鄭擢, 조박趙璞, 권간權幹, 이종선李種善 등의 활약이 두드러진다. 이지강은 조선이 건국되면서 개국원종공신에 책봉되었다. 건국 초에는 이방원의 측근으로 활약하면서 정도전의 미움을 받기도 했다.

이지강은 태종 7년에 45세로 중시에 급제하였으며, 그 뒤에는 대체로 평탄한 관직생활을 했다. 내직으로는 예조우참의, 보덕, 이조좌참의, 예문관 제학, 한성부윤, 호조참판, 형조참판, 호조판서, 의정부참찬 겸 대사헌, 중군 도총제 등을 지냈다. 한편, 세자좌부빈객, 동지경연사 등을 겸하면서, 서연과 경연에서 세종에게 진강하였으며, 하정부사로 명나라에 다녀오기도 했다. 외직으로는 수원부사, 판상주목사, 충청도관찰사, 경상도관찰사, 평안도관찰사 등을 지냈다. 탁월한 시재를 지녔던 이지강은 외직으로 나아가면 지방의 풍속과 경관을 담은 시를 많이 지었다. 경상도와 평안도의 여러 고을에는 이지강이 지은 시가 여러 편 남아 전해지고 있다.

이지강의 형과 아우는 관직생활이 순탄치 못하여 유배되거나 나래되어 처벌받았다. 그러나 과묵한 성품을 지닌 이지강은 관직자로서 성공하여 재상의 반열에까지 올랐고 실록에 졸기도 실렸으며 시호도 하사받았다. 졸기에서는 성품이 청렴하여 산업을 다스리지 않았다고 칭송받았다. 그러나 고위 관직을 역임한 그에게는 상당한 정도의 부가 축적되어 있었을 것이다. 이와 같은 이지강의 생애와 관직활동은 이후 광주이씨 가문이 조선 전기 당대 최고의 문벌로 성장하는 데에도 영향을 미쳤을 것으로 추측된다.

이 글에서는 이지강과 관련된 흩어져 있는 자료들을 모아 관직생활을 중심으로 그의 생애를 재구성해 보았다. 워낙 자료가 부족하다 보니, 만족할 만한 성과를 거두지는 못하였다. 그러나 실록의 기사를 통해 일정 부분의 복원은 가능했다고 여겨진다.

■ 참고문헌

《高麗史》, 《太祖實錄》, 《太宗實錄》, 《世宗實錄》, 《世宗實錄地理志》, 《新增東國輿地勝覽》, 《書傳》, 《牧隱文藁》, 《遁村雜詠》, 《三峰集》, 《慵齋叢話》, 《東文選》, 《國朝文科榜目》, 《廣州李氏世譜》, 《廣州李氏大同譜》

김문택, 〈조선초기 한 인물을 통한 청백리 고찰〉, 《충북사학》 16, 충북사학회, 2006.
李楠福, 〈遁村 李集 硏究〉, 《한국중세사연구》 4, 한국중세사학회, 1997.
呂運弼, 〈遁村 李集 硏究〉, 《동양한문학연구》 10, 동양한문학회, 1996.
임선빈, 〈조선초기 '外方使臣'에 대한 시론〉, 《조선시대사학보》 5, 조선시대사학회, 1998.

부록. 이지강李之剛 행력行歷

왕력		서기	간지	연호		연령	내 용
공민왕	12	1363		지정	23	1	태어남.
우왕	8	1382	임술			20	봉선고 판관으로 과거에 급제.
							여말 중서문하성 녹사錄事.
태조	1	1392				30	조선 건국에 참여(개국원종공신에 책봉).
	2	1393	계유			31	6월. 기거주로서 이방원의 측근으로 활약. 현빈 유씨의 일로 정도전 일파에 의하여 탄핵, 순군옥에 투옥되었으나 공신이기 때문에 유배를 면함.
							의정부 사인(졸기).
태종	5	1405	을유			43	5월. 사헌부장령으로서, 풍기단속과 공신세력 제거에 앞장섬.
태종	7	1407	정해			45	4월. 전 사헌장령으로 문과중시에 을과 제2등으로 급제. 예문관직제학에 특별히 제수되었고, 전지 10결과 본향노비 1구를 하사받음.
							판선공감사(졸기).
							수원부사(졸기).
태종	11	1411	신묘	영락	9	49	11월~윤12월. 예조우참의로서 충청도·전라도경차관에 임명되어 민정을 순찰. 전라도수군 도절제사 洪有龍, 임실감무 崔漸, 당진감무 任乙生의 탐학을 밝히고 이를 탄핵하여 파직시킴.
태종	12	1412	임진	영락	10	50	1월. 輔德에 재임 중. 8월. 판상주목사에 재임 중.
태종	13	1413	계사	영락	11	51	11월. 예조우참의에 재임 중.
태종	14	1414	갑오	영락	12	52	8월. 이조좌참의 이지강 확인 가능. 충청도·전라도에 보내어 조운선 패몰로 말미암은 경기 과전 하삼도 이전문제 살피도록 함. 12월. 예문관 제학 제수.
태종	15	1415	을미	영락	13	53	1월. 경상도관찰사 제수(미부임). 2월. 충청도도관찰사 제수(이지강의 처부모가 평택에 있었기 때문). 충청도도관찰사로 방물 진상.
태종	16	1416	병신	영락	14	54	7월. 한성부윤으로 각사노비쇄권색 제조에 제수.
태종	17	1417	정유	영락	15	55	3월. 경상도관찰사 이지강이 八面水精杯를 바치니 태종이 승정원에 내려주고 飮器로 삼도록 함.

							7월. 황제의 하사품을 여러 대신들에게 나누어주면서, 호조참판 이지강에게 綵絹 2필 하사.
태종	18	1418	무술	영락	16	56	1월. 형조참판 이지강, 좌사간 대부 현맹인에게 명하여 박강생·권상온의 옥사를 잡치토록 함. 3월. 형조참판 이지강, 무녀 보문의 치죄와 관련하여 파직당함. 사헌부에서 전 형조참판 이지강의 처벌을 청하였으나 기각. 6월. 함길도도관찰사에 제수(미부임). 호조참판 세자좌부빈객으로 제수. 8월. 상왕과 부왕의 존호 논의에 참여. 세자의 사빈을 겸한 까닭으로 호조 참판 동지경연사로 관직을 고쳐 제수. 9월. 賀正副使에 제수(하정사는 김여지). 10월. 세종 즉위 후 최초의 경연에 동지경연사로 참여. 대학연의 진강. 이후의 경연방식 정함. 세종으로부터 정조부사로서 갓, 신, 옷 한 벌씩 하사받음. 사행길에 오름. 12월. 이조참판 제수.
세종	1	1419	기해	영락	17	57	2월. 호조참판 동지경연사 제수. 사행에서 돌아옴. 3월. 대학연의 강론. 동지경연사 이지강, 행대감찰 파견 논의(감사, 수령의 구호사업 살핌). 4월. 호조참판으로 기민관리에 관한 사항 계. 풍저창 짓기를 청했으나, 흉년이라 받아들이지 않음. 군자감의 묵은 미두를 저화로 바꾸는 문제 논의. 5월. 전함 폐지 문제 논의에 참여. 9월. 평안도관찰사 제수. 11월. 상왕이 평안도관찰사 이지강에게 선온·표리를 하사.
세종	2	1420	경자	영락	18	58	2월. 평안도도관찰사 이지강 방물 진상. 3월. 평안감사 이지강, 사신 조양이 동팔참 노상 낙마하였음을 계. 10월. 호조판서 제수. 11월. 임금이 豐壤에 나아가 上壽, 대신과 함께 侍宴.
세종	3	1421	신축	영락	19	59	2월. 임군례 국문에 참여. 4월. 기민진제 중지를 계했으나 불허. 7월. 예조판서 제수. 영녕전 터 잡는 논의에 참여하여 성사시킴. 8월. 부종병으로 인한 성균학생들의 사망에 대해 대책 논의. 9월. 예조판서 이지강 등이 봉숭의 예 뒤의 상수의 예 건의.

						10월. 신궁에 문안하고 베푼 술자리에 참여. 11월. 남은과 이제의 태조 배향공신 추배 논의 참여. 12월. 영녕전 제향 횟수, 찬품 정도, 풍악설비 의논에 참여. 태상왕 건원릉 참배 후 세종이 베푼 잔치에 배석.
세종	4	1422	임인	영락	20	60	4월. 예조판서 이지강이 일본국 구주 전총관 원도진에게 답한 서계, 총관 원의준에게 답하는 서계. 태상왕이 변계량 이지강 불러 빨리 후궁 선택하여 금혼령 중지토록 명함. 5월. 명 황제에게 문안드리는 일 의논에 참여. 6월. 예조판서로 국장의장 논의. 9월. 호조판서 제수.
세종	5	1423	계묘	영락	21	61	2월. 태상왕 빈잉간택 위해 가례색 설치하고 혼가금지(예조판서? 이지강), 후에 중지 3월. 호조판서로 호조에서 관장할 민간의 폐단을 제거할 조건을 아뢰어 시행토록 함.
세종	6	1424	갑진	영락	22	62	2월. 태종 배향공신 논의에 참여(호조판서 이지강). 양녕대군을 이천으로 돌아오지 말기를 계하는 데 참여. 불교 혁파에 관한 계에 참여. 3월. 진하사 전도총제 권희달과 그 일행의 중벌을 청한 영의정 유정현 등의 상소문에 참여. 4월. 기민의 발생정도에 대해 논의. 6월. 참찬 겸 대사헌 제수. 7월. 사헌부 겸 대사헌으로 권희달을 찬소로 귀양보내기를 상소하였으나 불윤. 겸 대사헌으로 권희달 등의 죄에 대한 상소. 겸 대사헌으로 의산군 남휘를 죄 주기를 청함. 10월. 대사헌으로 겨울 금주를 계했으나 불윤. 12월. 의정부 참찬 제수.
세종	7	1425	을사	홍희	1	63	1월. 참찬으로 토관이 죄를 범한 경우의 죄벌의 예 논의 참여. 5월. 참찬으로 우의정 유관과 함께 사신을 벽제역에서 맞이함. 장물죄인 최맹온의 치죄 논의에 참여. 7월. 中軍都摠制 제수. 윤7월. 병으로 中軍都摠制를 사직하니 세종이 먹을 약을 내림.
세종	9	1427	정미	선덕	2	65	8.12. 전 도총제 이지강 졸. 9.25. 졸한 도총제 이지강에게 세종이 賜祭.

이인손의 생애와 정치적 역정

배 성

한국역사문화연구원

1. 머리말

광주이씨는 조선 전기에 다수의 과거급제자와 공신을 배출한, 명실 공히 당대 최고의 문벌로 손꼽힌다. 특히 이 가문은 세조 대에 이인손이 우의정이 됨으로써 가격家格이 더욱 높아져 상문相門의 반열에 오르게 되었다.

이인손은 1417년(태종 17) 문과에 급제한 뒤 검열에 발탁된 이래로 세종~세조 대에 걸쳐 내·외직을 두루 거치며 활동하였다. 그는 고려 말 학문이 높고 문장이 뛰어났던 둔촌 이집과, 청백과 절의로 이름이 높았던 이지직으로 이어져 내려왔던 강직하고 청렴한 기풍의 소유자였다. 또한 그는 예조참의, 대사헌, 한성부윤, 형조참판, 호조판서, 우찬성, 우의정 등 요직을 두루 역임하면서 세종의 승하 이후 단종, 세조 대를 거치면서 심각한 정치적 갈등과 소용돌이 속에서 통치질서를 확립하고 왕조의 기틀을 다지는 데 일조하였다.

한편 이인손뿐만 아니라 그의 다섯 아들도 모두 문과에 급제하였고 극균을 제외한 네 아들은 공신에도 책봉됨으로써 요직을 지냈고 봉군封君의 영예까지 입었다. 이인손과 그의 아들들은 개인의 현달에서 한 걸음 더 나아가 광주이씨를 당시 가장 창성한 가문의 반열에 올리는 데 큰 역할을 하였던 것이다.

이 글에서는 이인손이 생장하였던 가문 배경과, 그가 세종~세조대의 정국에서 어떠한 활동을 해 나갔는지를 중심으로 고찰해 보고자 한다. 그러나 이인손에 관한 연구나 관련 자료가 많지 않아 생평이나 사상, 정치적 입장 등에 대한 세밀하고도 풍부한 서술이 사실상 어렵다. 이러한 점들을 감안하여 이 글에서는 조선왕조실록에 나타난 관원으로서의 행적을 중심으로 조선 초기 정치사의 흐름을 이해하면서 그의 가계와 생애, 그리고 정치활동을 추적해 보고자 한다.

2. 가계와 생애

1) 여말선초의 광주이씨

광주이씨는 신라 내물왕 때 내사령內史令을 지낸 이자성李自成의 후예들이다. 이자성은 지금의 경남 함안 지역인 칠원백漆原伯에 봉해짐으로써 그 자손들이 대대로 작위를 이어받았다. 그러나 나말여초의 격동기에 칠원만은 성을 굳게 닫고 신라에 절의를 지켜 항복하지 않다가 고려 태조의 노여움을 사게 되었고, 결국 그 후손들은 회안(광주 경안) 역리에 처해져 신분이 크게 추락할 위기에 놓이게 되었다. 당시 역리는 과거를 보아서 사적仕籍에 오를 수 없는 천역이었는데

그나마 요로에 있던 여러 관리들이 이들의 처지를 안타깝게 여겨 광주의 향리로 이속시켜 주었다고 한다.[1]

그 뒤 고려 말에 이르게 되면 더러 과거에 급제하여 벼슬을 하는 사람들도 있었는데, 그들 가운데 한 사람이 바로 이당李唐이다. 광주 이씨의 조상 중에서 오늘날 기록이 확실히 남아 있는 사람은 둔촌遁村 이집李集이므로 광주이씨 가문에서는 이당을 시조로 하고 이집을 가문의 제1대로 기록하고 있다.

이당은 광주의 향리로 사마시에 합격하였고 행실이 어질었는데, 이집은 바로 그의 둘째 아들이다. 이집(1327~1387)의 초휘初諱는 원령元齡이고 자는 성노成老이다. 1347년(충목왕 3)에 진사시에 합격하였고 1355년(공민왕 4)에는 김구용, 최원도 등과 함께 문과 병과에 급제하였다.

이집의 출처에 큰 영향을 준 것은 1368년(공민왕 17)에 일어난 신돈의 당화였다.[2] 그는 일찍이 신돈과 뜻이 맞지 않아 그의 죄를 논척한 바 있었다. 이로 말미암아 화가 닥치게 되자 1368년(공민왕 17) 이집은 연로한 아버지를 업고 난을 피하여 영천에 있는 친구 최원도崔元道의 집에 숨어 지내게 되었다. 그런데 이듬해 이집의 아버지가 돌아가시자 최원도는 장례 일체를 친상과 다름없이 마련해 주는 등 정성을 다하였다고 한다.[3]

1371년(공민왕 20) 신돈이 축출되자 이집은 그해 겨울 도피생활을 정리하고 4년 만에 비로소 개성으로 돌아왔다. 이때 그는 원래 이름

---

1) 《韓國系行譜》(天), 寶庫社, 1992, 341쪽. 이하 이인손의 선대가계에 관한 서술은 2005년에 열렸던 제3회 성남문화원 학술토론회 '조선초기 광주이씨 인물연구'에 실린 배성, 〈이극규의 생애와 정치활동〉을 재정리한 것이다.
2) 이집의 출처관에 대해서는 이 책에 실린 이영춘, 〈둔촌 이집의 출처관과 은둔의 의미〉 참조.
3) 《慵齋叢話》 卷9; 《東史綱目》 第16 下 丁卯年 全廢王 禑 13年 9月.

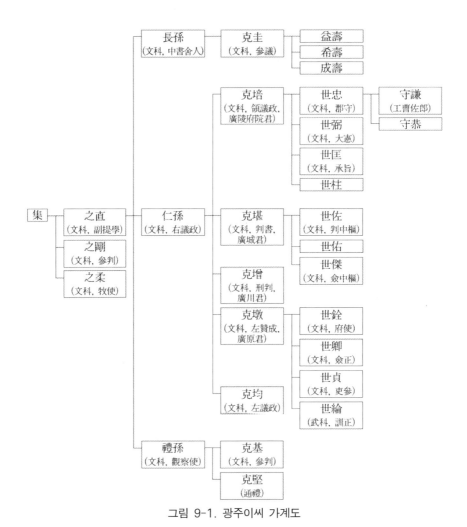

그림 9-1. 광주이씨 가계도

이던 원령을 집集으로 고치고 자도 호연浩然으로 고쳤다.4) 이집은
1374년(공민왕 23) 경상도순문사 전록생田祿生을 따라 합포에 출진하
였으며, 그후 판전교시사를 배수하였으나 얼마 뒤 관료생활에 회의

---

4) 《遁村先生遺稿》卷4 附錄,〈墓碣文〉; 《三峰集》卷4,〈李浩然名字後說〉.

를 느끼고 정계에서 물러났다. 그는 여주 천녕현川寧縣에서 우거하면서 이색, 육우당六友堂 김구용金九容 등과 함께 조석으로 대화하면서 만년을 보냈다. 그가 세상을 떠난 지 얼마 되지 않아 조선왕조가 개창되었고, 그는 곧 의정부 좌찬성에 증직되었다.5)

이집은 포은圃隱 정몽주鄭夢周, 목은牧隱 이색李穡, 도은陶隱 이숭인李崇仁 등과 교유하였는데, 학문이 높고 문장이 뛰어나 그를 아끼고 존경하지 않는 이가 없었다고 한다.6) 또한 이들과의 교류는, 그가 구가세족舊家世族의 한 사람으로서 이들과 같이 고려왕조에 충성을 다한 것으로 평가할 수 있다. 물론 그는 고려가 멸망하기 얼마 전인 1387년(우왕 13)에 죽었기 때문에 조선 태조의 즉위교서에 보이는 이색·이숭인 등 구가세족 56인에는 들어가지 못했지만,7) 불사이군으로 표방된 절의 사상과 깊은 관련이 있다.

그런데 여기서 한 가지 특이한 점은, 이러한 성향을 띠었던 이집과는 달리, 그 후손들은 조선의 건국과 더불어 새로운 왕조에서 사환을 이어 갔고, 세조 대 이인손과 그 자손들에 이르면 광주이씨 집안은 이름 그대로 조선 제일의 명문가로 발돋움하였다는 것이다. 이는 이집의 불우했던 사환 경험이 후손들에게 커다란 교훈이 되어 그들의 정치적 진출을 촉진하는 요소로 작용하였을 것으로 생각된다. 이집도 스스로는 은둔의 길을 택하였지만, 자손들에게는 그것을 바라지 않았다. 그는 자손들에게 학문에 힘쓸 것을 간곡히 부탁하고 무능한 인간이 되지 말 것을 가르치며8) 세상에 나가 도道를 실현하기를 바랐다.9)

---

5) 《遁村先生遺稿》 卷4 附錄, 〈神道碑銘〉, 〈遺事〉.
6) 《遁村先生遺稿》 卷4, 〈遺事〉.
7) 김성준, 〈東皐 李浚慶과 그 가계-정치세력을 중심으로〉, 《동고학논총》 1, 1997, 23쪽.
8) 《遁村先生遺稿》 卷2, 〈長兒遊學佛國寺 以詩示之〉.

이집은 황석범黃碩範의 딸인 정화택주 영주황씨榮州黃氏와의 사이에
서 지직之直·지강之剛·지유之柔 세 아들을 두었는데, 이들 모두가 급
제하여 관직에 나아갔다. 이 세 아들 가운데 맏이인 이지직이 바로
이인손의 아버지이다.

이지직10)은 여말에 태어나 주로 조선 초기에 관직생활을 하였으
며 강원도안렴사·내서사인·사헌집의·성주목사·형조참의 등을 지냈
고 태종조 여덟 명의 청백리 가운데 한 사람으로 유명하다.

그의 초명은 도途로 포은 정몽주 문하에서 수업하였다. 그는 일찍
이 1380년(우왕 6) 전구서승典廐署丞으로 대소과에 아원亞元으로 급제
하여 한원翰苑을 거쳐 평창 등 여러 고을의 목사와 관동·호서의 관찰
사 등 외직을 역임하였으며, 벼슬이 형조우참의와 보문각직제학에
이르렀다. 그의 학문은 높고 바르고 강직하였으며, 청백하고 높은 절
의가 있어 한 시대의 사표師表가 되었다. 뒤에 의정부 영의정에 추증
되었다.

그가 내서사인으로 있을 때인 1402년(태종 2) 4월에 좌정언 전가직
과 함께 태종의 '호성색好聲色'을 간쟁하다가 파직된 사실은 그의 강
직한 성품을 잘 나타내주고 있다.11) 이지직의 이러한 강직함은 아들
인 인손과 손자들에게도 면면히 이어져 내려갔다.

또한 이지직과 관련하여 왕자의 난 당시에 있었던 다음의 유명한
일화는 단편적이나마 그의 충정을 엿볼 수 있게 한다. 일찍이 태종
이 정안대군으로 있을 당시 이방석을 없애고자 군사를 몰고 출정할
때였다. 이지직은 죽음을 무릅쓰고 길을 막고서 그것이 옳지 못한

---

9) 이영춘, 앞의 글 참조.
10) 이지직에 관한 연구는 이 책의 김문택, 〈탄천 이지직의 관직생활과 청백리〉 참조.
11) 《태종실록》 권3, 태조 2년 4월 1일.

일임을 울며 간하였다. 그러자 사태의 심각성을 깨달은 춘정春亭 변계량卞季良이 홀로 "이모李某는 깨끗하고 곧은 사람입니다. 그의 말은 신의가 있으니 백이·숙제와 다름이 없습니다"라며 이지직을 변호하고 나섰다. 이에 태종은 이지직을 파직시키고 그 자손들에게 수십 년 동안 출입을 못하게 하는 것으로 사태를 마무리 지었다.

그 뒤 이지직은 광주 한음의 탄천가로 물러나 담담하게 여생을 보내고자 하였다. 그러나 태종은 임종할 때 동궁에게 이지직을 다시금 중용하도록 명하였고 이에 세종이 즉위하자마자 형조우참의로 징소되었다. 그러나 그는 끝내 부임하지 못한 채 세상을 등지고 말았다.12)

이지직은 경주이씨 인주부사 이원보李元普13)의 딸과의 사이에 장손長孫·인손仁孫·예손禮孫 세 아들을 두었는데, '3자8손구문과三子八孫俱文科'14)라는 말에서 나타나듯이 그의 세 아들과 여덟 손자가 문과에 급제함으로써 과거에서만큼은 광주이씨 가문과 대적할 만한 가문이 없을 정도로 성세가 이어졌다.

장자인 이장손이 아들 극규를 제외하고는 크게 문명을 떨치지 못한 것과 달리, 이장손의 아우가 되는 인손·예손 형제들은 그 다음 대에 와서 이른바 '광이8극廣李八克'의 전성시대를 맞이하면서 당대의 주요 가문으로 발돋움하는 또 하나의 전기를 마련하게 된다.

---

12) 《通村先生遺稿》 卷4, 附錄, 〈淸白吏公 墓碣銘〉.
13) 이원보는 익재 이제현의 종질이었으며, 선조조의 명신 영의정 이항복은 그의 7세손이다.
14) 먼저 이지직의 아들 장손, 인손, 예손 3명과, 장손의 아들 극규, 인손의 아들 극배, 극감, 극증, 극돈, 극균 5명, 그리고 예손의 아들 극기, 극견 가운데 극견을 제외하고 모두 문과에 올랐기 때문에 실제로는 3자 7손이 된다. 그런데 지직의 동생 지강, 지유가 문과에 오르고 또 지유의 아들 중원, 정원이 문과를 하였으니 근친간에 문과급제자만 무려 14명에 이르게 된다.

2) 이인손의 생애

성현成俔은 자신의 저술 《용재총화慵齋叢話》에서 광주이씨의 번화
상을 다음과 같이 평가했다.

지금 문벌이 번성하기로는 광주이씨가 으뜸이고, 그 다음으로는 우리 성
씨만한 집안도 없다. 광주이씨는 둔촌 이후로 점점 커졌으니 둔촌의 아들
지직은 참의였고, 참의의 아들이 셋인데 장손은 사인이었고, 인손은 우의정
이었고, 예손은 관찰사였으며, 사인의 아들인 극규는 지금 판결사로 있다.
우의정에게도 다섯 아들이 있었는데, 극배는 영의정 광릉부원군, 극감은 형
조판서 광성군, 극증은 광천군, 극돈은 이조판서 광원군, 극균은 지중추였
으니, 모두 1품에 올랐는데, 이 네 아들은 공이 있어 군君으로 봉한 것이다.
광성군은 비록 일찍 죽었으나 그 아들 세좌는 지금 광양군이며, 문자文子·
문손文孫도 높은 반열에 서서 서로 잇따라 끊이지 않았다.15)

이는 광주이씨를 당대 최고의 문벌가문으로 꼽았음을 보여주는데,
광이8극이란 이장손의 아들 극규, 인손의 다섯 아들 극배·극감·극
증·극돈·극균, 예손의 아들 극기, 극견을 가리키는 말이다. 이들은
극견을 제외하고 모두 문과에 급제하였음은 물론이고16) 주요 관직

---

15) 成俔, 《慵齋叢話》 卷2, "當今門閥之盛 廣州李氏爲最 其次莫如我成氏 廣李自遁村以後漸大 遁村之子參
議之直 參議之子三 曰長孫舍人 曰仁孫右議政 曰禮孫觀察使 舍人之子克圭今爲判決事 議政有五子 曰克培
領議政廣陵府院君 曰克堪刑曹判書廣城君 曰克增廣川君 曰克墩吏曹判書廣原君 曰克均知中樞 皆階一品
四人以功封君 廣城雖早卒 其子世佐今廣陽君 文子文孫 羅列崇班 相繼不絶."
16) 한 집안에서 다섯 명의 아들이 모두 과거에 급제한다는 것은 경국대전에 "五子登科者之親
啓聞歲賜米 歿則追贈致祭"라는 조항이 따로 마련되어 있는 것에서도 알 수 있듯이 극히 어렵
고도 이례적인 일이었다(《經國大典》 卷3, 禮典 獎勸). 고려 말에 禹玄寶의 여섯 아들 洪壽·洪
壽·洪富·洪康·洪德·洪命이 製述科에 합격한 일이 있으나 조선시대에는 이인손의 다섯 아들
외에 李士寬의 여섯 아들 義長·禮長·智長·誠長·孝長·恕長과 安璟의 다섯 아들 重厚·謹厚·寬厚·

을 역임하며 정국 당로자로서 이름이 높았다. 더욱이 이극배는 영의
정을, 극균은 좌의정을 지낸 바 있고, 극기는 성리학에 정통한 학자
관료로 이름이 높았으며,[17] 조선 초기에 있었던 몇 차례의 공신책봉
에서도 극배·극감·극증·극돈 같은 이들이 여러 차례 녹훈되었다.

앞서 언급한 《용재총화》의 기사에서도 알 수 있겠지만, 광주이씨
는 이지직의 차자였던 인손과 그 후손들의 역할이 거의 절대적이었
다고 해도 지나친 말이 아니다. 이인손은 1395년(태조 4) 7월 4일 청
백리로 이름난 이지직과 경주이씨 사이에서 3남 4녀 가운데 둘째 아
들로 태어났다. 그의 자는 중윤仲胤, 호는 풍애楓崖이다. 이인손이 과
거에 급제하여 관직에 나아가기 이전까지의 행적은 자료상의 한계
로 자세히 서술하기가 어렵다. 다만 점필재 김종직이 쓴《이존록彝尊
錄》에는 단편적이기는 하나, 김종직의 아버지 김숙자金叔滋의 평생사
우 35인 가운데 이인손을 으뜸으로 삼은 기록이 있다.[18]

이인손이 김숙자·이승손李承孫 등과 함께 수학하였고, 김숙자가 야
은 길재의 문인임을 감안할 때 이인손도 그의 학통의 영향을 받았을
개연성이 있다. 뿐만 아니라 조부인 이집은 정몽주와 30여 년 동안
교류하는 등 우의가 매우 두터웠고,[19] 부친인 이지직 역시 정몽주의
문하에서 수학하였다. 정몽주의 학문이 길재에게로 이어졌음을 생각
한다면 이러한 가능성은 더욱 커지게 된다.

이렇듯 이인손은 조부인 이집과 부친 이지직에게 보이는 강직하

敦厚·仁厚만이 합격하였을 뿐이다.

17) 김학수, 〈李克基의 家系와 관직활동〉(제3회 성남문화원 학술토론회 '조선초기 광주이씨
인물연구', 2005) 참조.

18) 金宗直, 《彝尊錄》(上) "李仁孫遁村之孫 官至議政府右議政 生員時與公同齊 李承孫官至議政府左參贊
生員時與公同齊."

19) 《圃隱集》卷2 詩, 〈哭李浩然〉, 정몽주는 이집과 서로 주고받은 담론이 적지 않았던 절친한
사이였으며 이집의 학문 세계가 높은 경지에 이르렀음을 칭찬하였다. 정성식, 〈둔촌 이집
사상의 탐구〉, 《한국철학논집》 11 참조.

고 청렴한 기풍에 더하여 멀리는 정주의 이학, 가깝게는 포은의 도맥을 계승하여 성리학을 발전시키는 발단을 이루었다. 이 때문에 이인손의 집안이 훈신이었음에도 가풍에는 고려 말의 절의 사상이 이어져 내려와 소극적이나마 신진사류와 연결되고 있다. 이인손은 김종직의 부친인 김숙자와 재우齋友이며 그의 아들 극균이 김숙자의 아들 종석, 종직과 함께 독서당에 들어가 공부하였고, 극배의 손자 수공守恭은 김종직의 제자로 무오, 갑자사화 때 해를 입었다. 또한 이인손의 조카(예손의 아들) 극기는 성종 대에 성리학으로 이름을 알렸으며, 권근의 학통을 이은 극배가 성종 대 유향소의 복립을 주장한 것은 비록 신진사류의 복립운동과 그 성격을 달리하기는 하지만 성리학적 사고방식에서 나온 것이라 생각된다.20)

이인손은 1411년(태종 11)에 성균시에 합격하였고, 1417년(태종 17) 22세에 문과에 급제한 뒤 예문관 검열에 보임되었다. 이후 감찰, 형조좌랑, 예조정랑을 두루 거쳐 의정부 검상, 예문관 직제학, 사헌부 집의, 예조참의, 경상도관찰사 겸 상주목사, 형조참의, 대사헌을 역임하였다. 그러나 강직한 성품과 곧은 언의로 여러 차례 대신의 뜻을 거슬러 비난을 받았고, 이에 한성부윤으로 좌천되기도 하였다. 그 뒤 형조참판에 제수되었고 호조판서, 우의정에 발탁되었다.21)

관직생활을 통해 보여준 이인손의 품성은 조부인 이집의 절의 사상과 아버지 이지직의 청백 사상을 이어받아 강정하고 올곧은 모습이었는데 이는 '이간吏幹'22)이라는 별칭에서도 잘 드러난다.23) 또한 이러한 정신은 그 후손들에게도 큰 영향을 미쳤는데, 그의 아들 극

---

20) 김성준, 앞의 글.
21) 〈忠僖公碑文〉 참조.
22) 《단종실록》 권5, 단종 1년 3월 5일.
23) 《세조실록》 권31, 세조 9년 윤7월 13일.

배도 집에 사알私謁하는 사람이 없고 물건에 좋아하는 바가 없었다고 하며24) 이인손의 4세손이 되는 이준경李浚慶은 1551년(명종 6) 11월에 청백리로 뽑히기도 하였다.25)

이인손은 사람됨이 침착하고 도량이 컸으며, 맡은 일에는 신중하고 빈틈이 없었고 옛 제도를 준수하는 데 힘썼다. 또한 성색을 좋아하지 않았고 살림살이를 돌보지 않았다고 전해진다.26) 앞서 언급한 바와 같이 이러한 성품 때문에 일찍이 대사헌으로 있을 때에는 일을 논함이 너무 강직하여 대신들이 거슬려 한 적도 많았다고 한다. 그러나 신하로서 강직한 모습은, 세 차례나 호조판서에 중임되었던 예에서도 나타나듯이, 왕으로 하여금 그가 아니면 안 된다는 강한 신뢰감을 주었다.27) 이러한 신뢰감을 바탕으로 그는 세조 초반 정치적 격동기 속에서 원종공신에 책봉되었고 이후 우의정에 제수되기에 이르렀다.

이인손의 환력에서 한 가지 주목할 점은 그가 세 차례나 호조판서에 올랐다는 사실이다. 일찍이 산릉도감의 일로 한성부윤으로 좌천된 이래 다시 형조참판을 거쳐 호조판서로 특진되었다.28) 또한 세조가 즉위한 뒤에도 그는 호조판서로 재신임되었고29) 1459년(세조 5) 7월 세 번째로 호조판서에 재임된 것이다.30)

그는 사민들을 위해 평안도·황해도 목장의 말을 소로 바꾸어 농경의 염려를 덜고자 했다. 뿐만 아니라 옛날부터 살던 부호의 정전正

---

24) 《연산군일기》 권6, 연산군 1년 6월 2일.
25) 《명종실록》 권12, 명종 6년 11월 10일.
26) 李肯翊, 《燃藜室記述》.
27) 李肯翊, 《燃藜室記述》 및 權鼈의 《海東雜錄》 卷3에 실려 있는 기록도 대체로 이와 같다.
28) 《단종실록》 권12, 단종 2년 8월 5일.
29) 《세조실록》 권2, 세조 1년 9월 20일.
30) 《세조실록》 권17, 세조 5년 7월 18일.

田을 가려내어 새로 이사한 사람 가운데서도 영세한 호구에 먼저 주되 3년을 기한으로 경작을 한 다음 도로 원래 주인에게 돌려주고, 그 정전의 값은 경작할 수 있는 황한지荒閑地에 준하여 계산하여서 급부給付토록 하였다.31)

한편 의식의 근원이자 왕정의 급선무인 농상農桑을 더욱 권장하고 그 과정을 엄히 더하여 법에 따라 누에를 기르도록 하자고 건의하기도 하였다.32) 또한 주·부·군·현에서 그 곳에 사는 사람으로서 관직이 있는 자를 뽑아서 권농관으로 정하고, 제언을 수축하여 홍수와 가뭄에 대비하도록 한 고래의 제도에 대해, 호조의 판적사版籍司 낭관 한 명이 오로지 그 일만을 관장하여 농한기마다 가서 살피고, 성과가 없는 자는 책임을 물어 엄히 다스리도록 할 것을 주청하기도 하였다.33)

이러한 치적으로 세조는 벼슬자리를 더해 숭록대부에 호조판서를 명하였으나 이인손은 사양의 뜻을 올렸다. 세조는 "경이 연로하여 수시로 중임을 맡겨 민망은 하나 경이 아니면 호조의 중임을 맡을 사람이 없으니 물러난다는 말은 거두라"고 하며 다시 한 번 간곡히 부탁하였다.34) 이어 의정부우찬성겸 판호조사에 올랐고35) 얼마 지나지 않아 우의정으로 발탁되었다.36) 이로써 광주이씨 일문에서는 세조 대에 와서 비로소 상신급의 인물이 배출되었다.

그러나 이인손은 같은 해 11월 우의정으로 잉령치사仍令致仕하였고, 마침내 1463년(세조 9) 7월 13일 69세를 일기로 타계하고 말았다.

---

31) 《세조실록》 권2, 세조 1년 8월 13일.
32) 《세조실록》 권2, 세조 1년 8월 25일.
33) 《세조실록》 권2, 세조 1년 9월 15일.
34) 〈李仁孫神道碑銘〉(徐居正 撰) 참조.
35) 《세조실록》 권18, 세조 5년 11월 8일.
36) 《세조실록》 권18, 세조 5년 11월 11일.

세조는 이인손을 참으로 단아한 선비였다고 회고하였고,[37] 3일 동안 철조輟朝하며 아낌없는 애도의 마음을 보내었다. 또한 '충희忠僖'라는 시호를 내렸는데 청렴하고 방정하여 공정한 것을 '충忠'이라고 하고, 항상 조심하여 처신함으로 두려워하고 미워하고 투기할 것이 없어 매양 즐거운 것을 '희僖'라고 하니[38] 그의 평생의 면면은 '충희'라는 시호가 여실히 대변해 주고 있다.

3. 정치적 역정

1) 세종~단종 대의 활동과 정치적 시련

조선왕조는 건국 이후 얼마 동안 국정운영 과정에서 많은 혼란이 일어났지만, 태종의 강력한 중앙집권정책으로 어느 정도 체제의 안정을 가져올 수 있었다. 그 뒤를 이은 세종도 태종의 왕권강화정책을 바탕으로 집현전의 설치 및 일련의 문화사업 등을 통해서 어느 정도 기반의 안정을 이루었다. 그러한 과정에서 유교정치체제의 확립, 제도의 정비와 편찬사업 등이 큰 성과를 거두었다.

세종조에 등과한 뒤 예문관 검열[39]을 필두로 정계활동을 시작한 이인손은 집안 대대로 이어져 온 강직한 성품과 청렴한 기풍의 소유자로서 당시 세종의 큰 지우를 입고 있었던 것으로 보인다. 그는 세종조에 형조·예조좌랑, 사헌지평, 의정부 사인, 사헌집의, 예조참의,

---

37) 《세조실록》권46, 세조 14년 6월 15일.
38) 《세조실록》권31, 세조 9년 윤7월 13일.
39) 〈李仁孫神道碑銘〉(徐居正 撰) 참조.

경상도관찰사 등을 두루 역임하였고 특히 판군자감사로 있던 1448년 (세종 30)에는 행수법에 구애 없이 현능한 자를 선발한 예로 예조참의에 제수되기도 하였다.40) 그러나 군자감은 개월아문箇月衙門으로 당시 이인손은 개월이 차지 않았는데도 당상관에 제수된 것이었기 때문에 조정에서 논란이 제기되기도 하였다. 그럼에도 세종은 당상관의 제수는 다른 잡직의 예가 아니며 특지로 제수하였으니 안 될 까닭이 없다고 일축하였다.41)

비교적 순탄하게 관직생활을 이어오다가 1453년(단종 1) 그는 한 차례 정치적 시련을 겪게 되었다. 문종을 이어 단종이 어린 나이로 즉위하자 정국은 수양대군과 안평대군 등 종친 내부의 갈등 및 수양대군 대 황보인·김종서 등 종친과 조정 대신 사이의 대립구도가 형성되는 등 정치권의 이합집산을 가져왔다. 당시 대사헌으로 있던 이인손은 산릉도감의 일로 정부당상인 황보인, 김종서, 정분 등과 사이가 멀어지게 되었고 마침내 한성부윤으로 좌천되기에 이른 것이다.

이인손은 현릉顯陵(문종의 능)의 사토莎土가 비로 무너지자 사헌부 관원들과 함께 산릉도감의 낭청을 추국할 것과42) 우의정으로 산릉도감제조를 맡아서 역사를 전담하였던 정분, 도제조로 있던 영의정 황보인, 좌의정 김종서를 국문할 것을 청하였다.43) 그러나 왕은 이를 윤허치 않았고 이 때문에 여러 번에 걸쳐 사헌부와 사간원에서는 이들의 국문을 강력하게 요청하고,44) 산릉도감 관리들을 마땅히 법45)으로써 논죄해야 한다고 주장하였다.46) 사태가 여기에까지 이

---

40) 《세종실록》 권120, 세종 30년 5월 11일.
41) 《세종실록》 권120, 세종 30년 5월 16일.
42) 《단종실록》 권5, 단종 1년 2월 10일.
43) 《단종실록》 권5, 단종 1년 2월 15일.
44) 《단종실록》 권5, 단종 1년 2월 22일.
45) 《大明律》 禮律 〈毀大祀丘壇〉에 "무릇 대사의 구단을 훼손하는 자는 장 1백 대에 유 2천 리

르게 되자 정부당상은 모두 병을 핑계로 시사하지 않았고 이에 의정
부사인 나홍서羅洪緒는 정부당상을 함부로 탄핵할 수 없는 것은 서령
에 나와 있는데 하물며 정분의 죄는 이미 핵문하지 말라는 왕명이
있었는데도 대간이 그 죄를 계속 청하는 것은 대체에 어긋나는 일이
라고 상소하였다.[47) 이에 왕은 대간의 처사를 못마땅하게 생각하여
곧 의금부에 전지를 내려 사헌부 관원을 국문하라 명하였다.[48)

당시 사관은 이 일에 대해 다음과 같이 논평하였다.

> 사건이 이렇듯 반전하여 사헌부 관원들이 오히려 국문당할 처지에 놓이
> 게 된 것은, 단종이 어려 서정이 모두 정부로부터 나왔는데 당상이 사사로
> 이 서로 약속하여 아문을 닫고 병을 핑계함으로써 왕을 격노케 하여 헌사
> 를 물리쳤기 때문이다.[49)

이렇듯 단종 대는 황보인·김종서 등 의정부 대신들의 권한이 비
대해져 이를 탄핵하는 대간들의 언론이 거의 봉쇄되다시피 하였다.
의정부 대신에게 실권이 있을 때에는 언관의 언론이 정당한 경우에
도 단종이 의정부의 주장에 따랐던 것을 흔히 볼 수 있다. 이 시기의
언론은 형식적으로는 왕을 향한 것이었으나 의정부 대신의 의지에
따라서 용납되기도 하였고 거절되기도 하였다. 이인손도 성품이 강
정하고 관리로서 재간과 능력이 있다는 칭찬을 듣고 있었지만 대사
헌이 되어서는 논계하는 것마다 대신들의 저지를 받았다고 한다.[50)

에 처한다"고 하였다.
46) 《단종실록》 권5, 단종 1년 2월 29일.
47) 《단종실록》 권5, 단종 1년 3월 9일.
48) 《단종실록》 권5, 단종 1년 3월 9일.
49) 《단종실록》 권5, 단종 1년 3월 10일.
50) 《단종실록》 권5, 단종 1년 3월 5일.

결국 이 산릉도감의 일로 사헌부 관원은 모두 좌천을 면치 못하였으며 이인손은 한성부윤으로 밀려나고 말았다.[51]

산릉도감 탄핵 문제는 이인손이 황보인, 김종서, 정분 등과 사이가 멀어지는 결정적 원인이 되었지만, 사실 세종조 사헌부 집의로 있을 때에도 그는 김종서를 탄핵한 일이 있었다. 그는 김종서가 예조의 장관으로서 맡은 바 제사에 즉시 검찰하여 거행하지 못한 것, 공문서의 이첩을 늑장부린 것, 심문할 때에 말씨가 광패하여 대간의 기강을 멸시한 것 등에 대해 논하며 탄핵하였던 것이다.[52] 이러한 일련의 사건들을 거치면서 이인손은 김종서·황보인 등과 멀어지게 되었고, 자연히 이들을 견제하던 수양대군과 가까워질 수 있게 되었다.[53]

2) 세조의 집권과 이인손의 정치활동

수양대군과 황보인·김종서 사이의 대치 정국은 그리 오래 지속되지 못하였다. 의정부 대신들의 국정 전단과 왕권의 약화는 정치적 야망을 가진 수양대군과 그 일파들에게 왕권강화를 구실로 김종서와 그 연계세력에 대한 숙청의 당위성과 명분을 제공한 셈이 되었고, 이는 곧 계유정란으로 귀결되었다.[54] 1453년(단종 1)에 발생한 계유정란으로 대세는 수양대군 쪽으로 기울어졌다. 수양대군이 김종서와 황보인 등을 살해하고 이들과 연결되었다는 이유로 동생 안평대군을 강화로 유배 보내는 등 반대파를 제거하면서 정국을 반전시

---

51) 《단종실록》 권5, 단종 1년 3월 15일.
52) 《세종실록》 권106, 세종 26년 12월 18일.
53) 김성준, 앞의 글.
54) 최승희, 《조선초기 정치문화의 이해》, 지식산업사, 2005, 302~303쪽.

켰음은 물론 주도권까지 장악했기 때문이다.55)

　이후 수양대군은 왕위에 오르기 전까지 왕위를 제외한 모든 권력을 장악하였고 그의 정권 장악을 도와 공신에 책봉된 인사들은 조정의 요직을 차지하였다. 왕(단종)의 숙부로서, 그리고 새로운 정치권력의 중심인물로서 그는 의정부의 총수요, 집현전·춘추관과 같은 문관직의 우두머리였으며, 문무관의 인사권뿐만 아니라 중외의 병권까지 모두 장악한 실력자였던 것이다.56)

　그러나 왕이 된 이후에도 이 모든 권력을 다 가질 수는 없는 일이었다. 그러므로 이러한 권력을 신하들에게 맡기든지, 그렇지 못할 경우라면 왕이 정치에 직접 개입할 수 있는 제도를 고안해 낼 수밖에 없었을 것이다. 세조는 후자의 방법을 택하였다. 즉 그는 단종 대 이래로 강력하였던 의정부의 권한을 대폭 줄이고, 자신이 정무를 직접 관장할 수 있도록 제도를 개혁하였다.

　개국 초 국가 최고정치기구였던 도평의사사는 1400년(정종 2)에 당시 정치의 실세였던 이방원의 의지에 따라 의정부로 개편되었고 태종 즉위 이후 의정부서사제가 운영되다가 1414년(태종 14)에 육조직계제로 국정운영체제가 바뀌었다. 육조직계제는 1436년(세종 18)에

55) 김경수, 〈세조대 단종복위운동과 정치세력의 재편〉,《사학연구》83 참조. 이 밖에 계유정란과 단종복위운동 및 사육신, 세조 대 정국운영 등에 관해서는 다음의 논문을 참고하기 바란다. 강문기, 〈집현전 출신 관인의 학문관과 정치관〉,《한국사론》39, 서울대 국사학과, 1998; 김태영, 〈조선초기 세조왕권의 전제성에 대한 일고찰〉,《한국사연구》87, 1994; 심희기, 〈사육신 재판과 그 복권－조선시대판 과거청산작업의 사례연구〉,《법제연구》17, 한국법제연구원, 1999; 유영박,《사육신》, 동방도서, 1996; 이현희, 〈백촌 김문기의 충의연구－신사육신론의 검토〉,《성신여자사범대학연구논문집》15, 1982; 정두희,《조선초기 정치지배세력연구》, 일조각, 1983; 진성규, 〈세조의 집권과정과 順興〉,《중앙사론》10·11, 1998; 최승희,《조선초기 정치문화의 이해》, 지식산업사, 2005; 최정용,《조선조 세조의 국정운영》, 신서원, 2000.
56) 그가 장악한 권력은 그의 오랜 환력에 잘 나타나 있다. 계유정란 직후 그가 받은 직함은 '領議政府事 領集賢殿 經筵藝文春秋館書雲觀事 兼判吏兵曹事 中外兵馬都統使'라는 실로 엄청난 것이었다(《단종실록》권10, 단종 2년 3월 9일).

다시 의정부서사제로 환원되었으나 실제로는 의정부서사제와 육조직계제가 절충된 형태였다.

의정부서사제와 의정부 대신들의 정치권력이 문제가 된 것은 나이 어린 단종이 즉위하면서부터였다. 문종은 수양대군, 안평대군 등 아우들의 동태를 염려하여 나이 어린 세자(단종)를 보호해 주도록 의정부 대신들에게 당부하였고, 이에 따라 단종의 즉위교서에서는 육조직계제를 폐하고 의정부서사제를 실시할 것을 정하였다.57) 물론 이 제도는 주나라의 총재家宰 제도와 비슷한 것으로 유자가 이상으로 하는 제도였지만, 단종이 어렸기 때문에 결국 정권이 의정부의 손아귀에 들어가게 되어 중요한 국정의 처리를 의정부에서 독점하는 등 그 폐단이 적지 않았다.58) 단종 즉위 후 김종서 등 의정부 대신들의 정치권한은 강대해졌고 왕권은 허약할 수밖에 없었다.

세조는 즉위한 지 2개월 만에 의정부서사제를 혁파하고 육조직계제를 강행하였고 이를 토대로 왕권을 강화하고자 하였다. 그러나 이와 같은 세조의 정치개혁은 많은 대신들의 반발을 일으켰다. 세조가 의정부의 권한을 축소하고, 육조직계제를 시행한다는 결심을 피력하자 당시 호조판서였던 이인손은 병조판서 이계전, 예조참판 하위지 등과 함께 태종 대에 육조직계제를 실시한 적이 있으나 세종이 다시 의정부서사법을 부활시킨 이래 지금껏 시행되어 왔음을 지적하고 이를 따르는 것이 좋겠다는 의사를 표명하였다.59)

이에 세조는 걱노하였고, 특히 하위지에 대하여는 대신들에 아부한다 하여 하옥시키고 그를 극형에 처하려고까지 하였다. 최연장자

57) 《단종실록》 권1, 단종 즉위년 5월 18일.
58) 최승희, 《조선초기 언론사연구》, 지식산업사, 2004, 159쪽.
59) 《세조실록》 권2, 세조 1년 8월 9일.

요, 고관자인 이계전 또한 심한 모욕을 당하며 파면되었다.

세조는 자신의 권력을 적극 강화시켜 나갔으며 이에 반대하는 자들에게는 가혹한 처벌을 망설이지 않았다. 그러나 이처럼 세조가 강경한 입장을 취한다 하더라도 그의 모든 측근을 다 없앨 수는 없었다. 세조는 이계전에게도 "네가 나를 아끼지 않는다면 나는 누구와 더불어 일을 해 나가겠는가?"라고 말하며 그를 다시금 위로하기도 하였다.[60] 이러한 세조의 심리상태는 그가 왕위에 오른 뒤 자신의 권위를 확인하는 데 얼마나 어려운 점이 많았을 것인가를 보여주는 하나의 예가 되리라고 생각한다. 더욱이 세조의 즉위는 형식상 선양의 예를 갖추었다고는 하나, 당시에 통용된 유교적인 대의명분과는 거리가 먼 것이었다. 세조는 유신들에게 강경한 입장만을 고수할 수는 없는 형편이었던 것이다.

패권정치를 펼치던 세조였지만 정권의 안정적 유지와 집권 이후의 정국 운영이 이상적이라는 것을 강조하려면 무엇보다 명분의 확보가 급선무였다. 이를 위해 세조는 계유정란 이후 단종복위운동이 일어나기 전까지 집현전 학사들을 자기 사람으로 만들고자 매우 고심했다. 그뿐만 아니라 몇 차례의 공신책봉을 통해 측근들을 확보해 나갔다.

그 과정에서 이인손은 1455년(세조 1) 원종공신 2등에 녹훈되었다. 일찍이 세조는 즉위한 그해 8월에 신하들의 공로를 표창하는 것에 대한 대책을 세우라는 지시를 의정부에 내렸고,[61] 곧 공신의 선정 작업에 들어갔다. 당시 원종공신 선정은 세조가 일일이 대신들과 상의하여 정하고 있었는데,[62] 이 점은 공신책정에 대한 세조의 깊은

---

60) 《세조실록》 권2, 세조 1년 8월 16일.
61) 《세조실록》 권2, 세조 1년 8월 13일.

관심과 함께 세조조에 선정된 공신들의 정치적 비중과 사회적 영향
력을 가늠하게 해 준다.

> 공公을 기록하고 상을 주는 것은 나라의 아름다운 법이다. 내가 부족한
> 덕으로 외람되게 대위에 앉았는데 잠저潛邸에서 있었던 어려울 때를 회고하
> 니 덕이 같은 신하들이 전후좌우에서 과인을 보호하였기 때문이다. 혹은
> 나의 동렬同列로서 혹은 나의 요좌僚佐로서 혹은 가까운 친척으로서 혹은 오
> 래 수종하던 사람으로서 혹은 내가 중국에 갈 때에 발섭跋涉의 노고를 함께
> 하였고 혹은 정난에 참여하여 방위에 힘쓰고 아래로 복예伏隸에 이르기까지
> 힘을 다하였으니 모두 원종의 공이 있어서 오늘의 아름다움에 이르렀으니
> 내가 감히 잊겠는가? 마땅히 먼저 포상하는 법을 보여서 처음부터 끝까지
> 변하지 아니하는 의리를 굳게 하려고 한다.63)

위 세조의 말에서도 나타나듯이 원종공신들은 세조의 왕위찬탈
전후에 그와 함께 온갖 역경과 난관을 헤치며 묵묵히 그를 보좌하였
던 이들이다. 일반적으로 공신들은 긍정적이든 부정적이든 격동기에
새로운 질서의 축이 된 사람들이며 5백 년 조선왕조의 역사를 창출
해 내고 또 그 역사의 물줄기를 틀어버린 사람들이었다.64) 이 시기
의 원종공신은 세조조에 책봉된 친공신들, 즉 정난공신과 좌익공신,
그리고 적개공신에 견주어 기여한 공의 정도와 법제적·경제적 등의
측면에서 차등이 있었던 것이 사실이다. 비록 이들에게는 친공신에
서와 같이 물질적 포상은 베풀어지지는 않았으나, 이들이 받은 혜택

---

62) 《세조실록》 권2, 세조 1년 11월 6일.
63) 《세조실록》 권2, 세조 1년 12월 27일.
64) 신명호, 《조선의 공신들》, 가람기획, 2003.

으로 말미암아 정치·사회적으로 상당한 지위와 명예, 그리고 기반을
확보해 나갔음을 짐작할 수 있다.65) 실제로 원종공신 2등에 대한 대
우는 다음과 같았다.

> 각기 1자資를 더하고 자손은 승음하게 하며 후세까지 죄를 용서한다. 그
> 리고 자손 중에서 본인의 희망에 따라 산관 1자를 가하며 그 가운데 자손
> 이 없는 자는 형제 사위 조카 중에서 본인의 희망에 따라 산관 1자를 가한
> 다.66)

이와 같은 포상의 내용은 원종공신에게 주어진 정치적·사회적 우
대조치가 당시의 유교적인 신분제 사회에서 무시하지 못할 상당한
수준이었음을 보여준다. 이러한 까닭으로 원종공신이 되기 위해 스
스로 공을 내세우는 자가 많이 나오게 된다든지 심하게는 문서 증거
자료를 위조하는 경우67)까지 나타나고 있는 것은 어쩌면 당연한 현
상일지도 모른다.

이인손이 원종공신으로 책봉된 뒤 그의 다섯 아들 가운데 장자 극
배가 좌익·좌리공신, 2자 극감이 좌익공신, 3자 극증이 좌리공신에
각각 책봉되었고, 4자 극돈 또한 좌리공신에 책봉됨으로써 세조 집
권기를 전후하여 광주이씨는 중앙정치무대에서 크게 두각을 나타내
게 되었다. 이렇듯 조선 초기 광주이씨는 많은 문과급제자를 배출함
으로써 가세를 이어갔으며, 나아가 조선 초기 혼란한 정국에서 많은
공신들을 배출함으로써 가문의 광영을 더 높여 나갔다. 이를 바탕으

---

65) 최정용, 〈세조조 원종공신의 책정과정과 성격〉, 《창원사학》 2, 1995.
66) 《세조실록》 권2, 세조 1년 12월 27일.
67) 《세조실록》 권25, 세조 7년 8월 23일.

로 조선 중기에 이르면 가자加資나 대가代加 등을 통해 더 쉽게 관직에 나갈 수 있는 여건을 마련하였던 것이다.68)

정권의 안정적 유지와 집권 이후 정상적 정국 운영이라는 명분의 확보를 위해 세조는 공신책봉이라는 방법으로 세력을 넓혀 나갔다. 그러나 계유정란과 세조의 등극 이후 더 이상 현실정치에 침묵하는 것은 명분에 어긋난다고 판단한 성삼문·박팽년 등은 단종복위를 도모하게 된다. 1456년(세조 2) 6월 집현전 출신의 학사들이 중심이 되어 일으킨 단종복위운동은 한치 앞을 내다볼 수 없는 정국 상황을 초래하였다. 성삼문成三問·이개李塏·하위지河緯之·박중림朴仲林·김문기金文起·성승成勝·유응부兪應孚·윤영손尹令孫·권자신權自愼·송석동宋石同·이휘李徽·단종의 유모 봉보부인의 여종 아가지阿加之 등이 모의하여 단종의 복위를 도모하다가 정창손의 사위 김질의 밀고로 발각된 것이다.69)

이로 말미암아 여기에 가담한 자들은 대부분 처형되고, 단종은 노산군魯山君으로 강봉되어 강원도 영월로 유배되었다. 또한 이에 앞서 수양대군에게 서슴없이 간언했던 금성대군도 왕자 신분을 박탈당했으며, 1455년 금성대군을 비롯한 몇몇 종친과 궁정 안에 있는 왕의 측근을 제거하려는 수양대군에 의해 무사들과 결탁하여 당여를 뿌리내리게 한다는 죄명을 받고, 삭녕에 유배되었다가 이어 광주에 이배되었다.

단종복위운동을 주도한 인사들에 대해서 가혹한 형벌 조치가 내려졌음에도, 세조와 그의 정치세력들은 상왕上王의 존재 자체를 불안하게 여겼다. 제2, 제3의 단종복위운동을 우려했던 것이다. 이 때문

---

68) 박홍갑, 《조선시대 문음제도 연구》, 탐구당, 1994, 114~117쪽.
69) 《세조실록》 권4, 세조 2년 6월 2일.

에 당시 호조판서였던 이인손은 여러 대신들과 함께 금성대군의 고
신을 거두고 변방으로 정배할 것을 거듭 청하였다.[70] 또한 단종복위
운동이 있은 뒤 단종과 세조 사이에서 또 다시 난을 꾀하는 자들이
있으니 단종을 피하여 있게 하여 혐의스러운 것을 끊도록 간하였다.
이인손은 영의정 정인지와 함께 '비록 친 부자의 사이라도 만일 혐
의스러운 일이 있으면 오히려 피하는 것'이라고 하며 자신들의 의견
을 따라 종사의 계책을 공고히 하도록 간청하였다.[71]

　금성대군은 세조의 동생이었다. 이미 동생 안평대군을 죽였는데
금성대군마저 처벌의 수순을 밟아야 한다는 사실은 세조로서도 곤
혹스러운 일이었을 것이다. 그러나 자신의 집권이 유교적 정통성을
잃은 것이었기에 정적들을 일정한 범위 안에서만 처리하고 넘어갈
수는 없었다.

　단종이 상왕이라는 이름으로 서울에 머무는 한 세조에게는 좋을
것이 없었다. 그리하여 1456년(세조 2) 12월부터는 단종을 상왕의 지
위에서 폐할 것을 대간들도 여러 번에 걸쳐 건의하였다.[72]

　그러나 우려한 대로 제2차 단종복위운동이 일어나게 되었다. 앞서
1456년(세조 2) 순흥으로 다시 이배되었던[73] 금성대군은 그곳에서
부사 이보흠과 함께 고을 군사와 향리를 모으고 도내의 사족들에게
격문을 돌려서 의병을 일으켜 제2차 단종복위운동을 계획하였던 것
이다. 그러나 거사하기도 전에 관노의 고발로 실패로 돌아가 금성대
군은 사사되었고, 단종의 장인 송현수마저 교형에 처해졌다. 제2차
단종복위운동이 발생한 뒤 유배중이던 단종 또한 자살을 선택하여

70) 《세조실록》 권1, 세조 1년 윤6월 13일.
71) 《세조실록》 권5, 세조 2년 12월 9일.
72) 《세조실록》 권5, 세조 2년 12월; 권6, 세조 3년 1월.
73) 《세조실록》 권4, 세조 2년 6월 27일.

유명을 달리하였다.74) 이와 함께 단종의 생모 현덕왕후 권씨를 서인
으로 강등시켜 개장改葬하는 조치까지 강행하였다.75)

이러한 과정에서 이인손은 의금부제조로서 국문에 참여하게 되었
다.76) 그는 세조가 쿠데타로 즉위하여 정통성에 치명적인 약점을 가
지고 있었기 때문에, 무엇보다 혼란한 정국 속에서 강경한 조치를
취함으로써 정국의 안정을 꾀하고자 하였다. 두 차례의 단종복위운
동을 겪는 과정에서 그는 단종과 세조 사이의 혐의스러운 일들은 될
수 있는 대로 없애 종사의 계책을 공고히 하는 일이 무엇보다 시급
한 일이었음을 잘 알고 있었던 것이다.

세조도 자신에게 반기를 들었던 단종복위운동의 주동자들을 강력
하게 처벌했을 뿐만 아니라, 이들의 주요 활동무대였던 집현전마저
혁파하였다. 자신에게 적대적인 인사는 물론, 관청이나 제도(경연
등)조차도 일절 용납하지 않았다. 쿠데타와 즉위 과정에서 정통성을
잃은 세조와 공신들의 처지에서는 어떠한 도전도 용서할 수 없었으
며, 유사한 사건의 재발을 방지하려면 강경한 조치를 취하지 않을
수 없었던 것이다. 재위 기간 내내 정권에 도전하는 어떠한 경우도
용납하지 않고 강경하게 처리하였던 것은 명분 없이 세워진 정권이
권력을 유지할 수 있는 마지막 방법이었던 것이다.

수양대군이 집권의 기틀을 마련했던 1453년(단종 1) 10월의 계유
정란부터 1471년(성종 2)까지 약 20여 년 동안 다섯 차례의 공신책봉
이 있었던 점에서도 알 수 있듯이 이 시기는 정치적 격동기였다. 그
러나 한편으로는 다소 문란해 보였던 조선왕조의 통치질서가 확립

---

74) 《세조실록》 권9, 세조 3년 10월 21일.
75) 《세조실록》 권8, 세조 3년 6월 26일.
76) 《세조실록》 권8, 세조 3년 6월 21일.

되어 갔던 시기이기도 하였다. 세종 승하 이후 조정 내부에서 심각한 정치적 갈등이 조성되기 시작했을 때, 수양대군은 조정의 대립과 갈등을 적절하게 이용하여 집권 기반을 잡을 수 있었고 연이은 공신 책봉을 통하여 집권 이후 권력구도를 자신에게 유리한 쪽으로 재편하였다.

세조의 공신들은 왕위 찬탈에 공모, 내지는 동조하였던 사람들이다. 그러므로 세조와 공동운명체이기도 했다. 세조로서는 왕위를 계속 유지하고 공고히 하기 위해 공신들의 적극적인 지지와 협력이 필요했다. 세조는 비록 패권정치를 펼쳤지만 정권의 안정적 유지와 집권 이후 정국 운영의 정상화를 위해 노력하였고 그러한 점에서 세조의 공신들은 훌륭한 조력자였다.

세조의 돈독한 신임을 받고 있었던 이인손은 원종공신에 녹훈됨은 물론, 세조 초반 호조판서와 우의정 등을 역임하면서 세종 사후 노정되었던 의정부 대신들의 국정전단과 왕권의 약화 등 혼란스러운 정국을 바로잡고 이를 안정시키고자 노력하였다. 또한 이극배를 비롯한 그의 아들들도 잇따라 세조의 공신으로 책봉됨으로써 정치적 입신의 틀을 마련, 조선 초기의 대표적 훈구가문으로 자리매김할 수 있게 하였다.

4. 맺음말

둔촌 이집 이후 그 후손들이 조선왕조에서 사환을 이어 가며 차츰 문벌이 번성해 나갔던 광주이씨 가문은, 세조 대에 와서 이인손이 우의정에 배수됨으로써 마침내 명족의 반열에 오르게 되었다. 또한

'5형제등과', '4인등훈', '광이8극시대'라는 말에서도 알 수 있듯이 이 인손과 그의 아들 대에 와서 광주이씨는 조선 초기의 대표적인 훈구 가문으로 자리매김하며 최고의 전성기를 누렸다.

이인손은 학문과 문장, 그리고 절의 사상으로 칭송받은 둔촌 이집 과, 바르고 강직한 처사와 청백리로서 한 시대의 사표師表가 되었던 부친 이지직의 품성을 이어받았다. 이러한 정신은 그 후손들에게도 큰 영향을 미쳐 그의 4세손 이준경은 청백리에 뽑히기도 하였다. 또 한 그는 김숙자의 평생사우 35인 가운데 으뜸으로 손꼽힘으로써, 정 몽주–길재로 이어져 내려온 도맥을 계승하여 성리학을 발전시키는 시단을 이루었을 가능성을 짐작케 한다. 이 때문에 이인손의 집안이 훈구가문이었음에도 소극적이나마 신진사류와 연결되고 있다. 즉 이 인손의 아들 극균은 조선 전기의 대표적 사림으로 일컬어지는 김숙 자, 김종직 부자와 학연으로 연결되어 있으며 조카인 극기는 성리학 으로 이름이 널리 알려져 있었던 것이다.

그는 1417년(태종 17) 문과에 급제한 뒤 검열에 발탁된 이래로 세 종~세조 초반기에 걸친 관직생활을 통해 한결같이 강직하고 올곧은 자세로 서정에 임함으로써 여러 차례 정부 요직에 중용되었다. 그러 나 산릉도감 탄핵문제로 한 차례 정치적 시련을 겪었을 뿐 아니라 이 일이 결정적 계기가 되어 황보인, 김종서 등과 정치적 입장을 달 리하게 된다. 이인손은 계유정란을 전후한 과정에서 세조의 신임을 얻었고 이를 바탕으로 원종 공신에도 녹훈되었다.

그가 특히 활발한 활동을 하던 단종~세조 초반기는 세종의 승하 이후 조정 내부의 심각한 정치적 갈등이 드러나던 때였다. 세조는 선양의 형식으로 왕위를 계승하였지만, 계유정란이라는 비정상적인 방법으로 왕위에 올랐던 것이 사실이다. 이 때문에 세조는 더욱더 정권을 안정적으로 유지하고 집권 이후 정국이 정상적으로 운영되고 있음을 강조하고자 명분의 확보를 우선으로 삼았고, 이를 위해 몇 차례의 공신책봉을 통해 측근들을 확보해 나갔다. 세조의 돈독한 신임을 받고 있었던 이인손은 세조의 훌륭한 조력자로서 원종공신에 녹훈됨은 물론, 세조 초반 호조판서와 우의정 등을 역임하면서 혼란스러운 정국을 바로잡고 안정시키는 데 힘을 다하였다. 또한 이인손뿐만이 아니라 그의 아들들도 세조의 공신이 됨으로써 광주이씨는 조선 전기에 최대의 거족을 형성할 수 있었고, 이른바 '광이8극시대'라는 전성기를 누릴 수 있게 된 것이다.

■ 참고문헌

《朝鮮王朝實錄》《慵齋叢話》(成俔)《東史綱目》(安鼎福)《燃藜室記述》(李肯翊)《圃隱集》(鄭夢周)《遁村先生遺稿》(李集)《彝尊錄》(金宗直)《廣州李氏大同譜》《韓國系行譜》

박홍갑, 《조선시대 문음제도 연구》, 탐구당, 1994.
신명호, 《조선의 공신들》, 가람기획, 2003.
정두희, 《조선초기 정치지배세력연구》, 일조각, 1983.
최승희, 《조선초기 언론사연구》, 지식산업사, 2004.
_____, 《조선초기 정치문화의 이해》, 지식산업사, 2005.
_____, 《조선조 세조의 국정운영》, 신서원, 2000.

김경수, 〈세조대 단종복위운동과 정치세력의 재편〉, 《사학연구》 83, 2006.
김문택, 〈탄천 이지직의 관직생활과 청백리〉(이 책에 실림)

김성준, 〈東皐 李浚慶과 그 가계—정치세력을 중심으로〉, 《동고학논총》 1, 1997.

김태영, 〈조선초기 세조왕권의 전제성에 대한 일고찰〉, 《한국사연구》 87, 1994

김학수, 〈李克基의 家系와 관직활동〉, 제3회 성남문화원 학술토론회 '조선초기 광주이씨 인물연구', 2005.

이영춘, 〈둔촌 이집의 출처관과 은둔의 의미〉(이 책에 실림)

최정용, 〈세조조 원종공신의 책정과정과 성격〉, 《창원사학》 2, 1995.